誘蛾灯 二つの連続不審死事件

青木 理

講談社+α文庫
プラスアルファ

序章

　私はかなりの天邪鬼《あまのじゃく》である。あるいは、ヘソ曲がりと言い換えてもいいかもしれない。なぜかと問われれば答えに窮してしまうのだが、些細なことでも針小棒大に騒ぎ立てがちなメディア業界の片隅で禄を食《は》み、ジャーナリストとかノンフィクションライターなどと呼ばれる仕事を稼業としているくせに、大手のメディアがこぞって大騒ぎするような「大事件」が発生すると、ついついそれを斜めの方角から冷ややかに眺めてみたり、さも一大事かのように報じるニュースを罵《のの》ってみたり、果ては「もっと伝えるべき重要なことがほかにあるだろう」と毒づいてみたり、そんなふうに振る舞うのが根っからの習い性となっている。

　二〇〇九年の秋ごろも、同じような気分だった。

　このころの主な出来事を振り返ってみれば、八月三十日の第四十五回衆議院議員選挙で民主党が圧勝、自民党は大敗を喫し、九月十六日には鳩山由紀夫を首班とする民主党政権が発足した。十月に入ると国会で鳩山が所信表明演説を行い、十一月には新政権の目玉施策である事業仕分けがスタートし、戦後初の本格的政権交代とその余波に日本中が酔っていた。海外では、黒人初のアメリカ大統領に就任して間もないバラク・オバマにノーベル平和賞が授与される一方、五月に核実験を強行した北朝鮮（朝鮮民主主義人民共和国）をめぐる各国間の緊張が燻《くすぶ》り続けていた。

そんな時期、新聞の社会面やテレビニュース、週刊誌などは、突如発覚した怪事件の報道に沸き立ちはじめていた。埼玉県警が九月二十五日に詐欺容疑で逮捕した当時三十四歳の女——木嶋佳苗《きじまかなえ》の周辺で幾人もの男たちが次々と不審な死を遂げていた疑いが浮上し、大型の連続殺人事件に発展する、との見方が急速に広まったからである。しかも十一月に入ると、はるか西に離れた鳥取県でも連続不審死疑惑が表面化し、メディアの狂騒に一層拍車がかかった。疑惑の中心にいたのは当時三十五歳の女——上田美由紀《うえたみゆき》であり、その周辺でも多数の男たちが次々に命を落としていた。

首都圏と鳥取県でほぼ同時期に類似の連続不審死事案が浮上したとはいうものの、両者に直接的な関係があるわけではもちろんなかった。ただ、二つの事件には奇妙なほどの共通点があった。

まず、佳苗と美由紀はいずれも三十代半ばで、生年は一つしか違わない。佳苗は一九七四年の十一月に生まれ、美由紀はそれより一年早いだけの一九七三年の十二月に生まれている。また、佳苗にしても美由紀にしても、どちらかといえば背丈は小柄なのに、軀《からだ》はでっぷりと太った肥満体型の持ち主で、お世辞にも容姿端麗と評せるようなタイプではなかった。なのに二人の周辺で不審な死を遂げていた男たちは、ほとんどが佳苗や美由紀と親密に交際し、肉体関係を持った上、何らかの形で多額の金銭を貢いでいた。

しかし、いくつかの点では大きな違いもあった。

佳苗が引き起こしたとされる事件は埼玉や千葉、東京といった首都周辺の大都市圏を主な舞台とし、「セレブ」を気取っていたという佳苗は、インターネットなども駆使しつつ「婚活サイト」を通じて独身男と知り合っていたという。そして男たちから巻き上げたカネで買い漁《あさ》ったブランド品を身につけ、ベンツなどを乗り回して一見贅沢な生活を送り、最終的には自殺に見せかけて男たちを殺害した、というのが警察や検察の描き出した事件の基本構図だった。

対する美由紀のケースはずいぶんと様相が異なる。

舞台となったのは大都市部から遠く隔たった山陰は鳥取の地であり、美由紀は昔ながらのしがないスナックホステスだった。それも、寂《さび》れ切った鳥取の歓楽街の、地元では「デブ専」などと揶揄《やゆ》される場末の店に漂っていた女である。なのに、妻子ある男たちまでが次々と美由紀に惹かれ、多額のカネを貢ぎ、幾人もが不審な死を遂げていた。

佳苗の事件でキーワードの一つとされた「婚活」とは、二〇〇七年ごろに登場したといわれている流行言葉《はやりことば》である。「セレブ」という半ば意味不明な和製英語もそうだし、ネットを駆使して中高年の独身男と知り合いになっていたというあたりにも、それがいかに軽薄皮相な見方とはいえ、事件の周辺には「社会性」や「時代性」のような臭いをさまざまに嗅ぎ取ることができる。

ところが美由紀の周囲には、ネットを通じて独身男と知り合うといった「時代性」や「社会性」もなければ、「婚活」「セレブ」などという流行言葉から醸し出される一見華やかな疑似装飾も施されていない。加えてメディアにとってみれば、首都圏で発生した事件のほうが取材の足場が良いという現実的な事情もあったのだろう。奇妙な共通点を持つ二つの事件のうち、佳苗が主役とされた事件をめぐる報道は異様な盛り上がりを見せ、〈毒婦〉〈婚活サギ女〉といった悪罵を投げつける記事や報道が乱舞した。また、時代や世相を映し出した事件だと目されたためなのか、佳苗の妙に芝居がかった態度や振る舞いが下卑《げび》た俗情をそそったのか、一審公判がはじまると佳苗の

"ファン"、あるいは"追っかけ"などと称される者たちまでが登場し、週刊誌では女性ライターが「全公判傍聴記」なる連載記事をはじめ、それが他のメディア報道をさらに盛り上げるというスパイラル的な狂騒現象が展開されていくこととなったのである。

例によって私は、そんなメディア報道と世の盛り上がりを斜めの方向から冷ややかに眺め、時には溜息をつきながら悪態をついていた。「いつもながら大メディアの事件報道はクダらない」「ほかに伝えるべきことがたくさんあるじゃないか」と。実を言えば、ある雑誌から首都圏連続不審死事件を取材してルポルタージュを書いてみないかという打診を受けたこともあったのだが、まったく興味をそそられないといって断ってしまった。根っからのヘソ曲がりのなせる業である。

そんな折、講談社が発行しているノンフィクション誌『G2』の編集者から、まったく違う提案を持ちかけられた。首都圏の事件は別の書き手に取材・執筆を依頼したのだが、その〝添え物〟として――もちろん編集者は〝添え物〟などという言い方をしなかったが――、鳥取の事件を取材して中編のルポルタージュを書いてみないか、というのである。

天邪鬼でヘソ曲がりの私にとって、むしろ心をくすぐられる話だった。大手メディアの取材や世の関心が首都圏事件と佳苗に集中するのなら、似たような事件なのにメディアや世の注目がさほど集まらず、実態も定かではない鳥取の事件と美由紀の周辺を取材するほうがよほど私の性《しょう》にあっている。正直に告白してしまえば、埼玉や東京、千葉といった首都圏近郊の現場を這いずり回って取材するより、鳥取まで足を伸ばしてあちこち歩き回れるのなら、そちらのほうがずっと楽しそうじゃないか、という打算もあった。仕事柄、日本全国のあちこちを取材旅行で訪れたことのある私も、なぜか鳥取市には縁がなく、それまで一度も足を踏み入れたことがなかった。

そうして、本書へとつながる取材はスタートした。

とはいえ、東京から鳥取までの道のりは遠い。地図上でざっと測ってみると、直線距離でも優に五百キロ以上は離れている。しかも鳥取市は、合計で四十七ヵ所ある都道府県庁所在地の中でも、外部からのアクセスを含めた公共交通網がきわめて貧弱な場所のうちのひとつである。このあたりは本書でおいおい記していくこととするが、東京から鳥取市に入ろうとすれば、新幹線と在来線を乗り継ぐ鉄路では最低でも五時間はかかってしまい、現実的には航空便による移動が唯一の手段となる。その航空便にしても、羽田空港から鳥取空港までは全日空が一日に四便を運航しているだけだった。

そんな航空便のうち、夕刻に羽田を飛び立つ全日空機に身を委ねた私が初めて鳥取の地を踏んだのは、二〇一〇年二月二日のことだった。この五日前にあたる一月二十八日には、鳥取県警が別件の詐欺容疑などで逮捕していた美由紀を強盗殺人容疑での再逮捕に踏み切り、首都圏事件の佳苗ほどではないにせよ、美由紀に関するメディア報道も徐々に盛り上がりを見せはじめていた。

ただ、数日間ほどの取材で中編のルポを一本書くだけのつもりだった私は、ずいぶんと気楽な心持ちで機内の小窓から夕暮れの空を眺めていた。その空は、機体が西に向かって飛行するに従って闇の気配を強めはじめ、鳥取の上空にたどり着いたころには、すっかり漆黒に染まって何も見えなくなっていた。目を下に転ずると、次第に近づきはじめた鳥取の市街地は、まばらな灯がちらちらと頼りなげに瞬いていた。

そう、当たり前の話だが、この時点で私は、まさかあのような形で火の粉がこちらにまで降りかかり、まるで事件の準当事者かのような取材攻勢に襲われてしまうとは、夢にも思っていなかったのである。

目次

第1章　太ったホステス

1

　二月初旬の山陰・鳥取は、身体の芯まで凍りついてしまいそうなほど寒かった。分厚いコートを着込んでいるのに、日本海側から吹きつけてくる冷えきった北風が眼と頬に突き刺さり、漆黒の空からは白い粉雪がちらちらと舞い落ちてくる。

　私は、JR鳥取駅から徒歩で十分ほどの距離にある弥生町《やよいちょう》の暗がりを一人歩いていた。この界隈《かいわい》が鳥取県では最大の歓楽街であり、何軒かの店をハシゴして手に入れたパンフレットを眺めてみれば、周辺には六百五十もの飲食店が軒を連ねているという。

しかし、実際に街の中をそぞろ歩いてみると、ひどく閑散としていて人の気配は極度に薄い。夜の帳《とばり》が降りてもネオンの灯はまばらで、シャッターを下ろしたままのビルや店舗ばかりが目につく。端から端まで歩いても五分とかからない歓楽街を隅々まで徘徊し、路地の奥の奥まで覗き込んでみても、酔客とは数えるほどしかすれ違わない。通りに停車しているのは、数台のタクシーと運転代行業者の車のみ。目を凝らしてみれば、暗がりの中に若い客引きが一人か二人いるにはいるが、警察の指導が徹底しているのか、それとも彼らが控えめなためなのか、店名らしき文字を書いたパネルを手に持ち、客側から声をかけられるのを待ち構えているだけだった。

日本の地方都市が疲弊しているのは鳥取に限った話ではなく、全国に共通する現象ではある。ただ、鳥取県は四十七都道府県の中でも人口、世帯数ともに最も少なく、その人口も二〇〇七年からは六十万人の大台を割り込んでしまっている。これは、首都圏でいえば東京都八王子市や埼玉県川口市といった中堅都市の人口とほぼ等しく、他の県庁所在地に比べて疲弊の度合いがことさら厳しく感じられるのは無理からぬことなのかもしれない。

ほとんど人の気配のない歓楽街に舞う粉雪が、次第に量を増してきたようだった。その上、風まで強くなってくる。私は、自然と早足になった。

ラ・セーヌ、満り子、パピヨン、ひでちゃん、モンモ、かんな、ニューシーマ、香輝……。

まばらなネオンを横目に眺めながら大股で歩き、数日前の記憶を頼りに薄暗い角を曲がる。狭い街だから、道に迷う心配はない。案の定、目指す店はすぐに見つかった。

カラオケスナック・ビッグ。

くすんだ緋色《ひいろ》の下地に黄色い文字で店名を浮かび上がらせたネオンは、蛍光灯が切れかかっているのか、ちかちかと細かな瞬きを繰り返していた。その真下にある木製の扉を開けると、最初に石油ストーブの臭いが鼻を突き、続いてしわがれた嬌声が押し寄せてくる。

「あーらぁ、青ちゃんじゃないっ。もうっ、ゆうべはなんでこんかったのぉ。ずっと待ってたんやでぇ」とママ。

「そうよぉ。青ちゃんがいらっしゃるっていうから、ママもワタシも遅くまで待ってたのにぃ。仕事だったのか？　サビしかったわぁ」と言葉を継ぐのはアキちゃん。

古びた雑居ビルの一階にある店を訪れるのはまだ二度目だというのに、なにやらすっかりと常連扱いだった。もちろん悪い気はしないのだが、それはあくまでもここが普通の店だったら、という条件つきである。

もう七十歳のママは、でっぷりと肥えている。普段はカウンター席の隅にどっしり座ったまま動かず、たまに店の中を歩くと身体中の肉がゆさりゆさりと揺れる。せいいっぱい若作りしているのだろう、薄くなった髪を派手な栗色に染め、しかも両脇で三つ編みにしている。

たった一人しかいないホステスのアキちゃんも年齢は六十歳を超えている。ママがどっしりと座ったまま動かないから、カウンターの中に立って客を捌《さば》くのはもっぱらアキちゃんの役目。一般的にはチーママ格ということになるのだろうが、雇い主であるママにいつも気を遣っていて、長めの髪の毛にチリチリのパーマをあてたアキちゃんもまた、ママほどではないにせよ、同じような肥満体型の持ち主だった。

遠慮会釈のない週刊誌は当時、この店を「デブ専スナック」などと書き立てていた。下品な表現ではあるが、あながち間違ってもいない。店を切り盛りする二人を見れば、誰だってそう思うだろう。そして、鳥取連続不審死事件の容疑者として逮捕された上田美由紀も、かつてこの店でホステスとして働いていた。しかも、美由紀の周辺で次々に不審な死を遂げた六人にも上る男たちの大半も、この店の常連客だったのである。

2

カラオケスナック・ビッグの店内は、意外に広くて明るい。木製の扉を押し開けて店内に入ると、左手に大きなカウンター席が配置され、そのカウンターの先がL字型に曲がってさらに左奥の方向へと伸びている。右奥には四人掛けのボックス席もあるが、テーブルやソファの上におしぼりの予備やティッシュの箱などが乱雑に積まれていて、客が座れるような状態ではない。

ただ、カウンターがかなり大振りだから、ボックス席を使うことなどないのだろう。安っぽい大理石風のカウンターの前には赤茶けたビロード張りの椅子が合計で十二脚並び、その一番奥に近い席が店の経営者でもあるママの指定席になっている。今夜もそこに巨体を預けたまま、ママが手を振って私を招き寄せた。

「青ちゃん、ほれっ、こっち座り、こっちっ」

促されるままカウンター奥に近い席に腰を下ろすと、ママが隣の席に座って巨体を寄せ付け、カウンターの中からアキちゃんがおしぼりを差し出しながら言った。

「寒かったやろぉ。焼酎、湯割りにしよか？」

相づちを打ち、洗浄液の人工的な匂いのするおしぼりで手を拭いていると、ママの塩辛声が速射砲のように押し寄せてくる。

「アキちゃん！　青ちゃんにカニ、カニ出したげて。あと、カレイの煮付けとイカさんの刺身もな。あのな、青ちゃんな、カニもカレイもイカさんもみーんな新鮮だけぇ、ウマいでぇ。遠慮せんと、いっぱい食べぇなぁ」

今日はもう食事を済ませてきたから——いくらそう言っても、カウンターの上にはスナックに不似合いな魚介類のつまみがずらりと並ぶ。ママの話によれば、夫が魚の仲卸を営んでいるため、新鮮な魚を格安で手に入れられるのだという。お世辞にも清潔とはいえないカウンターの中で調理を担当しているのは、これもまた随分と立派な体格をした老女であった。

「これはな、ミズガニいうてな、脱皮したてのズワイガニなんよ。食べたことあるか？　ないやろなぁ。東京じゃぁ、食べられんけぇなぁ」

皿の上に盛られたのは小振りのカニ。年齢のせいかママの手先は小刻みに震えているが、そのカニの脚を手早くすべてもぎ取ると、脚の細い部分を使って太い脚の身を器用に押し出し、

「こうやって食べるんやでぇ」

といいながら、私の口元にカニの身を突き出してくれる。

「ほれ、青ちゃん、あーん。どうや、うまいやろぉ」

マズくはない。だが、もう腹はふくれているし、そもそも私はここに飲み食いをするために来ているわけではない。もちろん客として酒を飲みながらでもまったく構わないのだが、目的はあくまでも取材だと最初から明かしてある。しかも私は、東京から短期の出張でやってきた他所者《よそもの》に過ぎない。なのに、二度目の来訪で完全に常連扱いだった。

「ほれっ、青ちゃん、飲みぃな。カレイの煮付けもうまいでぇ。食べさせてやろか？　それとも、カラオケするか？」

アキちゃんもカウンターの中からかん高い声で合いの手を入れる。

「うわぁ、カラオケしてぇな。青ちゃん、歌うまかったもんなぁ。ママさん、青ちゃんとデュエットしたらどうや？」

「青ちゃんとデュエットなんかしたら、もう、興奮して寝れんようになるわぁ」

そう言いながらママが自分の胸を揉み、アキちゃんが両手で顔を覆って大げさな嬌声を上げる。

「いやぁ〜ん、ママさんってばぁっ！」

ひたすらかしましい二人の太った老女がいるこの店で、美由紀は二〇〇五年の末ごろから二〇〇九年の逮捕前まで働いていた。源氏名はサトミ。背丈は百五十センチ弱だったのに、体重は八十キロを優に超えていたという。

「ずいぶん太ってたんだね」

そう水を向けると、ママは自分の腹のあたりをさすりながら言った。

「ワタシもこんなやし、アキちゃんも肥《こ》えとるけぇなぁ。だから店の名前もビッグってしたんよ」

「そうなんだ」

「でもな、サトミはな、ワタシらなんかよりもずーっと太ってたけぇなぁ」

「そんなに？」

「腿《もも》のあたりなんか、もうな、ぶよんぶよんやったで」

「ぶよんぶよん？」

「うん。ぶよんぶよん」

そう言ってママはケタケタケタケタと乾いた笑い声を上げる。

店の入り口に近いカウンター席では、年老いた白髪の男がひとり、焼酎の水割りを舐めながら、分厚いカラオケの歌本をめくっていた。ママによれば、もともとは教師だったらしいが、ずいぶん前に定年退職して現在は年金生活の身。おそらくは七十歳を超えているだろうが、時おりふらりとやってくる常連客だという。その老人のリクエストをアキちゃんが聞き、リモコンを操ってカラオケ装置に曲を入力する。カウンターの中の壁には、大型の液晶テレビが掛けられていた。その画面が切り替わって映し出された曲名は北島三郎の「北の漁場」。トランペットの前奏がはじまると老人は椅子から立ち上がってマイクを握り、決してうまくはない調子外れの歌声がスピーカーを通じて店内に響き始める。

「いえ〜いっ」

「じょうずやなぁ」

ママとアキちゃんは盛んに合いの手を入れ、うたい終わった老人は焼酎の水割りを美味そうに呷《あお》った。瞬間、歌詞を表示していた液晶画面が切り替わる。大きな画面上に映し出されたのは、全身にモザイクのかけられた若い女の裸身だった。

ピピ、ピピピ、ピロピロピピピ……。

デジタル表示の点数が上がっていくにつれ、裸身を隠していたモザイクが剝がれていく。

ピピピ、ピロピロピピピ、ピロピロピピピピピピ……。

女性の局部あたりだけモザイクが残り、デジタル表示の点数が表示された。顔の皺をくしゃくしゃにしながらママが嬌声をあげる。

「あぁっ、九十二点かぁ。惜しいなぁ。もう一息でメンチャまで見えたのになぁ」

メンチャってなに？——そう聞くと、ママがまたケタケタケタと笑いながら教えてくれた。

「ほれぇ、青ちゃんが大好きなヤツやないのぉ」

カウンターの中でアキちゃんが「いやぁ〜ん、ママさんっ！」と奇声を発し、大げさに顔を手で覆い隠す。どうやら鳥取弁で女性器のことを指すらしい。

「青ちゃんはどうなん？　最近、メンチャはしとるのか？　それともワタシとするかぁ？」

ママがケタケタケタと乾いた声で笑い、私の股間あたりを撫《な》で上げるような仕草をした。

「もう、いやぁ〜ん、ママさんってばぁっ！」

アキちゃんがまたも大袈裟な奇声を発して顔を隠す。

店内の壁には、大判の絵画も掛けられていた。描かれているのは美しい裸婦像だったが、煙草の煙なのか、魚などを焼いた調理の煙なのか、表面が燻製のように変色してしまってすっかり黒ずみ、それが妙に妖《あや》しい雰囲気を醸し出していた。

「あの絵は何なの？」

「あの絵はなぁ、昔のワタシを描いてもらったやつ」

そう言うママに、わざとらしく驚いた顔で「ホント？」と尋ねると、

「そんなわけ、ないわなぁ」と言ってまたケタケタケタと愉快そうに笑った。

客は、いつまで経っても私と老人の二人だけだった。カウンターの中のアキちゃんは、私のグラスに新しい焼酎の水割りをつくると、入り口近くに座った老人客のグラスにも焼酎を注ぐ。その様子を横目に見ながらママはカニの身を器用に取り出し、私の口元に押し付けてくる。

「ほれっ、青ちゃん、食べぇや」とママ。

「そうやで、青ちゃん、カラオケもしてや」とアキちゃん。

店内は二人の塩辛声が途切れずに響き、老人客はまたカラオケの歌本をめくりはじめた。

3

鳥取最大の歓楽街である弥生町の周辺には、末広温泉町とか永楽温泉町といった地名がある。その名が示す通り、このあたりには古くから温泉が湧き出していて、いま

も温泉旅館が幾軒か営業している。県庁所在地のターミナル駅近くで本格的な天然温泉を楽しめる場所はそう多くないだろう。私が宿泊した格安のビジネスホテルにまで天然温泉の浴場が併設されているほどだった。

そのホテルを早朝にチェックアウトした私は、あらかじめ予約してあった車を鳥取駅近くのレンタカー店でピックアップし、カーナビに目的地を入力した。

鳥取県鳥取市福部町《ふくべちょう》——。

そこに、美由紀が逮捕直前まで暮らしていたアパートがあるはずだった。

カーナビの音声案内に従ってハンドルを北の方角に向けると、ほどなく国道九号線に突き当たる。京都府京都市から山口県下関市までの約七百キロを日本海側に沿って結ぶ国道九号は、山陰地方の鳥取、島根の両県にとっては最重要の幹線道路の一つであり、鳥取市の市街地周辺では片側二車線のバイパスとして整備されている。

といっても、人口が少ない鳥取は市街地も小さい。国道九号に突き当たってハンドルを右に切り、車を合流させて東の方向へ——つまり京都方面へと十分ほど走らせれば、片側二車線のバイパスはすぐに片側一車線の一般国道に変わり、短いトンネルを二つほど通り抜けるうちに田舎らしい風景がフロントガラス越しに見えはじめる。

私が最初に目指した鳥取市福部町は、いわゆる平成の大合併に伴って二〇〇四年に鳥取市の一部に組み込まれるまで、鳥取県岩美《いわみ》郡という行政区に属する「福部村」だった。カーナビが目的地に近づいたことを知らせてくれた辺りで周囲を見渡せば、いまも「村」と表記したほうがはるかに相応《ふさわ》しい牧歌的な情景が広がっている。

地図を眺めれば一目瞭然なのだが、福部町は鳥取砂丘に近接していて、鳥取名物のラッキョウと二十世紀梨の一大産地でもある。特にラッキョウは福部町一帯が鳥取県全体の産出量の七割以上を占め、日本海沿いの砂地には広々としたラッキョウ畑が幾重にも連なっている。だが、ラッキョウの名産地ということは逆に、このあたりがもともとは農作に不向きな地だったことを示している。

あらためて記すまでもなく、鳥取砂丘は山陰・鳥取の代名詞ともいうべき名勝地であり、最大の観光資源にもなっている。鳥取市の中心部から見れば北端の日本海沿いに位置し、東西十六キロ、南北二キロにわたって細長く広がる日本一の砂丘は、市の中心を流れてくる千代川《せんだいがわ》によって運ばれた砂が海に堆積し、それが海側から激しく吹く北風によって打ち上げられて形成されたといわれている。しかし、観光客にとってみれば美しき名勝地であっても、ここに暮らし、日々を紡ぐ人々にとっては、実に厄介な代物《しろもの》でもあった。

日本海側の地に共通することではあるのだが、冬期に海から吹きすさぶ風は峻烈を極める。ことに砂丘地帯が海沿いに広がった鳥取では、風が吹くたびに大量の砂が舞い上がり、飛び散り、それが家々の庭や道、さらには耕作地を覆い尽くしてしまう。人々は松の防砂林を整備するといった努力を積み重ね、何とか対策を取ってはきたものの、いまも海沿いの道などには砂が飛散し、定期的な除去作業が欠かせない。

しかも鳥取の砂丘は広大で、背後には峻険な中国山地が迫っている。日本海に面していて海の印象が強い山陰地方だが、鳥取県の総面積三五〇七平方キロメートルのうち実に八十五％が山地だという。もともと平地が少ない鳥取の人々にとってみれば、砂を撒き散らす上に耕作にも不向きな砂丘は迷惑千万な存在であった。

それをなんとか克服しようと試み、苦心惨憺《さんたん》の末に辿り着いた作物のうちの一つがラッキョウだった。乾燥に強く、痩せた砂地でも生育するラッキョウは、冬期でも繁茂して飛び砂の防止効果があることなどから、昭和期に入って栽培面積が急速に拡大していった。かつての鳥取県岩美郡福部村――つまり現在の鳥取市福部町は、そういった地域の中心だったのである。

だからいまも決して豊かな町ではなく、車で国道九号沿いを走ってみても小さな土産物店や古びたラブホテルなどがあるだけで、人の気配はほとんど感じられない。カーナビの指示に従って町の中へと車を滑り込ませると、長閑《のどか》でもあり、鄙《ひな》びてもいる集落がいくつか点在し、その片隅に美由紀が暮らしていたアパートはあった。

事前に鳥取地方法務局で取得しておいた不動産登記簿によれば、敷地の総面積は百坪ほど。その中に計三棟のアパートが建てられていて、うち二棟は、ずいぶんと古ぼけてはいるものの、どこにでもありそうな構造の二階建て木造アパートである。

そしてもう一棟、敷地の隅には平屋建てのアパートがあった。安っぽいトタン張りの外壁は、もともとそういう色だったのか、後からペンキでも塗りたくったのか、おそろしく趣味の悪い黄緑色に染められている。一見したところ物置小屋のような代物だが、この平屋建てアパートの一室に、美由紀は五人の子どもやペットたちと一緒に暮らしていた。

趣味の悪い黄緑色の平屋アパートはもちろんなのだが、古びた二棟の木造二階建てアパートにしても、周囲の長閑な風景とはいかにも不釣り合いだった。おそらくは農業を営んでいる家が大半なのだろう、ゆったりとした敷地に昔ながらの日本家屋が点在する集落の中、三棟のアパート群だけが明らかに異様なムードをぷんぷんと発散させている。

アパートの近くに車を停め、周囲を歩き回るうち、民家の軒先で老人が農作業の準備をしているのが目に入った。声をかけ、アパートについて尋ねると、いかにも不快そうな表情でこんな話を聞かせてくれた。

「ああ、あのアパートねぇ。あそこは昔、ラッキョウ畑だったんだよ。ところがさ、もう十五年ぐらい前になるんかなぁ、あーんなアパートが建てられちまって……。例の女（美由紀）が住んどったっていうんだろ？　ワシらはあんまりかかわり合わなかったし、アパートに住んどる連中もこっちとは付き合いたがらんけぇ、どんな連中が住んどるんか、ぜんぜん知らんのだよ」

アパートのすぐ近くに住む老女もこう語った。

「なんだか奇妙な人たちばっかり住んでるみたいですから、この辺の人たちとはほとんど交流がないと思いますよ。ゴミ出しなんかではトラブルも起きてたらしいですけどね」

長閑な集落の風景とは完全に異質なアパート群。中でも美由紀が暮らしていた悪趣味な色の平屋アパートは、突出して異様なオーラを周辺に撒き散らしていた。

私が初めて福部町のアパートを訪ねた二〇一〇年の二月は、美由紀が別件の詐欺容疑で逮捕されてから約三ヵ月が過ぎ、鳥取県警による家宅捜索なども一通り行われた後だった。にもかかわらず、美由紀の暮らしていた部屋は、眼を疑ってしまうような惨状を呈していた。

窓から覗き見える室内を覆い尽くしていたのは、ゴミとガラクタの山、山、山。子どもの遊具らしきものから雑貨、雑誌、布団、壊れた家電製品、それに大きなゴミ袋に入れられた夥《おびただ》しい数のペットボトルや空き缶、衣服や下着の類までが散乱し、一部はアパートの外にまで溢れ出していて、足の踏み場もないような有様だった。

私にしたって、どちらかといえば整理整頓などという習慣が欠落しているほうだと思う。だが、美由紀のアパートの惨状は尋常ではない。二階建てアパートの住民に話を聞くと、心底から苦々しげな表情で吐き捨てた。

「あれでもずいぶんキレイになったほうなのよ。(美由紀が)警察に逮捕された直後なんて、食べかけの弁当や汚れた食器なんかも散乱してて、悪臭が漂っててね。えらい迷惑だったわ」

別のアパート住民の話はこうである。

「あの家、子どもが五人もいる上にゴミ屋敷だったからね。犬とか猫とかも飼ってたし。子どもは部屋の中で無理矢理に寝かせてたみたいだけど、大人は外の車の中で寝てることが多かったよ。だって、あれじゃ部屋の中に寝る場所、ないでしょ」

実を言えば、美由紀が暮らしていたゴミ屋敷のような平屋建てを含む三棟のアパート群の所有者は、カラオケスナック・ビッグのママなのだった。美由紀の部屋は広さ十二畳で家賃は二万五千円。ここに五人の子どもに加え、複数の男が入れ替わり立ち替わり同居していた。はじめてビッグを訪れた時、ママは私にこう語っている。

「うちげの店で働き始めた時、住むとこがないってサトミがいうけぇ、ワタシのアパートを貸したんよ。人懐っこいし、明るい子だったから、いっときはワタシだって自分の娘みたいに可愛がったで。一緒に沖縄に旅行に行ったこともあったしなぁ。でも、まさかサトミがあんなことをするとは、想像もできんかったなぁ。いま考えれば、おかしなとこ、いーっぱいあったんだけどなぁ」

4

サトミこと上田美由紀は一九七三年十二月、鳥取県中部に位置する倉吉市の病院で出生した。

倉吉市は人口でいうと鳥取県で三番目の市だが、人口も世帯数も全国最少の鳥取県には、行政区域としての市が四つしかない。隣県の島根県が八つの市を抱え、香川県、徳島県と並んで全国で二番目に市の数が少ない県なのだが、鳥取県はその半分にとどまり、これもまた全国最少ということになる。

四つの市のうち最も東に位置するのが県庁所在地の鳥取市で人口は約二十万。県の西端に位置する二番目の市が人口約十五万の商都・米子市。その米子の北隣に人口約三万七千人の港町・境港市があり、鳥取県のちょうど真ん中の倉吉市は約五万三千人の人口を持つ古都である。

その倉吉市の病院で生まれた美由紀は、隣に接する東伯《とうはく》郡大栄町《だいえいちょう》で幼少期の大半を過ごした。大栄町も二〇〇五年に周辺の町と合併し、現在は北栄町《ほくえいちょう》と名称を変えているが、合併後の総人口でも一万七千人ほどしかない海辺の町である。

最初に鳥取市福部町を訪ねた私は、次にその北栄町に向かうため、国道九号線を西の方角へと車を走らせた。一時間ほどでたどりついた北栄町もまた、海岸線に延々と砂丘帯が続いていて、砂地での栽培に強いラッキョウやスイカの産地だという。日本海側から吹きすさんで住人たちを苦しめてきた北風を逆に利用しようという試みなのだろう、砂丘帯には風力発電用の巨大風車が幾本も林立し、町のほぼ全域からその偉容を眺めることができた。

両親と兄の四人家族という家庭に育った美由紀は、この町で公立の小学校と中学校に通っている。かつて美由紀が家族と暮らした一戸建て住宅を訪ねてみると、主が代わってしまったものの建物はいまも残っていて、近隣住民の中には美由紀一家のことを記憶にとどめている者がいた。

「とんでもない事件を起こしたらしいけど、むかしは別にフツウの娘だったで。ご両親は大人しい感じの人だったし、別に近所とのトラブルなんかもなかったし……。むしろ、あんまり近所づきあいをせんほうだったな。お父さんはホントに大人しくて、お母さんのほうが少し積極的なタイプだったかな。それでも隣近所の人たちと親しくするっていうほどじゃなかったで」

そう振り返ったのは、かつての美由紀宅から数軒離れたところに暮らす老人だった。美由紀とほぼ同世代だという近隣の主婦の一人はこう語ってくれた。

「もう随分前だし、子どものころですからね、あんまり記憶はないんですよ。でも、彼女（美由紀）自身、あんまり活発な子ではなかったんじゃないかしら。お父さんは土木関係の現場で働いてらしたけど、ここを離れて鳥取市に引っ越した後にお亡くなりになったそうですよ。その後、お兄さんまで事故で大けがをされて、重い障害を負ってしまったと聞きましたが……」

美由紀が成人する前、父が病気で急死し、その後に実兄も事故で障害を負ってしまったというのは、カラオケスナック・ビッグのママや関係者らの証言でも事実のようだった。ただ、幼少期の美由紀は比較的大人しい性格だったのか、あるいは目立たない存在だったのか、強い印象を持っている近隣住民に会うことはできなかった。

それでも北栄町周辺を歩き回るうち、美由紀と同年代の人々には幾人か出くわした。

「実は私も（美由紀については）あまり記憶がないんです」

そう言う人物らから、旧大栄町の公立小学校の卒業文集を見せてもらうことができた。そこには、子どもらしい拙《つたな》い文字で、美由紀がこんな文句を書き残している。

《趣味　あばれること
特技　バレーボール
好きなこと　手紙を書くこと
性格　たんき（すぐもんくをいう）》

幼き日の美由紀を知る別の人物は、こんな話を聞かせてくれた。

「私も（美由紀と）同世代で、一緒の学校に通ってましたからね。事件が新聞やテレビで大騒ぎになってから（美由紀のことを）思い出そうとしたんですけど、はっきりと思い出せないんです。どっちかっていうと、ひょうひょうとした感じだったと思うんですが……」

——でも、あまり記憶に残るような子どもではなかったんですか。

「ええ……。そういえば、よくウソをつく人だったっていう話を聞きました。最近になってからですけどね」

――最近というと？

「（美由紀と）同じ職場で働いたことのある人が知り合いにいましてね。（美由紀が）捕まった後になって『そういえば』って、教えてくれたんです」

――どんなウソをついたと？

「なんでも、（職場で）指輪がなくなったとか大騒ぎすることがしょっちゅうあって、でも、ぜんぶウソだったってことがすぐに分かって、職場のみなさんがずいぶんと迷惑したとかって。でも、聞いた話ですから、本当かどうかは……」

近隣住民たちの記憶にうっすらと残る証言と、小学校の卒業文集に残した拙い文字――《あばれること》が趣味で、《手紙を書くこと》が好きで、《たんき》な性格で、しばしばウソを口にして周囲を混乱に陥れていたという美由紀。おいおい紹介していくこととなるが、こうしたエピソードや証言は、後に明らかとなる美由紀の人格や不可解な言動を彷彿させるもののようにも感じられた。

だが、そんなものはどこまでも後付けの理屈にすぎないようにも思うし、ここで率直に記してしまえば、私は美由紀という女の生い立《おた》ちや性格そのものに強烈な関心を持っているわけではなかった。むしろ、美由紀のような女に次々と吸い寄せられていった男たちの心情のほうに興味を惹かれていたのである。

男たちは、大半が妻子ある身だった。世俗的な価値基準を持ち出せば、安定した仕事と家庭を持ち、かなり恵まれた環境にある者も多かった。中には、職業として他人の不審点やウソに目を光らせるべき男たちまでもが含まれていた。しかも美由紀は、でっぷりと肥えた三十代半ばの女で、お世辞にも眉目《みめ》麗しいなどと評せるようなタイプではなかった。

なのに男たちはいったいなぜ、美由紀のような女に惹かれ、巨額のカネまで貢ぎ、次々と命を落としていってしまったのか。鳥取という地方都市の寂れ切った歓楽街に漂う太ったホステスに魅せられ、ついには奈落の底へと転げ落ちていったのは、いったいなぜだったのか。その真相に、私は興味を惹かれていた。

従って、美由紀の生い立ちについては駆け足で振り返るにとどめたい。大半のマスメディア報道がそうであるように、警察や検察が言う「美由紀＝殺人犯」という前提の上に立ち、その成育環境や家庭環境をこと細かに調べ上げ、「怪女が生まれた理由」のようなものを推測まじりにおどろおどろしく、思わせぶりに書き連ねることは、まったく私の趣味ではないからである。

さて、地元の公立中学校を一九八八年に卒業した美由紀は、米子市内にある私立高校の看護科に進学したものの、すぐに中退し、その後は単身大阪へと向かった。数年暮らした大阪では自衛官の男と結婚し、一九九三年に第一子を出産したのをはじめとして男女二人の子どもをもうけている。

しかし、間もなく離婚し、一九九九年になると故郷・鳥取に戻り、サラリーマンの男と再婚してさらに男女二人の子どもを出産した。この間、結婚情報センターなどで働いたこともあったが、再婚相手ともうまくいかずに別居し、間もなく鳥取市の歓楽街である弥生町に身を置くようになった。

最初に働いたのが「アヒル」という名のスナックだった。当時の美由紀を知る弥生町の元ホステスは次のように振り返っている。

「もともと親戚がやっていた店を任されたようだったけど、彼女、金銭感覚がめちゃくちゃだったからね。それに、客とすぐにヤッちゃうんだわ。で、あそこの店はヤラせてくれる店だっていう評判になって、もともといた常連客の足が遠のいちゃってね。何ヵ月かしたら、潰れちゃった」

このころに美由紀は、最初に不審な死を遂げる男と出逢った。それは意外な職業の人物であった。

5

海岸線に風力発電用の巨大風車が林立する美由紀の故郷・北栄町を離れ、夜になって鳥取市内に帰り着いた私は、鳥取駅近くの小料理屋で食事を済ませると弥生町へ向かい、かつての美由紀を知る人物のいそうなスナックを幾軒かハシゴした後、カラオケスナック・ビッグのドアを開けた。この日は客が一人もおらず、「飲みぃな」「カラオケしよっ」というママやアキちゃんの軽口に相づちをうち、適当に付き合いながら、美由紀の周辺で不審死した男たちの話を少しずつ聞いた。

「美由紀の周りで死んだ人たちって、大半がここの常連さんだったんでしょ?」

「そうやなぁ……。考えてみれば、うちげの店のお客さんばっかりだったなぁ。サトミが殺したんだかなんだか知らんけど、みーんな死んじゃってなぁ」

「そういえばママさん、最初にいらっしゃったのは誰だったんかいなぁ?」

「さぁなぁ……。でも、考えてみれば、ぎょうさん亡くなっちゃったなぁ。竜一にヨン様、坂口さん、それに安西さんもなぁ……」

「なーに言ってるのママさんっ。安西さんは亡くなっとらんがな。それより、もっと前にタケちゃんっていらっしゃったらしいじゃない」

「あぁ、タケちゃんなぁ。サトミと付き合ってるうちに死んじゃったってなぁ」

寂れた夜の歓楽街で美由紀と出逢い、最初に不審な死を遂げることとなった「タケちゃん」の名は新藤武。死亡当時は四十二歳。職業は、読売新聞鳥取支局に勤務する新聞記者であった。

ママとアキちゃんが言う。

「タケちゃんって、うちげの店には来とらんけど、あとで聞いたら、可愛い奥さんと子どもまでいたらしいなぁ」

「カネもだいぶむしり取られたって、ワタシは聞いたで、ママさん。で、あっけなくサヨウナラ。けっきょく、いっつも同じパターンなんよ」

「そうやなぁ……。たしかにみんな、同じパターンやったなぁ……」

第2章 一人目の男

1

長崎県平戸市出身の新藤武は、高卒の学歴で読売新聞社へ入社し、一九九九年から鳥取支局に赴任していた。古い時代ならばともかく、近年の全国紙記者はほとんどが大学卒業者で占められており、新藤のような経歴はかなり珍しい。読売社内の伝手《つて》をたどって新藤を知る読売ＯＢや関係者に話を聞いてみると、もともとは速記者として採用されたようである。

速記者といっても、一般には馴染みが薄い職種だろう。いや、当の新聞社に勤める者たちにしても、最近入社した若手なら、そのなんたるかをほとんど知らないかもしれない。パソコンや携帯電話、高性能な小型録音機などの普及によって、速記者という職種自体が新聞社内から消え去ってしまったからである。

近ごろの新聞記者にとっては必携の取材道具になっているICレコーダーのような小型録音機材がない時代、長時間の会議や対談、インタビュー記事などの作成には、発言を速記で記録してくれる速記者の存在が不可欠だった。また、データ通信もできる携帯電話やパソコンが登場するまで、取材現場に出ている記者たちは記事原稿を有線電話で読み込まねばならず、声による電話送稿の受け手としても速記者は重宝された。

パソコンや小型録音機といった電子機器類の発達によって世の中は大きく変貌したが、旧来型メディアの代表格である新聞社の記事作成環境も激変している。速記者はもちろんのこと、紙の原稿用紙に書かれた記事を新聞製作システムにデータ入力するキーパンチャーなどの職種も現在はほとんど姿を消してしまった。

だからなのだろう、速記者として入社した新藤はしばらくすると一般の記者職に転じ、地方の支局や通信部を転々と渡り歩くようになった。鳥取支局より前の勤務先を見ると、島根県の松江支局や四国は香川県の観音寺通信部、高松支局など、主に中国・山陰地方や近畿圏の支局、通信部などを異動してきたようだから、これらを管轄する読売新聞大阪本社所属の地方記者、という位置づけだったのだろう。新聞社によって多少違いはあるものの、地方記者とは一般的に、東京や大阪といった本社所在地以外の支局や通信部を専門に担当する記者のことである。

そして鳥取支局に転勤してきた一九九九年、すでに四十歳近い中堅記者となっていた新藤は、支局内では支局長、デスク役の次長に続く三番手の記者——新聞社内では「三席」などと呼ばれる現場記者のキャップ格——として、主に鳥取県庁を担当して地方版の記事などを執筆していた。

当時の新藤を知る読売のOBや関係者によれば、新藤はいかにも読売の記者らしい少々の豪快さと少々の横暴さの双方を併せ持つ男だったようである。鳥取支局時代のライバル紙記者だった人物の一人はこう振り返ってくれた。

「あのころの読売では支局の中心的存在で、後輩の若い記者の面倒もよく見ていました。でも、他社（の記者）もいる前で、若手記者を立たせて説教してたこともありました。もしかすると普通の大卒記者にコンプレックスみたいなものがあったのかな。私たちには『松江に勤務していたころは酔っぱらい運転で松江城に突っ込んだことがある』なんて話も吹聴《ふいちょう》してましたね」

昔ながらの徒弟制度的な雰囲気が残る新聞業界の中にあって読売はその傾向が特に

強いとされているから、この程度の横暴さはことさら珍しいものではないようにも思う。かつて新藤の上司だったこともある読売OBに連絡を取ってみると、大阪市内の喫茶店で取材に応じ、次のような話を聞かせてくれた。

「彼（新藤）には、奥さんとの間に子どもが二人いてね。『明日は子どもの運動会なんです』とか言って、とにかく子煩悩な印象だったんだけどな」

――仕事ぶりはどうだったんですか？

「特ダネ記者ってわけじゃないけど、それなりにきちんと仕事をこなすやつだったし、鳥取に行ってからは県政取材を任せられて張り切っていると聞いてたよ。事件や事故にしたって、県政やヒマネタにしたって、鳥取だと全国ネタになるようなニュースがなかなか少ないだろ。でも、彼が県庁（の取材）を任せられたのは、ちょうど片山県政の時代だったからね」

旧自治省（現総務省）のキャリア官僚出身ながら情報公開などに積極的な改革派知事として全国的な知名度を誇った片山善博は、新藤が鳥取支局に赴任した一九九九年の四月に行われた鳥取県知事選で初当選し、二〇〇七年四月までの二期八年にわたって鳥取県政を担っている。さまざまな県政改革に乗り出したほか、メッセージ性の高い発言などでも注目を集めたのは、あらためて詳述するまでもないだろう。

たとえば、東京都知事時代の石原慎太郎が二〇〇一年にぶち上げて導入したホテル税（東京都宿泊税）をめぐっては、石原との間で次のような舌戦を繰り広げてメディアの関心を呼んだ。

片山「都民以外の宿泊客から税を取る〝他人のふんどし〟のようなものだ。東京に来てほしくないなら、全国的な会議は東京でやらないように他の知事にも呼びかけたい」（十一月五日、記者会見で）

石原「あれ（片山）は、もとは自治省の役人だろ？（中央省庁の役人は）自治体が勝手なことをするとイヤなんだよ。ことのなんたるかを理解せずに、恥をかくのはテメエのほうだ」（十一月九日、記者会見で）

片山「東京は首都だから行かざるを得ない。石原知事には首都の自覚と認識を持ってもらいたいし、いい機会だから首都のあり方を考えるべきだ。東京に集中している機能を地方に分散させるよう働きかけていく」（十二月十七日、メディア向けの談話）

石原「もっと安い宿に泊まったらいいじゃないか。（片山には）安いとこを紹介するよ」（十二月十九日、ホテル税条例が都議会で成立したことを受けて）

いかにも石原らしい下品かつ挑発的な物言いに私は不快を感じるばかりなのだが、それはともかくとしても、鳥取県知事の言動がこれほど全国的に注目されたことは過去に例がなかったろう。地方支局の県政担当記者といえばたいてい、担当する県の地方版を埋めるための記事ばかり書かされるのが常となりがちだし、地域に密着した地方版の記事が大切なのはもちろんなのだが、新聞記者などという稼業に就く者の多くはやはり、大きなニュースの取材に携わって自分の記事が一面や社会面などを華々しく飾ることを望むものである。

速記者から記者へと転じたものの、地方の支局や通信部を転々とする立場だった新藤にとってみても、片山知事時代に県政取材の中心を担う仕事にめぐり合えて、幸福な時期だったに違いない。読売新聞の過去記事を探してみると、当時の新藤の署名入り原稿を幾本か見つけることができた。

そのうちの一本が、

《職員給与の実態、鳥取県がネットで情報公開》

という見出しがつけられた二〇〇二年一月の記事である。東京本社発行の紙面にも大きく掲載され、「解説」と付記された新藤の記事の総行数は百行を超えている。通信社の記者として地方支局にも在籍したことのある私にはよく分かるのだが、全国紙の地方支局記者が東京本社発行の全国版紙面に、しかもこれほど大々的な「解説」記事を署名入りで掲載できるのは、めったにない僥倖《ぎょうこう》といえる。一部を抜粋してみよう。

《ベールに包まれてきた職員の給与制度の実態を、鳥取県が全国で初めてインターネットで公開した。（鳥取支局　新藤武）

自治体職員の給与体系は首長ら執行部と職員組合が決める。が、詳細は「手当の仕組みなど複雑なため、多くの自治体で公表されず、納税者の目にふれない」（新海聡・全国市民オンブズマン連絡会議事務局長）。ここからヤミ給与など常識とかけ離れた制度も生まれる。この壁を鳥取県が破壊した。インターネットのホームページを使い、赤裸々な実態を図入りで公開したのである。背景には、片山善博知事の意向がある》

こんなふうに書き起こされた記事は、次のような結論を導き出している。

《鳥取県は人口、財政規模とも都道府県で最下位なのに、県職員の給与水準は、国家公務員を一〇〇とするラスパイレス指数で一〇二・六（二〇〇一年度）。県は、公表内容に対する県民からの意見をもとに、新年度から制度見直しを図ることにしている。鳥取県のやり方は情報公開時代の新しい手法なのだろう。多くの自治体はどう反応するのだろうか》

できのいい記事かどうかはともかく、自らが中心となって取材する鳥取の動きが各地に波及するかどうか、全国版の読者を意識して綴られた記事からは、片山県政という格好のネタを前に張り切って取材していたという新藤の様子が浮かび上がってくる。

だが、このころ新藤はすでに、破滅の道へと突き進みはじめていた。すべてのきっかけは、美由紀との出逢いであった。

2

新藤が美由紀と最初に出逢ったのは、鳥取に赴任して二年ほど過ぎた二〇〇一年ごろのことだったようである。場所は鳥取市の歓楽街・弥生町にあるスナック。二人目の夫とも別居して夜の街に身を置くようになった美由紀が最初に任せられた「アヒル」という店だったらしい。

一九六一年九月生まれの新藤は当時、働き盛りともいえる不惑の四十歳を迎えていた。前述のように、妻との間には二人の幼い息子がおり、各地の支局や通信部を渡り歩く転勤族だったこともあって、鳥取市内の賃貸マンションに妻子と暮らしていた。

なのに、夜の弥生町に漂う美由紀と知り合った新藤は、あっという間に溺れ、傍から見ても明らかに様子がおかしくなっていった。

再び大阪市内の喫茶店。新藤の上司だったこともある読売ＯＢはこう語っている。

「同い年の奥さんも美人でね。本当に子煩悩な男やったのに、あの女と付き合うようになってからは明らかにおかしくなったらしくてね……」

あの女とは、言うまでもなく美由紀のことである。読売OBとの話を続ける。

「それまでは毎晩遅くまで支局に残って仕事してて、県版（地方版）の記事なんかを一所懸命書いとったのに、急に仕事に身が入らなくなって……。支局から突然おらんようになったこともあったようでね」

――突然、ですか。

「ああ。そのうち、しょっちゅう連絡がつかなくなったり、重要な仕事をサボったり、泊まり勤務の時も支局になかなか来なかったりしたこともあったらしい」

――県政取材のキャップがそんな調子だと、支局の仕事が回らないでしょう。

「だから支局長も業を煮やして、彼（新藤）を何度も問いつめたそうだよ。でも、とにかくあの女と一緒になるんだって言って、ぜんぜん聞く耳を持たなかったらしくてね。支局長が女を直接呼び出して話をしたこともあったって聞いたな。具体的にどんな話をしたのかまでは知らないがね」

――彼は本気で美由紀に入れあげてたんですか。

「にわかには信じがたいんだが、どうやらそうだったらしいな」

——というと？

「実は、あの女（美由紀）に宛てて彼が出したっていう手紙が残っててね。それがもう、歯の浮くほど熱烈な調子で『好きだ』『愛してる』って書いてあったって……。いまでも本当に信じがたいんだけど、彼があの女にすっかり入れあげていたのは間違いないらしいんだな」

新藤が美由紀に宛てて出したという手紙については、私も事件関係者から見せてもらったことがあった。熱烈な愛の文句が便箋にびっしりとしたためられた文面を見る限り、新藤が心底から美由紀に惹かれ、入れあげてしまっていたのは確かなようだった。

美由紀に夢中となっていた新藤は、二〇〇三年ごろになると妻子と暮らしていた賃貸マンションを飛び出し、美由紀と同棲するようになった。

前述したように、すでに美由紀には二人の結婚相手との間に四人の子どもがいたが、二〇〇四年の五月二十七日には第五子となる女の子を出産している。おそらくは新藤の子だろうとはみられているものの、実を言えば美由紀は当時、同時並行的に別の男とも交際しており、誰の子なのかは判然としない部分も残る。

ただ、新藤が十年近くも連れ添った妻と二人の子を捨て、美由紀のもとに走り寄っていったのは間違いない。同時に新藤は、全国的な注目を集める片山県政の取材でキャップ格を任されて張り切っていたはずなのに、仕事面で異変をきたすようになり、私生活でも不審な行動を取るようになっていった。

いつのころからか新藤はあちこちから借金を重ね、支局の同僚やライバル社の記者、あるいは取材先である県庁の職員や県議にまでカネを無心するようになった。支局に借金返済の督促が寄せられ、果ては鳥取県の副知事にまでカネを貸してくれるよう頼み込んだこともあったという。

日本のマスコミ業界は、一般的に高給である。それがいいことか悪いことかはともかく、四十歳前後の読売新聞の記者ならば、年収も一千万円ほどはあったろう。なのに、あちこちからカネを借りるほど窮してしまったのはなぜだったのか。いったい何のためにカネが必要だったのか。しかも、取材先の当局者にまでカネを無心するのは、記者として守るべき一線を踏み越えたと罵られても仕方のない愚行である。鳥取支局時代にライバル紙の記者だった人物はこう振り返ってくれた。

「あの女（美由紀）に、いろんな口実をつけてカネをせびり取られてたらしいんです。『子どもが病気になった』とか、『生活費がない』とか、『一緒に住む家を準備する』とか言ってね。いちいちもっともらしい理由をつけてはカネをせびり、それを彼

（新藤）も信じ切っていたようで、『カネがかかるんだ』と言いながら金策に必死になっていて、あちこちからカネを借りてたって……。そのうち、副知事のところに借金の相談に行ったとか、支局にカネ貸しらしき男たちが取り立てにやってきたとか、そんな話が他社の記者の間にも漏れ伝わってきました」

美由紀と深く交際する前、新藤には一千万円ほどの貯金があったという。しかし、それもすぐに底を突き、故郷・長崎県にいる父から一千万円、ほかの関係者からも一千万円近くのカネを借りた。長崎の父は息子からカネを無心された際、妻子と別れて美由紀と一緒になると言って聞かぬ息子に激怒し、「一千万円を貸してやる代わりに親子の縁を切る」とまで告げていた、と前出の読売OBらは証言している。

それにしても、新藤はなぜ、これほどまで美由紀に入れあげてしまったのか。美人だったという妻と二人の愛息を捨て、お世辞にも容姿端麗とは言えぬ肥満体のホステスに惚れ込み、しかも大金まで貢ぎまくっていたのはなぜだったのだろうか。

3

当時の新藤の心情の一端をうかがわせるような文書が私の手元に置かれている。鳥取で取材を続けるうち、事件関係者から手に入れたものである。その関係者の話や、文書に記された文面などから読み取る限り、新藤が妻との離婚のために家庭不和の理由を綴り、弁護士などに提出したものの写しとみられる。一部を伏せ字にし、原文のまま引用してみる。

× × × ×

新藤武・×子夫婦間の問題について

夫・新藤武（昭和三六年九月二九日生まれ）

妻・×子（昭和三六年×月×日生まれ）

結婚 平成六年×月×日

長男・××誕生（平成七年×月×日）

二男・××誕生（平成一〇年×月×日）

現在、別居生活を送っているが、その理由を列挙します。

(1) セックスレス。結婚生活八年間のうち、セックスはほぼ子づくりの場合のみで、八年間の合計は五十回程度。第一子出産後は十回程度、第二子出産後は二回。

排卵日が近づくと「排卵日！」と催促。その時は一日間隔を置き、途中で自慰をしていると「しこるな！」と怒った。自分にとっては強姦のような感じを受けた。

出産後は「育児や家事に追われて忙しい」「私は母になったの」と主張。夫が半分冗談で胸を触っても、最後は「ぎゃー」と叫んだり、「生理なの。見るか」と徹底して拒絶。最近は「更年期なの」と主張している。

無理やり行為に及んだことは一度もない。
(2)家族だんらんの破壊。家族四人で一緒に寝ようと思っても、「いびきがうるさい」と怒り、一人で布団を持ち別の部屋に移動。休日は自分で遊びを計画。夫のたまの休日も無視し、自分の計画通りに運んでいる。
(3)子どもたちへの悪影響。子どもたちと寝ることを拒否し、子どもたちには「お父さんは臭い」「汚い」と吹き込んでいる。
(中略)

これまでも、言動には注意を促し、実家への帰省も含めて言い渡したこともあったが、残念ながら現在まで改善されていないのが現状。

以上のことから、本意ではないが、夫婦関係はすでに長期にわたり破たん状態にあり、復縁は不可能と思われる。現在、精神的苦痛から別居生活をしている。

×　×　×　×　×

文書は横書のワープロ打ちで作成されているが、末尾には新藤の住所と氏名が手書きで記され、氏名の右脇には印鑑も押されている。その印影は明らかに三文判のように見えるし、これが本当に新藤自身の手によって作成されたものなのかは判然としない。ひょっとすると、何らかの経緯があって美由紀が偽造した可能性も十分にあるだろう。

ただ、新藤が妻との関係をめぐって深い悩みを抱えていたのは事実のようだった。大阪市内の喫茶店で取材に応じてくれた読売OBはこう語っている。

「僕は全然知らなかったんだけど、あとでいろいろ聞いてみたら、奥さんとの関係……特に性的な面なんかでの関係がうまくいかなくて悩んでたのは間違いないらしくてね。支局の同僚も彼（新藤）から相談を受けていたそうなんだな。そんな心の隙間を満たしてくれたのが、あの女（美由紀）だったのかもしれん。僕にはいまも、どうしても信じられんのだけどね……」

いまも信じられない――かつての新藤を知る読売OBは、何度もそう言って溜息をついた。

だが、傍目には子煩悩で幸せそうに見えた新藤は、美人の妻との間に秘めやかな不和を抱え、夜の街に漂っていた肥満体の女に惹かれていった。

そして新藤は間もなく世を去る。しかも、特急列車にはねられて轢死《れきし》するという無惨な形での最期だった。

4

鳥取市の中心部に位置するJR鳥取駅は、山陰本線などが乗り入れる鉄路の玄関口であると同時に、駅前のロータリーにはバスターミナルが併設されていて、大阪や広島といった大都市部と鳥取市を結ぶ長距離バスの発着場にもなっている。空港と市内を往復するシャトルバスや周辺町村への路線バスもここを起点にしているから、スーツケースを手にしたビジネスマンや旅行客に交じり、自家用車の運転が困難な高齢者や学生たちの姿も目につく。

つまり鳥取市で最も重要な交通の要であるのだが、駅に乗り入れる鉄道はいまもまったく電化されておらず、本数も決して多くない。その上、値段的にも割安な長距離バスの利用者が存外に多いのだろう、駅の内外をしばらく観察してみると、かなり老朽化したバスターミナルの待合室のほうが、きれいに整備された駅の構内よりも賑わっているように感じられる。

鉄道の駅構内よりも古びたバスターミナルが老若男女の客で賑わっているのは何や

ら不思議な光景だったが、鳥取の置かれた状況を考えれば無理のないことに思われた。鳥取市を中心とする鳥取県の東部地方は、鉄路や高速道路といった公共交通インフラ網の整備が極度に遅れ、まるで陸の孤島のようだという自嘲にも似た台詞が地元の人々から出るような地域として長く放置されてきたからである。

鉄路で言えば、鳥取駅に乗り入れているのは山陰本線のほかに因美線《いんびせん》というローカル線がある。山陰本線が京都駅から山口県の下関駅までを日本海側でつなぎ、鳥取市、米子市、松江市などを経由して東西の方向に走っているのに対し、因美線は鳥取駅から南の方向に走り、山陰と山陽を隔てる峻険な中国山地へと駆け上がっていく。鳥取県の東部地方を指す「因幡《いなば》」から岡山県の東北部地方を指す「美作《みまさか》」へとつながる路線であり、鳥取駅から岡山県津山市の東津山駅までの約七十キロが営業区間となっていて、かつては山陰の鳥取市から山陽側に出るための主要鉄路だった。

しかし、因美線を経由しても、あるいは山陰本線を経由しても、鳥取市から最も近い大都市圏である京阪神地区までの移動に四時間以上もかかってしまう状態が長く続いていた。これが多少なりとも改善されたのは一九九四年、「智頭急行《ちずきゅうこう》」が営業運転を開始してからのことだった。因美線の途中駅でもある鳥取県南東部の智頭駅（八頭《やず》郡智頭町）と兵庫県西部に位置する山陽本線の上郡《かみごおり》駅（赤穂《あこう》郡上郡町）をつなぐ新線が開通し、鳥取市から京阪神地区までがようやく三時間以内で結ばれることになったのである。

一九九四年の十二月三日、智頭急行が営業運転に漕ぎ着けた日、当時の鳥取市長だった西尾《にしお》沼富《はるとみ》は鳥取駅で開かれた出発式であいさつし、次のように感慨深く語っている。

「明治三十（一八九七）年からの建設運動が今日、ようやく実りました。関西圏との経済・文化交流を活発にしていきたいと思います」

明治時代からの建設運動とは何とも大げさな、と思われるかもしれない。だが、これは決して大げさでもなんでもなく、公共交通網の貧弱さに喘《あえ》いできた鳥取市民の心情が凝縮された首長の言葉であった。

少しだけ歴史をさかのぼれば、明治政府が一八七一（明治四）年に断行した廃藩置県から間もなく、鳥取県は島根県に併合されて日本地図上から一時姿を消してしまったことがあった。単独の県として存続させるには規模の面などで難があると判断したためと思われるが、地元では激しい反発が巻き起こり、一八八一年に「再置」という形で辛うじて復活を遂げた。この際、鳥取を視察した明治の元勲・山縣有朋《やまがたありとも》は、視察後に政府へ提出した「復命書」で、鳥取市を中心とする鳥取県東部地域の状況をおおむね次のように評している。

《因幡国は山陰の中の僻地であり、交通の便を欠き、まるで周辺と断絶しているようだ》《これほど極度に困窮している地域はほかになく、交通・運輸の不便が一因であるのは間違いない。したがって、交通・運輸の利便性向上を目指す必要がある》

かなり辛辣だが、現在にもつながる因幡国＝鳥取県東部地域の状況を的確に突いた分析でもあった。そして山縣は、状況改善のための交通ルートの一つとして鳥取市と兵庫県をつなぐ動脈の必要性を指摘し、地元などでは当時から鉄道建設運動が起きていた。

しかし、鳥取県東部地方の交通アクセスはなかなか向上しないまま放置され続けた。鳥取市はつい最近まで、全国の県庁所在地で高速道路のインターチェンジが存在しない唯一の地だったし、バブル崩壊後の一九九〇年代半ばまで、最寄りの大都市圏までの鉄路移動に四時間以上もかかってしまう状況だった。だからこそ地元の人々にとって智頭急行は長年の悲願ともいうべき路線であり、「明治期からの建設運動がようやく実った」とまで首長が語ったのである。

その智頭急行にしても、旧国鉄時代に計画がつくられたものの、実際の建設は遅々として進まなかった。また、国鉄分割民営化の際には不採算路線として計画自体が凍結されてしまい、苛立った鳥取県などが自ら出資する第三セクター方式でようやく開通に漕ぎ着けたのである。

したがって鳥取駅から智頭駅までは因美線の線路を共用し、全線が単線の上、いまもまったく電化されていない。それでも京阪神地区との間をつなぐ特急「スーパーはくと」のほか、岡山駅との間をつなぐ特急「スーパーいなば」も走らせ、鳥取市にとっては宿願だった交通の動脈として運行されている。

そんな特急列車のうちの一本にはねられ、新藤が轢死体となって発見されたのは、二〇〇四年五月十三日夜のことであった。

5

鳥取市の官庁街に近接した目抜き通り沿いにある鳥取県立図書館へと足を運び、山陰地方の地元紙『山陰中央新報』の縮刷版をひもといてみると、新藤の死亡日の翌々日にあたる五月十五日付の朝刊に、次のような記事を見つけることができた。社会面の最下段に配置された一段見出しの小さな記事――新聞業界の用語で言う、いわゆる「ベタ記事」である。

《十三日午後八時五十分すぎ、鳥取市杉崎のＪＲ因美線で、鳥取市内の男性（四一）

が岡山発鳥取行きの特急「スーパーいなば9号」にはねられ即死した。乗客、乗員にけがはなく、後続列車のダイヤにも影響はなかった。

鳥取署によると、運転士は事故に気付かず現場を通過し、運行終了後に車体に血痕のようなものが付いているのを職員が見つけ、同署に通報。線路内を調べたところ男性の遺体があったという。男性には家出人届が出されていた》

記事中では匿名《とくめい》になっているし、警察発表のミスが原因なのか年齢が一つ間違っているが、この「鳥取市内の男性」こそが当時四十二歳だった読売新聞鳥取支局の記者・新藤武であった。記事の末尾にある「家出人届」を出したのは美由紀である。

鳥取市の中心部から再びレンタカーのハンドルを握って南の方向に車を走らせると、新藤が轢死したという現場――鳥取市杉崎という地名のあたりには、三十分ほどでたどり着くことができた。付近を通る片側一車線の街道沿いにある空き地に車を停め、周辺を歩き回ってみると、コンビニや町工場、葬儀会社、そしていくつかの住宅街が点在しているものの、田んぼや畑も数多く目に入り、市街地というよりは田園地帯と評したほうがふさわしい長閑なムードが漂っている。

因美線の線路は、その住宅街の片隅をほぼまっすぐに横切っていた。新藤が轢死したとされる場所に立ってみても、三十分に一本程度しか列車が通過しない単線の線路上は静まり返り、線路脇の枯れ草が冷たい風に揺られているだけだった。

私が初めてこの現場に足を運んだのは二〇一〇年の二月だから、新藤の死から数えれば六年近くもの時が経っていたことになる。近隣の住宅や商店を訪ね歩いて話を聞いてみても、当時のことを記憶している人すら見つけることはできなかったが、鳥取県警の調べなどによると、深夜になって線路上で発見された遺体は無惨な状態だったという。

ディーゼル車で運行されるローカル線とはいっても、特急列車なら時速百キロメートル近い速度を出しているから当然なのだが、遺体は激しく轢断され、周辺にはなぜか段ボール箱の破片が散乱していた。どうやら新藤は、段ボール箱を被るか、段ボール箱の中に入ったような格好で列車に轢《ひ》かれるという奇妙な死に方をしたらしく、バラバラになった段ボール片をかき集めてみると、サインペンのようなもので次のような走り書きが遺されていた。

《美由紀に出会えて本当に良かった。美由紀と出会って本当の愛を知った……》

美由紀に心底から入れあげていたという新藤が今生《こんじょう》の別れにしたためた愛の文句のようでもあるが、これもまた、新藤自身の手によって書かれたものなのかどうかは判然としない。家出人届にしても、新藤が轢死した当日に警察を訪れた美由紀は「喧嘩をした夫が家を飛び出して行ってしまった」などと訴えて提出していたらしい。その直後に新藤が轢死したのは、いかにもタイミングが良すぎるようにも感じられる。

しかし、新藤の勤務先である読売新聞鳥取支局にも遺書めいた手紙が遺されていたため、鳥取県警は新藤の死を自殺と判断し、司法解剖なども行われなかった。

三たび、大阪市内の喫茶店。新藤の上司だったこともある読売OBの回想を続ける。

「(支局に遺されていた)遺書みたいにも読める手紙は、エンピツ書きでね。しかも書きかけのようなものだったんだけど、『支局に迷惑をかけた』っていうようなことが書いてあったらしくてね」

――それで自殺だと判断したんですか。

「当時は支局の中でも県警からも、自殺という見方に疑問の声はあがらなかったようだな。両親や上司からいさめられているのに、あっちこっちから借金して、金策に走り回ってるような状態だったからね……。そういえば、あの女(美由紀)も支局長の前で大泣きしていたって聞いたな」

――美由紀が大泣きを?

「ああ。大好きだった男が死んじまったっていう感じだったらしい。ただ、実家のご両親はひどく冷たい対応だったそうだよ……」

新藤の死後、当時の支局長は、長崎県平戸市で暮らす新藤の父に連絡を取ったが、心底から腹を立てていたのか、ほとほと愛想が尽きていたのか、こう言って息子の死を冷たく突き放したという。

「もう縁を切っているので、放っておいてください」

一方、美由紀は新藤の死から間もない時期、近しい人々にこう嘆いている。

「一番好きだった人が自殺しちゃった」

6

新藤の通夜と葬儀は二〇〇四年五月十五日と翌十六日、いずれも鳥取市内の民間葬儀場で営まれた。喪主は、まだ離婚が成立していなかった新藤の妻を差し置いて美由紀が務めている。実際に参列したかどうかは不明なのだが、葬儀場に残されていた会葬者名簿を確認してみると、読売新聞で鳥取支局を管轄する大阪本社の編集局長や地方部長らの名も記されていた。

葬儀が終わって間もない時期には、美由紀が子どもたちと連れ立って鳥取市内にある浄土宗の寺院を訪れ、住職にこんなふうに頼み込んだこともあった。

「主人が亡くなったんです。永代供養《えいたいくよう》をお願いできないでしょうか」

その寺院は、鳥取市の歓楽街である弥生町からも歩いて十分ほどの距離にあった。直接訪ねてみると老齢の住職が現れ、本堂の脇にある住居の応接室で当時を振り返ってくれた。窓から見える境内《けいだい》は掃除が行き届き、広々とした墓地なども備えられていて、かなり格式のある寺院のようだった。

——二〇〇四年に上田美由紀がこちらを訪ねてきたそうですね。

「あぁ、例の事件の女性ですね……。あれは(新藤が死んで間もない)五月だったか、六月だったか、骨壺を持って突然やっていらっしゃったんです。そうそう、大勢の子どもさんも一緒でした」

——それで何と?

「なんでも旦那さんが鉄道自殺で亡くなって、永代供養をしてくれないか、ということでしてね」

——そんな話はしょっちゅうあるわけじゃないですよね。

「もちろんです。だから私も驚いたんですが、別のお寺では断られてしまったから、なんとか受け入れてもらえないだろうかと、そうおっしゃってました」

——それで受け入れられたんですか?

「私どもも原則として檀家以外の方の供養はお断りするんですが、さまざまな事情の方もいらっしゃいますし、本当に困り果てているように見受けましたから、特別に受け入れました。必要な書類なども持参されていましたしね」

――書類、ですか？

「ええ」

そう言って住職は応接用のソファーから立ち上がり、室内の片隅にある書棚を探しはじめた。間もなく見つけて取り出したのは、格式のありそうな寺院には何やら不釣り合いなプラスティック製のクリアファイルだった。それをテーブルの上に広げ、住職は美由紀が持ってきたという幾通かの書類の写しを見せてくれた。

一通は、新藤の妻名義で申請され、鳥取市長が許可を下した「改葬・火葬許可状」。ほかにも、長崎県や関東地方に住む新藤の両親や兄弟から託されたという委任状のような書類もあった。

長崎の両親がしたためたとされる書類は、縦書きの文字で簡潔な文言が記されていた。原文のまま紹介すれば、次のようなものである。

《新藤武の
遺骨、位拝《ママ》、供養
すべておまかせします。
上田美由紀様
平成十六年五月十八日
長崎県平戸市××××
新藤××（父の名）
××（母の名）》

もう一通、関東地方の某県に住む兄弟から託されたとされる書類は、やや拙い横書の文字で次のように記されていた。これもまた、原文のまま紹介する。

《上田美由紀さんに　新藤武の遺骨と遺灰と供養をすべてお任せいたします。
平成十六年五月十九日
××県××市××××
新藤××（兄弟の名）》

いずれも氏名の脇に印鑑が押されているものの、明らかにすべてが同じ印影の三文判な上、安物の便箋やノートらしきものに慌ただしく書いた不自然なものだった。鳥取市の公式文書である「改葬・火葬許可状」はともかく、他の書類は美由紀が偽造したと考えて間違いないだろう。

クリアファイルから取り出した書類にあらためて目を通しながら、住職は少し後悔の表情を浮かべてこう振り返った。

「いま考えてみれば、これ（書類）なんかにも奇妙なところがたくさんあったのですが、当時は事情がまったく分かりませんでしたからね。本当はもう少し、私も確認しておけばよかったかな、とは思うんですが……」

――彼女の様子はどうだったんですか。振る舞いに不自然なところなどは……。

「いえ、まあ、淡々とした様子だったと思いますよ。特に変わったところもなくて……。永代供養料も現金で用意されてきましたしね」

――永代供養料？　いくらぐらいですか。

「三十万円でした」

――それを現金で？

「ええ」

——彼女の身なりなどはご記憶ですか？

「髪は金色っぽいというか、いまどきの感じの派手な色に染めていましたが、顔は化粧っけがぜんぜんありませんでね。ずいぶん太ってらっしゃいましたが、当時は妊娠していたようで、お腹が大きかったのが印象に残っています」

美由紀は当時、五人目の子どもを宿していた。間もなく生まれた女の子が新藤の子なのか、誰か他の男との間の子なのか判然としないのは前に記したが、美由紀が新藤の死を悲しみ、冥福を祈るような態度を見せていたことは間違いない。それから一年ほどの間、新藤の月命日になると美由紀は子どもとともに寺院を訪れ、境内の片隅にある小さな永代供養塔に安置された遺骨と位牌に手を合わせていたというからである。続けて住職の話。

「しばらくの間、そう、半年か一年くらいの間は、毎月いらっしゃってましたよ」

——一人でですか？

「いえ、いつもお子さんと一緒でした」

しかし、そのうちに美由紀も姿を見せることはなくなってしまった。一方、読売新聞の同僚たちも一度だけ集団で供養に訪れたことがあったというが、新藤の両親や兄弟、親族らが寺にやってきたことは一度もないと住職は言う。

「私も新藤さんの位牌を拝見してもよろしいですか」

そう頼むと住職は、

「ええ、どうぞ。ご案内しましょう」

と言って応接室から境内に出て、永代供養塔まで私を連れて行ってくれた。

7

境内の片隅にある永代供養塔は、小さいながらもなかなか立派な建物だった。正面の扉にかけられていた鍵を住職が開けると、いくつもの位牌や骨壷が壁一面に整然と並べられた小部屋が目の前に現れた。供養塔の中も、こぢんまりとはしているものの掃除が行き届き、清浄な雰囲気に満ちている。手を合わせて中に入る住職に続き、私も同じように手を合わせてから供養塔の中に入った。

「こちらですね」

住職が右手をあげて示してくれた先に、新藤の位牌と骨壺はあった。住職の許可を得て位牌を手に取ると、表面が金色に塗られ、裏面には《俗名　新藤武　平成十六年五月十三日没　享年四十二才》と記され、脇には《施主　鳥取市　上田美由紀》と書かれていた。金色の表面に記された戒名は、《武岳影幻信士》とある。それをじっと眺めている私に、老齢の住職はつぶやくように言った。

「私のところにいらっしゃった時には、もう戒名がついていたので、永代供養料だけ頂戴して、戒名料は頂戴しませんでした。普通はこういう冷たい感じの戒名はつけないんですけどね……」

——というと？

「他の宗派でもそうだと思いますが、『幻』なんていう文字は、生まれて間もない時期に亡くなった仏様ならともかく、四十年も生きた方にはあまりふさわしくありませんからね」

——一度つけた戒名を変えることもできるものなんですか？

「ええ。うかがってみると、彼女（美由紀）も本当は変えたがっていたようです。でも、せっかくついているんだからということで、そのままにしてしまったんです」

速記者として読売新聞に入社した後に記者職へと転じ、全国的な注目を集める取材の最前線で張り切っていたという新藤。しかし、美由紀に出逢い、溺れ、金策に走り回った挙げ句、無惨な死を遂げて世を去ってしまった。

しかも、妻子を捨てて両親にも縁を切られていた新藤の位牌と骨壺に手を合わせる

者は、誰もいない。死後のしばらくの間、月命日には必ずやってきたという美由紀も
いま、二人を殺害した容疑をかけられて獄に繋《つな》がれてしまっている。
もし新藤がこの世にメッセージを伝えられるとするなら、寂れた歓楽街に生息して
いた美由紀に引き寄せられたことで一挙に暗転してしまった人生を、どのように振り
返るのだろうか。段ボール箱を被ってディーゼルの特急列車に轢かれるという奇異で
不可思議な死の真相は、やはり自殺だったのか、それとも――。
だが、司法解剖すら行われていない以上、真相はもはや完全なる藪の中である。誰
も訪れる人がいなくなってしまった新藤の位牌と骨壺にもう一度手を合わせ、私は永
代供養塔を後にした。

第3章　二人目の男

1

美由紀の周辺で次々命を落とした男たちのうち、二人目の不審死者となった男——伊藤竜一は、鳥取市に本社のある警備会社に籍を置き、ビルや工事現場などの警備員として働いていた。美由紀と関係を持つようになったのはやはり、鳥取市の寂れた歓楽街・弥生町にあるスナックでの出逢いがきっかけだった。読売新聞記者の新藤武が美由紀と知り合ったのとほぼ同じ、二〇〇一年ごろのことだったようである。

美由紀はしばしば複数の男と同時に交際していた。新藤が美由紀に入れあげ、多額のカネをせびり取られて金策に走り回っている間も、別の男と関係を持っていたことは前述したとおりである。だからといって私は、モラリストぶって声高《こわだか》な批判を加えるつもりなどない。ただ、伊藤竜一と美由紀について言えば、そうした男女の関係とはずいぶん毛色の異なるものだったらしい。

これもにわかには信じがたい話なのだが、当時二十代半ばになっていた伊藤竜一は、実弟の浩幸とともに美由紀のアパートへと転がり込み、まるでハウスキーパーか家政婦のような役割を務めさせられていたようなのである。もっと直截《ちょくせつ》に表現すれば、奴隷のような扱いを受けていた、と言ってもいいかもしれない。

死亡してしまった竜一の家族のうち、母と弟は現在も鳥取市内に暮らしている——そんな話を耳にし、市内をあちこち歩き回った私は、竜一の弟・浩幸が暮らすアパートを探し当て、美由紀との関係や出逢いの経緯などを聞いた。取材に応じてくれた相手には失礼な物言いになるが、まだ三十歳前後のはずの浩幸は、ひどくやつれている上に薄汚れた服を身にまとい、相当に苦しい生活を送っている雰囲気を全身からぷんぷんと立ちのぼらせていた。以下、浩幸との一問一答である。

——美由紀のことを聞きたいんですが。

「うん」

——あなたとお兄さん（竜一）が美由紀と知り合ったのはいつだったんですか。

「一番最初に会ったのは……、もう九年ぐらい前になるんだったっけなぁ」

──九年前っていうと、二〇〇一年ですか。

「うーん……、よく覚えてねえけど、たしかそんくらいだったな」

──知り合ったのは弥生町の店で？

「あぁ。あのころ美由紀がおった『アヒル』って店でな」

──最初にどんな話をしたか覚えてますか？

「本人は、『昔は看護婦をしてた』とか『暴走族のカシラだった』とか、なんだかいろいろ言ってたけど、『どこの病院で看護婦しとったん？』とか聞くと答えられなかったなぁ（苦笑）。で、しばらくは一緒に酒を呑んだりして遊んどったんだけど、一時はオレら（竜一と浩幸）、美由紀と付き合うのやめてたからな」

──付き合いをやめてた？　どうしてですか？

「七年ぐらい前だったっけなぁ、美由紀が飲酒運転で事故を起こして、そのクルマに兄貴も乗ってて問題になっちゃって……。そいで付き合うの、やめてた」

ちなみに美由紀は運転免許証を持っていない。かつて事故を起こして取り消しになったらしいのだが、以後も平気で車を乗り回し、幾度か警察に検挙されている。浩幸もこう語っている。

「あいつは免許持っとらんけぇ、警察の検問にいっつもびくびくしててな。検問やってそうな道を通らんようにするもんだから、ヘンな裏道をしょっちゅう走ってたっけなぁ(笑)。そうそう、(美由紀が)運転すんのはオートマ限定な。マニュアル車は運転できんのよ、あいつ」

──ところで、一度付き合いをやめてたとおっしゃいましたが、その後はお兄さん(竜一)もあなたも、美由紀の家で一緒に暮らすようになったそうですね。

「あぁ」

──いったいどういう経緯で?

「あれは五年ぐらい前だったたっけなぁ。偶然会って、また付き合うようになって、(美由紀たちと)一緒に遊びに行って……。んで、帰る時に遅くなっちゃったら、美由紀が『今日は泊まってけや』って言うから泊まって。そのまま同居することになった」

──そのまま同居って……、いったいどうして?

「あのころはオレら、ちょっと家に帰れない事情があったけぇな……。それを美由紀に言ったら、『ならば、ここにおればええ』って言われて。そいで、そのまま同居しただけの話」

——……。その後、何年ぐらい一緒に暮らしたんですか。

「三年ぐらいかな。でも、兄貴もオレも美由紀と付き合ってたわけじゃないで」

——つまり、男女の関係ではなかったと？

「あぁ。単なる仲良しのツレ。そんだけの関係」

浩幸の言うことはあやふやで意味不明な点も多く、にわかには腑に落ちないところばかりである。だが、さらに突っ込んで尋ねると、話はますます不可解なものになっていくのだった。美由紀には当時、新藤武のほかにも交際相手がいたのだが、その男もしばしば美由紀の家に出入りし、竜一や浩幸と一緒に暮らしていたも同然の状態だったというのである。

つまり、美由紀の狭いアパートには大勢の子どもに加え、複数の男が入れ替わり立ち替わり同居していたことになる。続けて浩幸との話。

——美由紀と一緒に暮らしている時、あなたとお兄さんの仕事は？

「最初のうちは兄貴もオレも仕事がなくって、あいつ（美由紀）の子どもの面倒はオレがみとったけぇな。子どもの面倒をみとったけぇ、オレは（美由紀に）なんも言われんかったけど、兄貴（竜一）は不器用でなんもできなかったけぇ、居候代を払えとかなんだとかいって脅されとった」

――脅されてたって、美由紀に？

「あぁ。兄貴はめちゃめちゃ気が弱かったけぇ、なんでもかんでもとにかく美由紀の言いなりでな。カネなんて借りてないのに、居候代を払えとかメシ代を払えとかって言われたり、一緒に旅行に行った時のホテル代やメシ代を払えとかって言われたりして、借用書みたいのを何枚も書かされたり……。熱湯をぶっかけられたり、フライパンで頭を殴られたりしてたこともあったけぇな」

――熱湯を？

「あぁ。ロープで縛られたりしとったこともあったっけなぁ。それにあいつ、子どもたちに監視させせんのよ」

――子どもが監視って、美由紀の子どもですか？

「あぁ。子どもに兄貴を監視させて、美由紀が帰って来たら『竜の兄ちゃんがこういうことを言ってた』とか、『竜の兄ちゃんがこんなことしてた』とか、いちいち報告させてな。で、気に食わないことがあるとまた暴力」

――そこまでされてても、抵抗したり、逃げ出したりはしなかったんですか。

「あぁ、やられっぱなし。だまーってずーっと、やられっぱなし」

推測になるが、伊藤竜一はおそらく、知的な面で何か問題のようなものを抱えていたのではなかったか。でなければ、いわれのない金銭面の因縁《いんねん》をつけられ、暴力まで振るわれ、それでも逃げ出さずに美由紀の言うがままとなり、同居を続けていたというのは考えにくい。

2

その実相の一端を物語るような資料が私の手元にある。竜一が美由紀に何通も書かされたという「借用書みたいなもの」（浩幸）の一部である。いずれも市販の大学ノートなどを流用し、ひどく拙い手書きの文字で、たとえば次のように記された代物だった。

《借用書
私、伊藤竜一は、上田美由紀さんに、四十六万円を借用しました。
返済日につきましては、毎月二十五日に五万円ずつ支払います》

《誓約書

私、伊藤竜一は、明日二十五日迄に借入金額一〇〇万円のうち五〇万円を必ず用意いたします。
尚、残金五〇万円は一〇月二八日までに支払います。
この誓約書は、自分の意志で作成しました
　　　　　　　　平成十七年一〇月二四日
　　　　　　　　　　伊藤竜一》

《念書
　　　　　上田美由紀様
私、伊藤竜一は、金七万円、平成十七年十月二十八日三時に支払います。
上記を怠った場合は、保証人又は下記の名前の人に対しても取り立てを行ってもかまいません。又、私伊藤竜一に対しても、どのような処罰を行ってもかまいません
……（以下略）》

すべての「借用書」「誓約書」「念書」などの末尾には、竜一のものと思われる拇印《ぼいん》が朱肉を使って押されている。最後の「念書」に至っては、《保証人又は下記の名前の人に対しても取り立てを行ってもかまいません》という対象者として、竜一の知人

か友人とみられる人物の名前が幾人も列挙されている。

美由紀と竜一との間で実際にどのような金銭的なやり取りがあったのか判然としないが、弟の浩幸によれば「居候代」「メシ代」などといって難癖をつけられたものとみられる上、そもそもこのような「借用書」や「念書」が法的な効力を持つとは思えない。

それでも竜一は美由紀の恫喝《どうかつ》や暴力に怯え、こんな罵声まで浴び続けたという。

「カネを払えんなら、何やってでもつくらんかいっ」

「払えんなら、死ねっ！」

そう明かしてくれた弟の浩幸によれば、竜一がようやく就職した警備会社に美由紀が直接乗り込み、給料を奪い取っていってしまったことまであったという。

はっきりいって、はちゃめちゃな振る舞いである。だが、竜一が働いていた警備会社を訪ねてみると、会社関係者もこんなふうに打ち明けてくれた。

「以前も彼女（美由紀）から何回も電話はあったんですが、最後は直接ここにやってきましてね。『伊藤竜一の姉だ』と名乗って、『給料を受け取りにきた』って。『あの子（竜一）は給料の使い方がおかしい』『これからはワタシが受け取る』って言われちゃいまして……」

まるで奴隷のような扱いを受け、果ては給料まで奪い取られ、それでも唯々諾々《いいだくだく》と美由紀に従っていた伊藤竜一。

そんな男に決定的な異変が起きたのは、二〇〇七年八月のことだった。

3

二〇〇七年の夏は、日本全国で記録的な猛暑が続いていた。特に八月は、いくつかの台風が通り抜けた時期を除けば日本列島のほぼ全域が強烈な太平洋高気圧に覆われ、八月十六日には埼玉県熊谷市と岐阜県多治見市で四〇・九度という気温を観測している。これは、戦前の一九三三年に山形市で記録した四〇・八度を突破し、日本国内の最高気温記録を七十四年ぶりに塗り替える数字となった。

冬期は分厚い雲に覆われて不安定な天候の続く山陰・鳥取も、春から秋にかけては鈍色《にびいろ》の雲が消え、夏は太陽が燦々《さんさん》と照りつけて蒸し暑い陽気になる。二〇〇七年八月も連日のように最高気温が三〇度を上回り、週末になると日本海沿岸の海水浴場は家族連れやカップル、子どもたちの歓声で賑わっていた。

八月十八日の土曜日も、そんな一日だった。気象庁の記録によれば、鳥取市を含む鳥取県東部地方の天候は晴れ。最高気温は三三度。まるで芋洗いのような状態となる大都市近郊の海水浴場ほどではないにしても、鳥取県内各地の海水浴場は海水浴客で賑わい、海の事故も相次いだ。

ふたたび鳥取県立図書館に足を運び、鳥取の地元紙『日本海新聞』の縮刷版をめくってみると、翌八月十九日付朝刊の地域面に次のようなリードではじまる記事を見つけることができた。

《鳥取県内で十八日、海水浴中の水難事故が相次ぎ四件発生し、湯梨浜町で一人が死亡、鳥取市福部町では一人が重体となった》

あとで再び登場するが、湯梨浜町《ゆりはまちょう》とは鳥取県中部の日本海沿いにある小さな町のこと、もう一つの福部町は鳥取市東部に位置する町――そう、かつては岩美郡福部村と呼ばれたラッキョウの一大産地で、逮捕直前まで美由紀が暮らしていたアパートもある長閑な町のことである。

記事をさらに読み進めると、湯梨浜町での海難事故の詳細を報じた後、中段部分にはこんな記述があった。

《……さらに午後零時五分ごろ、鳥取市福部町湯山の砂丘第一海水浴場沖約二百メートルで、同市行徳三丁目、会社員、伊藤竜一さん（二七）が沈んでいると一一八番通報があった。伊藤さんは市内の病院に搬送されたが、意識不明の重体。

鳥取海上保安署によると、プレジャーボートに乗っていた男性が水深約二メートルの地点にうつ伏せに沈んでいる伊藤さんを発見。近くにいた別の男性が水上バイクに乗せて砂浜まで運んだ。伊藤さんは友人らと海水浴に来て、一人で貝採りをしていたという》

竜一が重体となって発見された「砂丘第一海水浴場」は、美由紀が暮らしていた福部町のアパートから直線距離で一キロも離れていない。記事中にある「友人ら」というのは、もちろん美由紀たちのことである。

海中から引き上げられ、救急車で鳥取市内の総合病院に搬送された竜一は集中治療室（ＩＣＵ）に収容されたものの、約十日後の八月二十七日、意識を取り戻さないまま息を引き取った。享年二十七。『日本海新聞』の縮刷版をさらにめくっていくと、八月二十八日付朝刊の地域面に《重体の男性死亡　福部の水難事故》という見出しの記事があった。最下段に配置された、わずか十一行のベタ記事である。

《今月十八日に鳥取市福部町湯山の海岸付近で、水中に沈んでいるところを救助された同市行徳三丁目、会社員、伊藤竜一さんが二十七日、搬送先の病院で死亡した。死因は蘇生後脳症。今年の海での水難事故の死者は五人になった》

縮刷版を閉じ、図書館にある医療書のコーナーで調べてみると、「蘇生後脳症」と

は要するに、

《呼吸不全などで十分な酸素供給ができず、脳に障害をきたした病態》

あるいは、

《心停止が数分続いた後に心拍が再開した場合に起きる脳障害》

ということらしい。簡単に言えば、海水浴中に溺れ、呼吸ができない状態が長時間続いたために脳障害を起こし、最終的には死に至ってしまった、ということであろう。

当時の地元紙の報道を読む限りでは、海水浴中に起きた不幸な事故に思える。少なくとも、警察や病院が竜一の死に不審を抱いた気配はまったくない。

しかし、その後にも美由紀の周囲で次々と不審な死者が出ていることを考えると、死の経緯や原因に疑念もわき上がってくる。

再び竜一の弟・浩幸との話である。

「兄貴が死んでからは、オレも美由紀との付き合いはほとんどなくなったけぇ、その後のことはよく知らん。なんだか、いっぱい死んだヒトがおるって騒いどるけどな」

——お兄さんの死因については、どう考えているんですか。

「兄貴の件も、なんかウラがあったんじゃねぇかって言う人もおるらしいけど、あれに関しては、オレは、事故だと思っとる」

——どうして事故だと？

「あん時は兄貴、あんまり泳げないのに、牡蠣《かき》を採りに行くって言って海に入ったんだ。一度目は戻ってきたんだけど、二度目に行ったら、戻ってこんかった。もともと泳げんけぇ、溺れちゃったんだ。間違いねぇよ」

弟の浩幸はそう言い切るのだが、竜一の母・伊藤真紀子はいまなお息子の死因に強い疑念を抱いているようだった。

4

竜一と浩幸の母である伊藤真紀子もまた、かつては鳥取市の歓楽街・弥生町に身を委ねていた。しかも、他の店で働いたこともあったとはいえ、十年以上にわたってホステスとして籍を置いていたのが、実はカラオケスナック・ビッグなのだった。さらにいうなら、美由紀をビッグに紹介し、ホステスとして働くようになるきっかけをつくったのも、竜一の母・真紀子だったのである。

ところが真紀子は数年前に病を患って倒れ、水商売からも足を洗って弥生町を離れてしまっていた。聞けば、現在は生活保護を受けながら鳥取市内のアパートに暮らしているという。そのアパートを見つけ出して訪ねてみると、ここでも私は眼を疑うような光景に遭遇することになった。

真紀子の住まいは、市内の鄙びた住宅街にある長屋風の木造アパートだった。玄関のドアをたたいて声をかけ、中から返事がしたから覗き込んでみれば、その内部はまたも信じがたい量のゴミとガラクタに埋もれていたのである。

玄関脇にある板敷きの台所と奥の畳敷きの部屋がつながった十畳ほどの室内は、ゴミの入ったビニール袋や着古した衣料類が散乱していて足の踏み場もない。それでも辛うじて確保された四畳半ほどの居所スペースは、昼間なのにほとんど光が差し込まず、つけっぱなしになった小さなテレビが放つ明かりだけがちらちらと瞬いている。台所の流し台には洗っていない食器が溢れ返るほどに積まれ、食べかけとみられる食品類も干からびたまま放置されていた。

正直に告白すれば、私ですら靴を脱いで入るのに躊躇《ためら》いを覚えるほどの汚さだった。それでも意を決しておそるおそる中に入ってみると、部屋中に饐《す》えたような臭いが充満し、くわえ煙草の真紀子は暗闇の中でコタツに入りながらテレビ画面を眺めていた。そのコタツの掛け布団も真っ黒に汚れ、脇にはフタを開け放ったままの炊飯器が置かれている。中に残っている薄茶色の物体は、もともとは白米だったのだろう。

そんな部屋で盛んに煙草を吹かしている真紀子に声をかけると、露骨に迷惑そうな顔になりながらも、美由紀との関係を赤裸々に振り返ってくれた。

——美由紀の事件について調べてるんですが。

「ふん。何が聞きたいん」

——美由紀をビッグに紹介したのは、あなただったそうですね。

「ああ、そうだ。いまから考えれば、悪いことしたなぁと思っとる」

——というと？

「そりゃそうだろうが。あんなトンデモないオンナ、紹介しちゃったんだけぇな。悪いことしたと思うさ」

——なぜ紹介することになったんですか。

「あのころ、あたしが脳梗塞で倒れて仕事すんのがしんどくなってきたけぇ、後任を探してたわけ。そしたら、息子たちと仲良くなってた美由紀が『なんか仕事ない？』って言うけぇ、ちょうどいいやと思って（ビッグに）紹介した。そんだけのことさ」

——息子さんたちは一時、美由紀と同居していたそうですね。いったいどうして？

「あたしが生活保護になっちまったけぇ、（息子たちは）ここにおれんでしょ。そいで美由紀が『ウチにおいで』って呼んだわけ。あれがマズかったんだ。いまから考えれば、あたしもバカだった」

——竜一さんは、美由紀に暴力を振るわれたりしていたらしいですね。

「ああ。美由紀の様子がおかしいからって言って、いっときは（息子たちが）逃げ出して、戻ってきたこともあったんだ。それでもまた、あいつ（美由紀）に呼ばれてな。『行かなくちゃ何されるか分からん』って言って、それっきり帰ってこんくなった。（美由紀の）カネヅルにされたんだ、はっきり言って」

——カネヅル？

「完全にカネヅルだろが。竜一の給料を横取りした上、会社から借金までさせとったけぇな。あたしんとこにだって、一日に何回も何回も、カネを要求する電話がかかってきたことがあった。とにかくカネ、カネ、カネ。あいつはカネに汚いし、それにウソツキなんだ」

——カネに汚くて、ウソツキですか……。

「あいつ、自分では『あたしはウソをつく人間が一番キライだ』とか、平気な顔して言っとったよ。でも、口ばーっかりやがっ。ホントはあいつが一番のウソツキで、カネに汚い。とにかくぜーんぶ、なにからなにまで、ウソばーっかりやがっ。竜一の給料は騙し取る。車だっていっつも無免許。上にある荷物だってな、一ヵ月だけ一万円で預かってくれって言われて、もう四年もほっぽりぱなしやがっ」

――上にある荷物って？

「二階。ここの二階にある荷物だって、ぜーんぶ、あのオンナのやがっ」

そう言って真紀子は、いまいましそうに薄暗い天井を見上げた。

5

真紀子が暮らす長屋風のアパートは、二階部分にも居室があった。話を続けるうちに興奮して声を荒らげるようになってきた真紀子の許可を得て、台所の脇にある狭い階段を上ってみると、二階の部屋も夥《おびただ》しい量のガラクタ類で埋め尽くされていた。

さほど広くない六畳ほどの部屋の大半を覆い尽くしていたのは、数えきれないほどの量のゴミ袋だった。畳敷きの部屋なのだろうが、ゴミ袋に覆われていて畳などまったく見えない。おそるおそる袋の中を確認してみると、洗濯をした気配のない衣類や下着、あるいは壊れた玩具や家電製品、雑貨や雑誌といった類のものが乱雑に詰め込まれている。どの袋を開けてみても、文字通りのガラクタとゴミの山、山、山。そのガラクタとゴミの入ったゴミ袋をいくつかかき分けてみれば、普通の家庭なら大事に保管されるはずの書類などがいくつも無造作に紛れ込んでいた。

たとえば、健康保険証や子どもの通信簿。あるいは、記念写真らしきものの束や卒業文集。ほかにも、公共料金や医療費の支払い督促状などが山のように打ち捨てられている。再び狭い階段を降りて一階に戻った私は、真紀子への質問を続けた。人間はどんな環境にも慣れるものなのか、部屋中に漂っていたはずの臭いもさほど気にならなくなっていた。

——あのガラクタ、ぜんぶ美由紀が置いてったんですか？

「そうだ。四年前に『ちょっと預かっといて』って言うて、それっきりだがっ。いったいあれ、どうすればいい？　捨てるにしたって容易なことじゃないし、最近は捨てるにもカネがかかるやろが。ホント、大迷惑やで。まーったく、とんでもないオンナだがっ」

最も肝心な息子・竜一の死因についても真紀子は、美由紀に対する憤りと不信を隠さなかった。続けて真紀子との話。

——竜一さんが亡くなった原因についてですが、いまはどう考えてるんですか。

「はっきり言って、あのオンナに殺されたんだ。だって、なにもかもが、おかしいんよ」

——というと？

「あのな、あの日、あの子（竜一）は会社で夜勤明けだったんよ。そんな子をな、なんで『海に行こう』なんて誘う？　それに、カナヅチの子（竜一）が何でそんなこと（海に入っての貝採り）しようったのか、いっこうに分からん。どう考えたって、おかしいがなっ」

——竜一さんは泳げなかったそうですね。

「泳げん。昔っから、ほとんど泳げん。そんな子を、なんで海に誘う？　おかしくないか？」

——竜一さんが溺れた時、美由紀も一緒だったんですよね。

「あのオンナ、（竜一が救急搬送された）病院で、あたしに何度も言いようったよ。『ワタシのせいか？』、『ワタシの責任か？』って、何度も何度もなっ。フツウ、そんなこと言うか？　やっぱり、何かがおかしいんだっ。そう思わんか？　えっ⁉」

——……………。

「竜一は、あいつに殺されたんだっ。絶対に間違いないっ。だって、なんで夜勤明けなのに海に連れてくんよ？　なんでカナヅチなのに海に入るんよ？　絶対おかしいやろがっ。あのオンナ、ほんっと、とんでもないオンナやがっ！　あんたはそう思わんかっ⁉　えっ⁉」

ゴミとガラクタの山に埋もれ、ほとんど陽の射さない部屋の暗がりで、コタツに入ったままの真紀子は唾を飛ばしながら、なかば怒鳴るように喋り続けていた。

その真紀子の肩のあたりに何やらモゾモゾと動き回るものが見えたのは、そろそろ取材を切り上げてアパートを辞そうと考えはじめていた時のことだった。興奮してまくしたてる真紀子の話に耳を傾けながら眼を凝らしてみると、小指の先ほどの大きさのそれは、薄茶色をした数匹のゴキブリだった。驚いた私がじっと眼をやっていると、真紀子もすぐに気付いたようだったが、汚れて黒ずんだ手の先でパッパッと払い落としただけで、何事もなかったように話を続けた。

「だいたいなっ、（竜一の）葬式の時の香典だって、あいつ（美由紀）がみーんな持ってっちゃったんだ。あたしらんとこには、一円も残っとらん。あいつはな、大ドロボウの、大ウソツキの、ヒト殺しだがっ！」

つけっぱなしのテレビ画面がちらちらと真紀子の顔を照らしていた。その顔はまるで、憎悪と憤怒に満ちた般若《はんにゃ》の面のように見えた。黒ずんだコタツの布団には、真紀子がさきほど払い落したゴキブリが張りつき、もぞもぞと蠢《うごめ》いていた。

6

カラオケスナック・ビッグは、この日の夜も変わりがなかった。出迎えてくれるのは石油ストーブの臭いと二人の老女のかしましい塩辛声である。

「はーい、青ちゃん、いらっしゃーい。待っとったでぇ」とアキちゃん。

「寒かったやろぉ。取材はうまいことといっとるのか？　あんまり根を詰めんと、こっちきてゆっくり飲みぃな」とママ。

「そうやで。あんまり頑張りすぎるのはよくないでぇ」と再びアキちゃん。

　カウンター奥にある定位置の席にどっしりと身を委ねていたママは、顔をしわくちゃにして笑顔を作り、私の隣の席に移って巨体を押し付けてきた。カウンターの中では、アキちゃんも巨体を揺らしながらグラスに焼酎を注ぎ、沸いた湯の入ったヤカンを私に見せる。

「寒いから、今日も湯割りでよろしいな、青ちゃん」

「うん」

　二人とも、自分たちも取材対象なのだということなどすっかり忘れてしまったかのような振る舞いである。しかも、取材を終えて毎日のようにビッグを訪れるうち、二人の塩辛声もすっかり私の耳に馴染んできてしまったような気がしていた。

この日も店内には、私以外に客がいない。というより、ビッグの店内に複数の客がいたのは、数えるほどしか見たことがない。冷えた身体を安焼酎の湯割りで温めていると、震え気味の指を唇で湿らせたママが、分厚いカラオケの歌本をめくりはじめた。

「青ちゃん、カラオケしよや。このあいだは『三年目の浮気』をデュエットしたから、きょうは何にする？　もっとエッチな歌にしよかぁ」

ケタケタケタと笑うママを、アキちゃんがけしかける。

「そしたら、『男と女のラブゲーム』なんかいいんじゃないか。青ちゃんかて、知ってるやろ？」

「ええなぁ。それにしよっ」

私の承諾も取らぬうちにアキちゃんがリモコンを操って曲を入力し、カウンターの中の液晶画面には曲目が映し出される。店内に大音量で前奏が響き始め、アキちゃんが私とママにマイクを渡す。私も、なんだか今夜は羽目を外したい気分だった。

「いえーぃ」

「上手やなぁ」

合いの手を入れるママやアキちゃんと何曲かカラオケに興じ、歌い終わった後に映る女体のモザイクを消すのに一喜一憂し、ほろ酔い気分になったころ、ようやく一息ついたママが口を開いた。

「ほんで青ちゃん、きょうはどこ行ってきたん？」

「あちこち行ってきたけど……。そういえば、伊藤真紀子さんに会ってきたよ」

「真紀子かぁ。元気だったか？」

「元気っていえば元気だったけど……」

「真紀子のウチ、行ったのか？」

「うん。行った」

「すんごいとこ、住んどったやろ」

「ママも行ったことあるの？」

「あるもなにも、真紀子が倒れた時だって、お見舞いに行ったけぇな。でも、ホンマにすんごいとこやったろ」

「うん……。確かにすごかった。病気で倒れて生活保護を受けてるっていうから大変だと思うし、美由紀が置いてった荷物があったせいもあると思うけど、ゴミとガラクタの山だった」

「真紀子もサトミと一緒で、片付けられんタイプだからなぁ。そういえばな、ちょっと前に真紀子がここに飲みにきたことがあってな。そん時も、ビックリしたでぇ」

「なんで？」

「真紀子のカバンん中から、ちょろちょろちょろ〜って、ゴキブリがはい出してきたんよ。ワタシもう、ひっくり返りそうになったわぁ」

眉をひそめるママの顔を眺めながら私は、ゴミとガラクタに埋め尽くされた真紀子の長屋風アパートを思い出していた。部屋中に漂う饐えたような臭いと、黒ずんだ手で真紀子が払い落とした虫。喉の奥から酸っぱいものがこみ上げてきそうになる。

「でも、美由紀をママに紹介したのも、彼女だったんでしょ？」

「そうやがな。真紀子の息子の竜一や浩幸も、一時はうちげの店によく来とったけぇなぁ」

「竜一さんって、美由紀に暴力を振るわれてたんだって？」

「らしいなぁ」

「何で死んじゃったのかな」

「分からんなぁ。あれは事故だって、言われてるけどなぁ。でも、みーんなすっかりサトミに振り回されてなぁ。いまから考えれば、ワタシかてヒドい目に遭ったんだで」

「ヒドい目って？」

「うちげにドロボウに入られるわ、変なクスリ飲まされるわ……」

カウンターの中に立って聞いていたアキちゃんが、黙っていられないとばかりに口を開いた。

「そうやで、青ちゃん。ママさんも大変な目に遭いなさってなぁ。ホントにサトミ、とーんでもないオンナやで」

7

後で詳しく記すことになるが、鳥取県警と鳥取地検は美由紀について、二件の強盗殺人のほかに詐欺や住居侵入窃盗などの容疑でも逮捕、起訴している。このうち住居侵入窃盗は、ママが被害者だった。鳥取市内にあるママの自宅に美由紀らが忍び込み、現金入りの財布などを盗み取った、というのである。また、起訴した二件の強盗殺人容疑について県警と地検は、大雑把に言えば次のようなストーリーを描き出した。

交友のある男たちから借金などの返済を迫られて切羽詰まった美由紀は、知人などを通じて手に入れた睡眠導入剤を飲ませて意識朦朧《もうろう》状態にした挙げ句、海や川に連れて行って溺死させた——。

ふたたびアキちゃんとママの話に戻る。

「ママさんだって変なクスリ飲まされて、大変やったもんなぁ。あれ、いまから考えれば、間違いなくサトミの仕業やで」

「そうなんかなぁ。でもなぁ、サトミがおったころ、お店でお茶飲んでたら、急にものすごく眠くなってなぁ。もう立っておれんぐらいになったことがあったんよ」

「そうそう。あん時はママさんの様子が急におかしくなって、ワタシが救急車呼んでな。えらい騒ぎだったで」

「ワタシはぜんぜん覚えとらんけど、気がついたら病院のベッドの上でな、丸一日も経っとったんよ。おかしいなぁ、へんだなぁ、どっか体が悪いのかなぁと思って診てもらったって、どっこも悪いとこなんかないって、お医者さんに言われてなぁ」

「ママさん、いまから考えれば、あれ、ぜったいにサトミの仕業やで。ママさんがいつも飲んでるお茶に睡眠薬かなんかを入れられたんだわ。間違いないで」

「そうなんかなぁ。でも、なんでサトミがワタシにそんなこと、するんかいなぁ……」

ママが確信を抱けずにいるように、美由紀がママに睡眠導入剤を飲ませたなどという証拠はどこにもないし、二件の強盗殺人にしたって私は、鳥取県警と鳥取地検の捜査には大いなる疑問を抱いている。ただ、幾人もの男たちが美由紀に惹かれ、翻弄され、カネをむしり取られ、奈落の底へと突き進んでいってしまったのは間違いのない事実だった。

美由紀に心底から入れこんでいたらしき読売新聞記者の新藤武。美由紀に奴隷のように扱われていたという警備員の伊藤竜一。この二人に続く三人目の不審死者となった男は、驚くべきことに鳥取県警の警察官だった。しかも、県警刑事部の捜査二課に所属したことのある刑事だったのである。

どこの都道府県警察でも同じだが、刑事部の捜査二課とは、詐欺や横領、汚職や選挙違反といった知能犯罪を主に捜査するセクションである。言い換えれば、他人のウソや不審な言動に目を光らせるのを生業《なりわい》としているはずなのだが、そんな知能犯担当の刑事までもが美由紀に引き寄せられ、多額のカネを騙しとられ、そして命を落としていた。

その刑事が美由紀と出逢ったのは、カラオケスナック・ビッグのカウンターだった。まずはママとアキちゃんに当時を振り返ってもらおう。

「そりゃあもう、カッコええ人やったでぇ。身長も百七十五センチぐらいはあったんとちがうかなぁ。スラッとしてて、男前で、カラオケもホントにうまくてなぁ」とアキちゃん。

「そうそう、イケメンやったなぁ。ワタシら、堀田さんのこと、『ヨン様』って呼んどったぐらいだもん」とママ。

ビッグのママとアキちゃんが「ヨン様」と呼んでいたという鳥取県警の刑事・堀田正が初めて店を訪れたのは、二件目の不審死者である伊藤竜一が搬送先の病院で死亡してから間もない二〇〇七年十月ごろのことだった。最初の来店目的は捜査情報の収集だったというのだが、すぐに美由紀に溺れ、踊らされ、破滅への道を突き進んでいくこととなる。それはまるで読売新聞記者の新藤武を彷彿とさせる転落劇だった。

第4章

三人目の男

1

　いつものように宿泊先のビジネスホテルを早朝に出発し、レンタカーのハンドルを握ってアクセルを踏み込んだ私は、鳥取市を離れ、日本海沿いの国道九号線を西に向かって車を走らせていった。二月の山陰・鳥取は鈍色の曇り空ばかりが連日続いて憂鬱な気分になってしまうのだが、狭い市街地を抜けてしばらく行けば、心躍る風景にもめぐりあうことができる。

　国道九号線を西方向に行った場合なら、片側二車線のバイパスが一車線に狭まり、幾度かのカーブとアップダウンを繰り返した後、右前方の方角に突如として雄大な日本海が立ち現れてくる瞬間などはまさにそうだろう。その風景の少し先には、因幡の白兎《しろうさぎ》という神話の舞台になったとされる「白兎《はくと》海岸」があり、美しい白砂の浜辺を車窓いっぱいに望むことができる。海のない長野県に生まれ育った私にとっては、白波を立てて荒ぶる海も、白い砂浜も、果てしなく続く水平線も、それだけで無条件に心をくすぐられてしまう絶景だった。

とはいっても、海沿いの国道から常に雄大な海原を見渡せるわけではない。防砂林などで視界が遮られてしまうことがほとんどだったし、海が見えなくなった国道は単に長閑で退屈な田舎道の連続に過ぎない。

しかも、鳥取県は高速道路網がひどく貧弱で、長距離を一挙に高速移動してしまうこともできなかった。別に公共事業偏重の旧来型バラマキ政治を支持するつもりなどないから、高速道路の整備など遅れ気味でも一向に構わないとは思うのだが、鳥取の場合は事情が少々切実だった。

先述したように、少し前までの鳥取市は、全国四十七都道府県の県庁所在地の中では唯一、高速道路がまったくアクセスしていない場所だった。最も近い高速道路のインターチェンジがあるのは七十キロメートル以上も離れた岡山県の中国自動車道で、そこにたどり着くまでには中国山脈の険しい峠道を越えて行かねばならない。私もレンタカーで行き来してみたが、鳥取市内から中国自動車道のインターチェンジまでは二時間近くもかかってしまう有様だった。

そうした状況を打開すべく建設計画が進められたのが、兵庫県佐用《さよう》郡佐用町にある中国自動車道の佐用ジャンクションと鳥取市との間の約六十三キロメートルをつなぐ鳥取自動車道だった。しかし、これも峻険な中国山脈を幾本ものトンネルで貫かねばならない上、採算が疑問視されたこともあり、計画段階のまま何十年も棚ざらしの状態が続いた末、二〇〇五年の道路公団民営化を控えた時期には不採算路線として建設計画そのものが不透明になってしまう。

結局、民営化後の高速道路会社ではなく、ここでも鳥取県や国などが建設費用を負担する方式――いわゆる新直轄方式による建設がようやく決まり、鳥取市にとっては悲願といえた高速道路のインターチェンジが開設されたのは二〇〇九年になってからのことだった。

ただ、高速道路のインターチェンジが鳥取市に届いたとはいっても、鳥取自動車道は片側一車線の対面通行である上、全線開通に漕ぎ着けたのは四年後の二〇一三年三月。つまり、私がはじめて鳥取入りした際には開通していなかった。

しかも鳥取県は東西に細長く、東の端に位置する県庁所在地の鳥取市から西の端に位置する第二の都市・米子市との距離も百キロメートル近く離れている。鳥取県にとってはは両輪ともいえる二大都市なのに、双方を結ぶ自動車道も切れ切れにしか整備されておらず、両市間の移動にはいまも車で優に二時間はかかってしまう。

また、山陰を代表する商都である米子市は、良港を持つ境港市を隣に抱え、島根県の県庁所在地である松江市のほうが距離的にはるかに近い。東に遠く離れた鳥取市よりもむしろ、米子―境港―松江が一つの商圏を築いていて、中国自動車道と直結する米子自動車道の整備も早期に実現している。要するに鳥取という地――なかでも鳥取市を中心とする鳥取県東部地域は、本州の一部にありながら「陸の孤島」という表現がぴったりくるほどの僻地として長く放置されてきたのである。

そんな鳥取市を離れて白兎海岸の絶景に心を躍らせた私は、切れ切れの山陰自動車道を乗り降りし、退屈な風景と眠気に耐えながら一時間ほどハンドルを握り続けた。目指していたのは、鳥取県東伯郡の湯梨浜町。そこが県警刑事・堀田正の出身地だった。

鳥取県の中央部近くに位置し、日本海にも面した湯梨浜町は、ここも海岸線沿いに広々とした砂浜が広がり、鳥取名物の一つである二十世紀梨の名産地である。内陸側には海水と淡水が混ざった汽水湖である東郷池を抱え、「池」とはいっても外周十二キロメートルに達する湖畔には、羽合《はわい》温泉や東郷温泉といった温泉地も点在している。

最初に町役場を訪ねて手に入れたパンフレット類などを眺めてみると、町の面積は約七十八平方キロメートル。首都圏でいえば東京都町田市や埼玉県所沢市よりも若干広い程度だが、人口は約一万七千人。町田市の約四十三万人や所沢市の約三十四万人よりはるかに少なく、中心部を歩いてみても人にはほとんど出くわさない。もともとは東郷町、羽合村、泊《とまり》村の三町村に分かれていたのだが、二〇〇四年に合併して誕生した比較的新しい町で、温泉＝「湯」と二十世紀「梨」、海岸線の砂「浜」という三つの名物が新町名の由来になったという。

その町の中でも日本海に最も近く、かつては泊村の一角に組み入れられていた小さな集落に、堀田正の実家はあった。国道九号線から海側へと折れ曲がる細い側道に車を滑り込ませ、昔ながらの街道のような通りに入って行くと、海辺の崖に張り付いたような道沿いに鄙びた民家が立ち並ぶ風景が目に飛び込んでくる。ここもまた人の気配が極度に薄く、まるで時計の針が止まったいにしえの漁村のような集落であった。

狭い集落にもかかわらず、民家を何軒か訪ね歩いてみても、堀田について語ってくれる住民にはなかなか会うことができなかった。これも詳しくは後述するが、鳥取県警は、堀田が死亡した事実自体を長く隠していた上、その死亡経緯に関しても詳細な説明を避け続けてきたから、何らかの箝口令《かんこうれい》が敷かれていたのかもしれない。重大事件をめぐり、身内の刑事にまで不審死者がいたことに慌てふためいた県警が、各所で口止めに動いた可能性は十分あるように思われた。それでも根気づよく取材を続けると、幾人かの住民が重い口を開き、ぽつりぽつりと堀田の思い出を話してくれた。

2

住民らの話を総合すれば、堀田の父もかつては鳥取県警に勤務しており、いわば「親子二代の県警マン」であった。ただ、父は警察官としてではなく事務職員として奉職していたらしく、母は専業主婦だったという。ごく平凡にも思える地方の公務員家庭に育った堀田は、地元にある公立の小学校、中学校、高等学校を経て広島県にある経済専門の単科大学に進学している。高校時代は水球部に所属して国体に出場した経験もあったようで、集落に住む老女は往時の堀田を鮮やかに覚えていた。

「ああ、たーちゃんね。ちっさいころから、すれたとこのない素直な息子さんでしたねぇ。お父さまも警察にお勤めで、たしか、おじいさまは学校の先生をなすっとったんじゃなかったかしら」

海辺の崖に面した集落には、日本海からの冷たい風が容赦なく吹きつけてくる。老女の家の玄関先も冷えきっていたが、板敷きの床に膝をついて座り込んだ老女は懐かしげに記憶を辿ってくれた。

――お父さんも県警に勤めていて、おじいさんは教師だったんですか。

「ええ。きちーんとしたご家庭でねぇ」

――素直なお子さんだったとおっしゃいましたが。

「そりゃあ、子どものころのことですけぇね、イタズラすることだってあるじゃないですか。そんな時でも、『ダメだよ』って叱ると、『はいっ』ってきちーんと返事するような子でね。それに、スポーツも万能だったですけぇねぇ」

――水球をされていたそうですね。

「そうそう、スポーツはいろいろやられてたけど、なかでも泳ぐのが得意でねぇ。高校時代は水球をなすってたんですよ。だから体つきも立派で、格好もよくて。結婚した奥さまも明るくて、しっかりした方ですよ」

――何歳ぐらいで結婚されたんですか。

「たしか、二十代の半ばぐらいでご結婚されたんじゃなかったかしら。たーちゃんが当時の勤務先だった米子で結婚式を挙げなすって、子どもさんが三人もお生まれになってね。本当に幸せそうでしたよ。なのにねぇ……」

――なのに突然……。

「えぇ。本当に突然、お亡くなりになっちゃってね。何かのご病気だったと聞きましたけど、元気だったのに急な訃報で私たちも驚いちゃって……。ところで、たーちゃんのこと、記者さんが何かお調べになっとるんですか？」

何かの病気で亡くなった――そう聞かされているという老女に、それ以上の質問を重ねることはできず、「いえ、突然お邪魔して失礼しました。本当にありがとうございました」と告げて玄関先を辞するしかなかった。なのに老女は、冷たい玄関先に座ったまま親切にもこう教えてくれた。

「たーちゃんのことをお知りになりたいなら、この何軒か先に仲の良かった方がいますけぇ、そこを訪ねてみたらいかがですか」

こんな時、私たちがもっともらしい理屈をつけて熱を上げる事件取材などという行為は、つくづく因果で罪深いものだと思ってしまう。加害者側はもちろんだが、事件の被害者や遺族にしたって、ほとんどの場合は他人に根掘り葉掘り尋ねられたり、調べられたりするのを好まないだろう。むしろ、そっとしておいて欲しいと願うケースが大半に違いない。

しかし、こうした取材をこつこつと積み重ねる以外に〝真実〟へと近づく術はない。その〝真実〟なるものにしたって、果たして世に広く伝えるべき公益性や公共性を持つかどうかなど、はなはだ怪しいことがしばしばであり、お前らのやっていることなど所詮は野次馬か出歯亀のごときものにすぎないではないかと罵られれば、頭《こうべ》を垂れて押し黙るしかない。

だが、私は知りたかった。新藤のような新聞記者や堀田のような刑事までが美由紀に惹かれ、それなりに充実していたようにみえる仕事や家庭をすべて打ち捨て、奈落の底へと突き進んでいったのはいったいなぜだったのか。その理由の切れ端でもいい、つかみ取れないだろうかと思うようになっていた。

また、少しだけ大上段に構えることを許してもらえるなら、数々の流行言葉や疑似装飾に彩られていたことで世の耳目を集めた首都圏連続不審死事件とは裏腹に、時代性や社会性などないように思われていた鳥取連続不審死事件のほうがむしろ、現代日本社会に巣食う病が底流で脈打っているのではないか——現地・鳥取での取材を進めるうち、私はそんなふうにも感じるようになっていた。

たとえば、都市と地方。集中化と肥大化が進展する一方の大都市部とは対照的に、疲弊し、荒廃しつつあるのに画一化と陳腐化に冒されてしまっている日本の地方の風景。

または、格差と貧困。生活保護受給者が過去最高に膨れ上がっているのに、政治や社会が排他的で冷徹な視線を投げかける中、その底で足掻《あが》いている人たちの絶望的な姿。

あるいは、人間の業や宿痾《しゅくあ》のようなもの。夜の街に漂う女に惹かれ、堕ちていった男たちの裏側に潜んでいる暗い貌《かお》……。

そうしたことごとについては、おいおい記していきたいと思っている。

3

老女が教えてくれた家の住民は、堀田が病気で亡くなったのではないということを含め、確かにさまざまなことを知っているようだった。ただ、無理からぬこととはいえ、口はひどく重かった。

——突然申し訳ありません。堀田正さんのことをうかがいたくて取材にやってきたんですが。

「ああ、正さんのことですか。お元気で働いてらっしゃったのに突然にね、まさか、あんな形でお亡くなりになってしまうとはね……。当時もびっくりしましたけれど、最近はまた妙な噂になっているんでしょ？」

──ええ。それで本当のところはどうだったのか知りたくて取材しているんです。

「私たちは当時から、自殺だったってうかがってますからね。それ以上のことまでは……」

──自殺、ですか。

「えぇ。あの時は葬儀が鳥取（市内）で営まれましてね。（堀田の）お母さまも奥さまも気丈に振る舞われていらっしゃいましたよ。本当に辛かったでしょうに……。そういえば、（堀田の）お父さまも若くして亡くなってらっしゃるんですよ」

──そうなんですか？

「あれは確か、正さんが大学生の時だったんじゃなかったかしら。もちろん、お父さまのほうはご病気だったんですが……」

──高校時代は水球の選手だったとか？

「ええ。高校のころは水球で国体に出たこともあってね。子どものころからガッチリした体格で、格好いいタイプでしたけど、性格は温厚な方で……」

──お父さんも県警にお勤めだったとか。

「お父さまは事務のお仕事をされてたそうなんですけど、正さんも同じ警察に就職されて、お年を召してからは、なにか渋みのようなものも出てきましてね。そんな話をご近所の皆さんとしていたところだったんですよ。なのに、突然にお亡くなりになっちゃって。しかも自殺だなんて……」

私の手元に、堀田が高校時代にプールサイドで撮った幾葉かのスナップ写真が置かれている。鳥取での取材を重ねるうち、県警の関係者から入手したものである。

写真の中の堀田は、いずれも水着姿だった。そのうちの一葉を眺めてみると、水球で徹底的に鍛え上げたのだろう、見事な逆三角形の身体は鋭く引き締まり、大きく反り返らせた胸の前で組んだ腕には力強い筋肉が浮かんでいる。小麦色に焼けた身体に載った顔はうっすらと笑みを浮かべていて、韓国の人気俳優として一世を風靡した「ヨン様」ことペ・ヨンジュンに似ているかどうかはともかく、ビッグのママやアキちゃん、そして近隣住民が口を揃えて語ったように、確かに相当な「イケメン」ではあった。それに、写真の中の顔をいくら眺めても、暗い翳《かげ》は感じ取れない。

広島にある経済大学に進学した当時の堀田を知る同級生にも、関係者の伝手をたどって話を聞くことができた。同級生の話はこうである。

「(堀田は)ルックスは確かによかったけど、どちらかといえば、大人しくて目立たないタイプでしたよ。女の子ともあまり積極的に話したりすることはなかったんじゃないでしょうか。少し前の言葉で言えば、硬派って言うのかな……。真面目で、少し暗いヤツだったなぁっていう印象です」

そんな堀田が大学を卒業後に就職先として選んだのが、病気のため在学中に世を去ったという父と同じ鳥取県警であった。

人口が全都道府県の中で一番少ない鳥取県は、警察の規模も全国最小で、鳥取市にある県警本部の下に置かれた警察署は全県合わせても九署しかない。隣県の島根県警も十二署を擁しているし、首都警察である警視庁が百署以上、大阪府警が六十五署を抱えているのとは比べるべくもないが、経済大学で学んだ会計や簿記の知識を生かして知能犯や経済犯の捜査を担当するようになった堀田は、県西部の米子市を管轄する米子警察署や県庁所在地を管轄する鳥取警察署、そして県警本部の刑事部捜査二課などに配属され、一線の刑事として活躍するようになっていった。

実家近くの住民や県警の関係者によれば、死亡した当時の階級は四十代で巡査部長だったというから、大学卒のノンキャリア警察官としてみた場合、決して早い出世ではない。むしろ、遅いほうだったというべきだろう。ただ、捜査現場にこだわって出世などに見向きもしない職人気質の刑事はいくらでもいるし、親子二代の県警勤めだった堀田は愛妻との間に三人の子どもをもうけていたというから、それなりに充実した生活を送っていたように思える。

にもかかわらず、鳥取の寂れた歓楽街に漂っていた肥満体のホステス——上田美由紀と出逢い、堀田は運命を暗転させた。出逢いの場となったのは、カラオケスナック・ビッグ。働き盛りの刑事だった堀田もあっという間に美由紀に溺れ、そして命まで落としてしまった。

湯梨浜町にある実家近くの別の住民は、こんなふうにも明かしてくれた。

「旦那さん(堀田正)が亡くなられた後も、奥さまは子どもさんたちと一緒に旦那さんのご実家で暮らしていらっしゃるはずですよ。最近はお目にかかっていませんけど、いまもいらっしゃるんじゃないかしら」

だが、堀田の実家を直接訪ねてみても、それらしい女性に会うことはできなかった。酷であることを承知の上で何度目かにチャイムを押した際、おそらくは堀田の母親なのだろう、年老いた女がわずかに玄関を開けてくれたが、扉の隙間の向こう側から小さな声でこう言うだけだった。

「申し訳ありませんが、そっとしておいていただけないでしょうか。何も、お話しすることは、できませんので……」

4

ふたたび鳥取市弥生町のカラオケスナック・ビッグ。堀田が初めて店にやってきたのは、警備員の伊藤竜一が死亡して間もない時期、二〇〇七年十月ごろのことだった。

ママが言う。

「最初はたしか、ほかの刑事さんと一緒に二人で来んさったんよ。何かの事件の捜査をしてて、何だか情報を集めてるとかなんとか、そんなことをおっしゃってたんちがうかなぁ」

アキちゃんが言う。

「そうそう、そうやったなぁ。ワタシらにはよう分からんけど、あれが私服刑事さんっていうのか？　制服を着てらっしゃらなかったから、最初はホントに刑事さんかどうか分からなかったけどなぁ。でも、そのうちに堀田さんは一人でしょっちゅういらっしゃってくれるようになって。で、あーっという間にサトミとできちゃった」

ママとアキちゃんによれば、堀田は多量の酒を飲むほうではなかったが、カラオケは好きで、酔って興に乗るとシャ乱Qの『シングルベッド』をよく歌った。ブルーハーツの『リンダリンダ』も得意曲の一つだった。客同士が喧嘩になった際は、双方をうまくなだめながら仲裁してくれたこともあった。泥酔して絡みがちになった客を追い出してくれた時には、「オレがいる限り、あんなヤツは二度とこの店には入れない」と言って胸を張ったこともあったという。

「でもなぁ、堀田さんがサトミとデキちゃってたなんて、ワタシはあのころ、ぜんっぜん気づかなかったけどなぁ。店の中でもそんな素振り見せんかったし、それほどベタベタするわけでもなかったしなぁ」

ママはそう振り返るのだが、アキちゃんは忌々《いまいま》しげな顔でこう反論した。

「ママさんはご存じなかったかもしらんけど、ワタシは見ちゃったのよ。堀田さんがお店にいらっしゃるようになってすぐのころだったと思うけど、お勘定すませた堀田さんをサトミが見送った時にな、お店を出た路地んとこで抱き合って、ブチューッて、してたんよ」

「そんなことがあったんか？　ワタシ、ぜんぜん知らんかったわぁ」

「ワタシは偶然見ちゃったんだけど、そりゃ二人とも、もんのすごい熱烈でなぁ。ギューッ、ブチューッ、ギューーッて。もう、こっちが恥ずかしくなるくらいだったわ」

各地の都道府県警で近年続発している数々の不祥事を見ても分かる通り、日本の警察がそれほどモラリスト揃いなわけではもちろんない。ただ、一般に警察組織は、部下の不倫や多額の借金といった〝不良行為〟を上層部が極度に嫌う。言うまでもなく、こうしたことが大きな不祥事に発展する可能性を恐れるからである。

したがって警察組織には、内部の警察官や職員の行動をひそかに調べる専門の部隊が置かれている。都道府県警の規模によって差はあるが、首都警察である警視庁を例に取れば、人事セクションの中枢である警務部人事一課には尾行や監視を得意とする公安警察部門の出身者らが集められ、不審情報の浮かんだ〝同僚〟の私生活まで徹底監視する。私がかつて公安警察を取材した際には、警視庁でナンバー2の職にあたる副総監の女性関係を調べ上げ、最終的に不倫の事実を突き止めたことがあると聞かされて驚いたこともあった。

全国最小の警察本部である鳥取県警にそれほど大規模な部隊があるとは思えないが、それでも人事・監察部門に一定の人員を置いて不祥事の予兆に目を光らせているだろう。まして鳥取の歓楽街は規模が圧倒的に小さく、人目を忍んで情交に及ぶのは難しい。県警の刑事という職にあった堀田にとって、夜の街の女である美由紀との派手な不倫関係は随分と危険な火遊びだったに違いない。

アキちゃんが言う。

「ワタシ、堀田さんが亡くなる前に聞いとったんだけど、サトミとのことが上司にバレちゃって、ずいぶんマズいことになってたらしいで。ママさんはお聞きにならんかったか？」

ママが言う。

「ワタシはぜんぜん知らんかった。でも、あとでいろいろ聞いたら、サトミは堀田さんからも何百万か引っ張ったらしいなぁ。堀田さん、それで悩んで死んじゃったのかなぁ……」

ママやアキちゃんの話は、どこまでも間接的な情報にすぎない。だが、これを裏付けようとしてみても、堀田については関係者の口がひどく堅く、あちこちを駆け回って取材を重ねても証言らしい証言はほとんど集まらない。

それでも、生前の堀田を知る人を捜して鳥取を彷徨《さまよ》ううち、ようやくある人物に接触することができた。絶対匿名を条件としてインタビューに応じてもらったため、ここでは鳥取県警の関係者としか紹介することができない。この人物の話は次のようなものだった。

「彼（堀田）は大人しい男でね。積極的な捜査をする優秀なヤツっていうより、（知能犯関係の）帳簿などをじっくり読み込むのが得意なタイプだった。でも、ある時から急に仕事が疎《おろそ》かになったりしたものだから、上司に咎《とが》められたんだよ。そのうちに女性関係やカネ絡みの問題を抱えてることが分かって、それがオレたちにも漏れ伝わってきてね」

――女性関係って、美由紀のことですね。

「ああ。結構な額のカネを貢いでいたようだったな」

――やっぱりカネですか。結構な額って、いくらぐらい貢がされていたんですか。

「彼自身に借金はなかったようなんだが、トータルで五百万円ぐらい渡していて、最後は給料まで取られていたっていう話だった。本人もずいぶん悩んでいたようでね。これはマズいっていうことで上司が相当厳しく言い聞かせたら、その直後に死んじまった」

――やはり自殺なんですか？

「詳しいことは知らんが、あれは自殺だろうと思うよ。少なくとも、県警としてはそう判断した。もっとも、解剖もやってないはずだから、いまとなっては本当のところは誰も分からんがね」

夜の弥生町で美由紀と出逢ってすぐに交際をはじめ、入れあげ、溺れ、かなりの額のカネを貢いだ末に破滅の底へと転がり落ちる――鳥取県警刑事の堀田がたどった道筋は、読売新聞記者の新藤武とまったく同じパターンだった。

美由紀との関係を上司に厳しく咎められていたという堀田が突然世を去ったのは、美由紀と出逢ってから半年も経っていない二〇〇八年二月のことだった。直後には鳥取市内で葬儀が営まれ、死因について近親者には「自殺」だと説明された。

しかし県警は、こうした事実を徹底的に隠し、まったく公にしなかった。何らかの意図があってのことだったのか、背後に不祥事があると騒がれるのを嫌ったのか、それとも単に自殺だと判断したためにすぎなかったのか、真相は定かではない。

ただ、美由紀との交際中に不審な死を遂げていた県警刑事＝堀田正の存在は、その死から一年半以上もの時が過ぎた二〇〇九年十一月の初旬になって表沙汰となり、さまざまな憶測を呼び起こすことになった。当の県警が美由紀周辺での連続不審死事件の捜査に乗り出し、一挙に過熱しはじめたメディアの取材によって事実関係が初めて明るみに出されたからである。

もっとも早い報道だったとみられる二〇〇九年十一月七日付の朝日新聞朝刊には、次のような記事が社会面に大きく掲載されている。

《鳥取県で相次いで男性の不審死が起きていた問題で、県警が詐欺容疑で逮捕し、不審死した男性たちとの関係が浮上している元スナック従業員の女（三五）の周辺で、女をよく知る警備員の男性が〇七年に海でおぼれた後に死亡、〇八年には女と交際していた同県警の警察官が署内で死亡していたことなどが、捜査関係者への取材で新たにわかった》（一部略）

この時点で美由紀はすでに詐欺容疑で逮捕されていたが、これはあくまでも別件であり、県警が本件として狙う不審死事件はまだ〝疑惑〟の段階だった。だから記事はすべて匿名になっているのだが、記事中にある「元スナック従業員の女」とは言うまでもなく美由紀のことである。そして「女をよく知る警備員の男性」は伊藤竜一のことを、「女と交際していた同県警の警察官」というのは堀田正のことを指す。

記事は後半部分でこう記されている。

《県警によると、死亡した警察官は〇八年二月、署内で首をつった状態で見つかった。当時、女との交際に悩んでいたとの情報もあったが、県警は、署内の出来事で事件性がないと判断し、「自殺」として処理したという》

ところが、「署内で首をつった状態で見つかった」という鳥取県警発の情報は、当の県警によって直ちに訂正された。同じ朝日新聞の翌八日付朝刊には、こんな記事が掲載されている。

《鳥取県警は、詐欺容疑で逮捕した元スナック従業員の女（三五）と交際していて、〇八年二月に死亡した同県警の男性警察官の遺体発見現場を「警察署内」と説明していたが、七日、県内の「山中」と訂正した。発見当時、山には雪が積もっており、警察官が首をつった状態で見つかった場所まで、この警察官のものとみられる足跡しかなかったことから、「自殺」と判断したという》

地元駐在の大手紙記者に尋ねてみると、経緯はこういうことだったらしい。

「県警も混乱していたのか、説明が二転三転して、我々も振り回されたんです」

——というと？

「最初は警察署内で自殺しているのが見つかったっていうことだったんですが、（堀田の）自宅近くの山の中で首つり状態になっていたのが見つかった、という説明に変わって、最終的にはそれで落ち着きました」

——やはり自殺だと？

「遺体が見つかったのは朝方だったそうなんですが、二月の寒い日で現場には新しい雪が降り積もっていて、周辺に一人分の足跡しか残っていないから自殺なのは間違いない、と判断したそうです。でも、所詮は県警がそう説明しているだけの話ですから、正直に言えば、本当なのかどうかよく分からないんです」

——地元の記者たちは、どうしてもっと県警を突き上げなかったの?

「あの件（堀田の不審死事案）は結局、県警が立件対象にしませんでしたからね、各社ともあまり熱心に取材してないんです。それに、県警の説明が不自然なのは確かだけど、解剖もしていないそうですから、当の県警だってホントのところは分からないんじゃないでしょうか……」

それにしても、鳥取県警の説明には納得しがたいところが多い。遺体発見場所が「警察署内」なのか「山中」なのかはあまりに重大な事実の相違であるし、もし県警が本当に自殺だと判断していたにせよ、メディア報道で明らかになるまで一切公表しないというのは、不祥事として騒がれるのを嫌ったためだと詮索されてもやむを得ない。ましてや、鳥取連続不審死は「鳥取県警はじまって以来の大事件」などと称されていたのである。

あらためて記すまでもなく、被害者が複数の殺人事件ならば、被告人には死刑判決が予想される。だが、鳥取地裁では記録が残っている限り死刑判決が言い渡された例はなかった。文字通り「県警はじまって以来」となった大事件の捜査線上に不審死者として浮かび上がり、しかもそれが県警の刑事だったというのだから、ある時点からは必死の隠蔽に走った疑いがきわめて濃い。

また、捜査当局が立件対象としない事件の取材がおろそかになりがちなのは現代日本メディアの病理でもあるのだが、いまとなってしまえば確かに真相は不明というしかない。実際に遺体の解剖すら行われなかったのなら、堀田の死の真相が明らかになることもまた、永遠にないだろう。

6

ふだんはかしましいカラオケスナック・ビッグの二人も、亡くなってしまった客の話だと多少はしんみりした雰囲気になる。この日も店内は閑散としていて、客は私一人だった。だから余計にしんみりとしているように感じられたのかもしれない。

アキちゃんが言う。

「堀田さんな、奥さんやお子さんたちと警察の寮（官舎）かなんかに住んでらっしゃったのに、いっつもサトミと一緒にいるようになっちゃって、不倫してるっていうウワサがたって、それが上司にバレちゃって、怒られたこともあったみたいやで。ワタシ、そんな話、聞いたことあるもん」

ママが言う。

「そうかぁ。でも、堀田さんが生きとる時は、ワタシはぜんぜん気づかなかったけどなぁ」

　アキちゃんが言う。

「サトミは（堀田から）『五百万ぐらい取った』って言ってたらしいで。それで追い込まれちゃったのかなぁって……。そういえば堀田さん、最後に店に来た時、なーんか寂しそうだったもんなぁ。ママさんもそう思いなさらんだか？」

　いつもの指定席に巨体を預けていたママは、堀田の記憶を呼び起こそうとしているのか、目の前のカウンター上に置かれた小さなグラスを見つめたまま、しばらく黙り込んでしまった。

　そのグラスは、アニメのキャラクターがプリントされた安っぽい代物だった。私が店を訪れて酒を飲みはじめると、

「青ちゃん、ワタシも一杯いただいていいやろ？」

　と言っていつもそのグラスにお茶のような液体を注ぎ、ちびちびと飲むのがママのお決まりの姿だった。この時も中身はお茶らしき液体で満たされていたが、グラスを手に取って一気に飲み干したママは、濡れた唇を震え気味の手で拭いながら再び口を開いた。

「そうやなぁ。そういえば、なーんか暗いっていうか、寂しそうな感じだったかもし

れんなぁ。あれからすぐに、死んじゃったんだもんなぁ……」
アキちゃんとママによれば、堀田が最後に店を訪れたのは、「自宅近くの山中」で遺体となって発見される数日前のことだった。何となく寂しげだったという堀田は、ママやアキちゃんも交えてカラオケを何曲か歌い、最後には美由紀とこんな歌をデュエットしたという。

♪愛しちゃったのよ
愛しちゃったのよ
あなただけを　死ぬほどに
生きているのが
つらくなるよな長い夜
誰もわかっちゃくれない
愛しちゃったのよ
あなただけを　命をかけて

シャンソン歌手出身の田代美代子が和田弘とマヒナスターズとデュエットし、一九六五年に大ヒットさせてレコード大賞新人賞にも輝いた『愛して愛して愛しちゃったのよ』。美由紀にのめり込んだことを上司に叱責されていた堀田は、それから数日後に「自殺」して世を去ったのだから、なんとも意味深な歌を「ビッグ」で最後に歌っていたことになる。

ママが言う。

「でも、死んじゃうほど苦しんでいたようには、みえんかったけどなぁ。ホントに自殺だったのかなぁ。分からんなぁ……」

以降も美由紀の周辺では、さらに三人の男たちが立て続けに不審な死を遂げた。これまでの三件の不審死は二〇〇四年から二〇〇八年までの足かけ五年間に起きたが、残る三件はすべて二〇〇九年の一年間に集中していた。

鳥取県警が異変をようやく察知し、美由紀らの追跡と身辺洗い出しを開始したのは、四人目の不審死者が出た二〇〇九年四月に入ってからのことである。

そして、辛うじて立件に漕ぎ着けたのも、この三件のうちの二件だった。

第5章 県警の蹉跌、男たちの蹉跌

1

二〇一〇年の二月、鳥取連続不審死事件に関する中編のルポルタージュを一本書くつもりで鳥取に入っていた私は、現地での取材を続けるうち、いつの間にか事件の真相に強く惹かれはじめていた。事件取材というものは、えてしてそんな妖しい魅力を孕《はら》んでいるものなのだが、鳥取に滞在しての取材もそろそろ一週間近くが過ぎ、東京に戻って処理しなければならない仕事や原稿も溜まってきていた。いずれもできるだけ早く片付けてしまうのが望ましいものばかりだったが、いったん東京に戻ってしまえば鳥取はあまりにも遠い。次にいつ現地入りして取材を再開できるのか、当面のメドが立たないような状況だった。

それでも、依頼を受けた『G2』誌のルポを書き上げるためには、とりあえず六件の不審死に関する取材だけは一通り済ませてしまわねばならなかった。残るは四件目、五件目、そして六件目の不審死事案である。少々焦りながらレンタカーのハンドルを握って再び向かったのは、鳥取県のほぼ中央部に位置する東伯郡の北栄町だった。そう、美由紀が幼少期を過ごして小学校と中学校に通った町が、第四の不審死の現場となったのである。

ただし、後述するように第四と第五の不審死事案については、鳥取県警と鳥取地検が美由紀による殺人だとして立件に踏み切っており、予断を排するため、ここではできるだけ簡潔に事件概要を紹介するにとどめたいと思う。いずれも美由紀は犯行を全面否認し、検察側が描く筋書と真っ向から対峙する姿勢を法廷で示すことになるからである。

さて、前回と同じく一時間ほどで到着した北栄町の海岸沿いには、風力発電用の巨大風車が幾本も林立し、ゆったりと羽根を回す風車の下には防砂用の松林が延々と広がっていた。その防砂林の一角で、四番目の不審死発覚につながる異変が最初に探知されたのは、二〇〇九年四月四日午後のことである。

らしい。

鳥取県警の調べや当時のメディア報道などによれば、経緯は次のようなものだった

この日の午後二時半ごろ、海岸にほど近い防砂林の外れあたりに一台の軽乗用車

――ダイハツ社製のミラが停車しているのを、付近の住民が発見した。ミラは砂地に

前輪を突っ込むような奇妙な形で停まっていた上、二日後の四月六日になっても放置

されたままになっているのを不審に思った住民は、地元警察に通報した。

ミラの所有者は鳥取県警の調べですぐに判明した。兵庫県に隣接する鳥取県南東部

の若桜町に住む坂口昭夫。職業はトラック運転手。年齢は当時四十七歳だった。

そしてさらに五日後の四月十一日、ミラが放置されていた現場から東側に数キロ離

れた日本海沿岸で、その坂口が溺死体となっているのを地元漁師が発見する。遺体は

下着すら身にまとっていない全裸の状態で海中を漂っていたらしく、遺体発見の状況

から死亡の経緯に疑念を抱いた県警が解剖したところ、体内から睡眠導入剤などの成

分が検出された。

当時は一人暮らしだった坂口も美由紀と深く交際し、二〇〇八年二月ごろからは肉

体関係を持つようになっていた。しかも坂口は、女手一つで五人もの子どもを育てる

美由紀の境遇に同情し、合計で三百万円近くのカネを生活費などとして渡していた。

ところが、美由紀には坂口以外にも深く交際している男がいた。複数の男と同時並行的に付き合うのは美由紀にとって日常茶飯事だったのだが、そんなことを知らなかった坂口は怒り狂い、渡していたカネを返せと求めるようになっていたらしかった。

こうした外形的事実をみれば、県警が美由紀に疑惑の目を向けたのは当然の成り行きだったように思える。実際に県警は、この不審死事案をきっかけとして美由紀周辺の洗い出し作業に着手し、遺体発見から約一年後の二〇一〇年三月には坂口の死因を美由紀の殺害によるものと断じて強盗殺人容疑での逮捕に踏み切ることとなる。

その際に鳥取県警と鳥取地検が描き出した事件の筋書は次のようなものだった。すなわち、金銭の返済などを迫られた美由紀が切羽詰まった末、知人から入手した睡眠導入剤を飲ませ、朦朧状態にさせた上で海に連れていって溺死させた――しかも、すべては美由紀一人の手による単独犯だった、という見立てである。

しかし、実際に現場へ足を運んでみると、いくつかの疑問点が私の頭の中に明滅し、それはますます膨らんでいくのだった。

2

東西に細長い鳥取県を日本海に沿って貫く国道九号線は、北栄町のあたりに差し掛かると、ほぼまっすぐな道がバイパス状に整備されている。何キロにもわたって小さな商店すら見当たらない直線道路が続くのだが、内陸側の道沿いに突然、一軒のコンビニエンスストアが現れる。その脇の小さな十字路を海側の方向へ折れ曲がると、両脇には砂地での栽培に適したラッキョウや長芋の畑が広がり、百メートルほどで防砂用の松林に突き当たる。松林の隙間には小型車がギリギリ通れる程度の道が切り開かれていて、少しでも運転を誤れば車の腹をこすってしまうような悪路なのだが、用心深く車を滑り込ませて再び百メートルほど進むと、松林の間から雄大な日本海が見え始める。

このあたりが坂口所有のミラが放置されていたという場所だった。

レンタカーを降りてみると、数十メートルほど先には砂浜の向こう側で日本海が白波を巻き上げている。私が現場に足を運んだ日は、珍しく雲の合間から太陽が顔を出し、しかも正午過ぎの時刻だったというのに、海から吹きつける二月の風はひどく冷たく、時おり砂が舞い上がって眼を開けているのが辛いほどだった。その風と砂を避けようと後ろを向いて眼を上空に転じれば、そびえ立つ巨大風車が海からの風を受けて大きな羽根を回転させていた。

鳥取県警や地検の見立てによれば、坂口はこの付近で美由紀に殺された。殺害当日とされる二〇〇九年四月四日の経過は次のようなものだとされている。

まずは朝。美由紀は何らかの口実をつけて坂口と接触し、隙を見て睡眠導入剤を飲ませて朦朧状態に陥らせた。その上で無免許の美由紀が坂口のミラを運転してここまでやってきた。そして、朦朧状態の坂口をミラの車内から引っ張り出し、波打ち際まで連れて行き、服を脱がせ、溺死させた。

この見立てを裏付ける証拠のようなものはいくつかあった。

たとえば、坂口を殺害したとされる四月四日の午前中、美由紀と坂口が携帯電話で連絡を取り合ったらしき通話記録。そのしばらく後の時刻には、国道九号線沿いのコンビニエンスストアで美由紀とみられる女の画像が防犯カメラに捉えられていた。さらに、ミラの運転席のシートベルトあたりからは、美由紀のものと一致するDNA型の残留物が検出されたという。

しかも、坂口と美由紀の間には金銭をめぐるトラブルがあったらしい。そう考えれば、確かに美由紀を疑う根拠は十分にあると思われるが、これを殺人容疑の立証作業としてみた場合、いずれも美由紀が殺害したことを裏付ける決定的な証拠とはいえず、仮に美由紀が犯人だという前提の上に立つなら、それを辛うじて脇から支えはするといった程度の状況証拠にすぎない。

逆に、美由紀の犯行だと断じてしまうにはいくつもの矛盾もあった。

強風の中で私が立っていたミラの放置現場から波打ち際までは意外に遠く、実際に測ってみると五十メートル近くもの距離がある。また、日本海側から吹き付ける北風が強烈すぎるせいなのだろう、途中の砂浜が大きく抉《えぐ》り取られていて、五十センチメートル以上に達する段差までできている。それを上り下りしてみると、砂でできた段差はもろく、足をかけても次々に崩れ落ちてしまう。身長百八十センチメートルを超える私ですら上り下りに難渋するほどだった。

確かに美由紀はでっぷりと太っていた。しかし、背丈は決して高くはなく、身長は百五十センチメートル弱しかない。

一方の坂口は、県警の実況見分調書などによれば、百七十三センチメートルの身長があった。いくら美由紀が肥満体型の女だったとはいっても、二十センチメートル以上もの身長差のある男を、しかも睡眠導入剤を服用して朦朧状態だったという男の身体を、足場の悪い砂浜の上を一人で五十メートルも運び、服を脱がせ、溺死させることなどできるのだろうか。

ほかにも疑問はある。

県警と地検が坂口殺害の犯行時刻と断じたのは、午前九時から十時ごろにかけてという時間帯だった。人の気配がほとんどない海辺の砂浜とはいえ、すっかり明るくなった時刻の犯行となれば、誰かに目撃されてしまう恐れは十分にある。犯行現場とされる砂浜は、背後こそ防砂用の松林に遮られているものの、奥行き五十メートル以上に及ぶ砂浜の左右には何の障害物もなく、はるか彼方の岬まで見渡せるほど眺望がいい。

実際に現場周辺を歩き回ってみれば、国道九号線と海岸との間には防砂林以外にラッキョウや長芋の畑も連なっていて、私が一時間ほど現場に佇《たたず》んでいた間にも農作業中の老人らと幾度かすれ違った。こんな場所で白昼堂々、誰にも目撃されぬまま女一人の力で朦朧状態の男を運び、全裸にし、溺死などさせられるのか。そんな疑念が、私にはどうしても拭えなかった。

とはいえ、北栄町の海岸における坂口の不審死事案は、鳥取県警が美由紀に眼をつけるきっかけになった。坂口と美由紀が深い関係を持ち、両者の間には金銭のやり取りがあった上、不審死の約一ヵ月半前にあたる二〇〇九年二月二十三日には坂口の自宅でボヤ騒ぎまで起きていたからである。

坂口宅には、騒ぎの直前まで美由紀がいたという。坂口が居眠りをしているうちに美由紀はいなくなっていたらしいのだが、現場に駆けつけてきた警察官に坂口はこう漏らしたとされている。

「もしかしたら、誰かに殺されそうになったのかもしれない」

以後、鳥取県警は美由紀の周辺洗い出しに乗り出し、監視・尾行なども開始した。

にもかかわらず、第五の不審死は起きた。私も、その現場に向かった。

3

鳥取市内の北東部あたりに、摩尼山《まにさん》という山がある。標高でいえば三百五十七メートルしかないというから、山というよりは小高い丘といった程度の表現のほうが適当かもしれないが、中腹には摩尼寺という古刹《こさつ》が残っていて、麓から寺に向かっては一本道の県道がつづら折りに伸びている。

天台宗の寺院である摩尼寺は、最澄の弟子にして第三代天台座主にも就いた慈覚大師円仁が約千二百年前に開山したと伝えられ、現在の鳥取県東部にあたる「因幡国」では随一の霊場として地元民に慕われてきた。全国各地の山岳霊場の多くが女人禁制とされた中、摩尼寺は創建当時から女性の参拝者を受け入れてきたともいわれ、戦前は鳥取駅から寺までの約八キロメートルが行列で埋まったという逸話が残るほど賑わったらしい。往時の名残なのだろう、麓から伸びる県道が行き止まりとなる摩尼寺の門前には、山菜料理や味噌田楽などを供する茶店がいまも何軒か並んでいる。

　つづら折りの県道をレンタカーで門前付近まで一気に登り切った私は、行き止まりとなっている茶屋の前でUターンし、一・五キロメートルほど下ったあたりの路肩に車を停めた。くねくねと小さなカーブを繰り返す県道は、背の高い樹々の枝に両脇が覆われ、昼間なのに陽が陰っていてひっそりと静まり返っている。片方の道端には何かの記念碑らしき古ぼけた石板が建てられていて、もう一方の道端には摩尼川という細い川が流れている。ガードレール越しに覗き込むと、流れている水量は微々たるものだが、川幅は二、三メートルほどあるようだった。

　この川で、五番目の不審死者とされる男の遺体は見つかった。当時五十七歳だった男の名は丸山五郎。付近の県道上に丸山の自家用車——日産マーチが放置されていたのを不審に思った住民が通報し、駆けつけた警察官が遺体を発見、身元が確認されたのである。北栄町の海岸で坂口の溺死体が発見された時点から数えて半年後の二〇〇九年十月七日、時刻は午後二時ごろのことだった。

　丸山は、鳥取市内で個人営業の小さな電器店を営んでいた。しかも美由紀との接点があり、発見された遺体を司法解剖したところ、またも睡眠導入剤の成分が検出された。

ただ丸山は、不審死した他の男たちとは異なり、美由紀と深く交際したり男女の関係だったりしたわけではないらしい。丸山には離婚歴があるものの、遺体となって発見された当時は内縁の妻と同居していたし、警備員だった伊藤竜一のように美由紀から奴隷のように扱われていたわけでももちろんない。丸山は、美由紀らに対して百万円を超える家電製品を売り掛けていて、いわば「商店主と顧客」という間柄であった。いや、もっと直截に記してしまうなら、丸山は美由紀らに多額の家電製品を騙し取られていたのである。

私の手元に、遺体となって発見される直前まで丸山が日々の営業状況を記録していた《受註日誌》と題された伝票の写しがある。事件関係者から提供されたものだが、手書きで綴られた文字と数字を追っていくと、丸山は美由紀らに多額の家電製品を納入していたことがうかがい知れる。

以下に関連部分のみを抜粋してみる。詳しくは後述するが、伝票の写しの中に出てくる「安西」とは、美由紀が逮捕直前まで一緒に暮らしていた最後の同棲相手の男である。

《八月十八日　上田　洗　六六〇〇〇
テ　一〇五〇〇〇

　　　　DVD（ブルーレイ）　八八〇〇〇
　　　　　　　　　　　　　一二九五〇
八月二十一日　上田（妹）　テ
　　　　　　　　　　　　DVD　ブルーレイ　二六〇〇〇
　　　　　　安西（上田）　テ
　　　　　　　　　　　　DVD　二二七八五〇
八月二十九日　安西（上田）　洗　六六〇〇〇
　　　　　　　　　　　　DVD　九九〇〇〇
　　　　　　　　　　　　冷　一四五〇〇〇
　　　　　　　　　　　　　　一五五〇〇
九月二日　安西　テ　一四五九五〇》

伝票の隅にはアルファベットと数字で型番らしき記号が書き残されており、それを調べてみると、「洗」とあるのは東芝製などの洗濯機のこと、「テ」とあるのはシャープやパナソニック社製などの大型液晶テレビのこと、「冷」と書かれているのは三菱電機製の冷蔵庫のことだった。

要するに丸山は、二〇〇九年の八月十八日から九月二日までのわずか半月ほどの間に計五回、売り掛けの形で――つまりは代金後払いの形で、テレビやＤＶＤ、洗濯機や冷蔵庫といった家電製品類を美由紀宅に納品していた。納品金額を合計してみると百二十三万千二百五十円に達している。

実をいえば美由紀はこのころ、最後の同棲相手となった「安西」という男とともに、取り込み詐欺のような行為を繰り返すようになっていた。日々の遊興費や生活費を捻出するのが目的だったらしく、丸山から納品されたテレビや冷蔵庫、洗濯機といった家電製品は、すべてそのままリサイクルショップなどに売り払い、カネに換えていたのである。

この時期に美由紀と行動をともにしていた最後の同棲相手＝「安西」については、一連の事件のキーパーソンにもなるため、後の章で詳しく紹介することとするが、丸山が美由紀宅に多額の家電製品を納入し、その代金支払いを督促していたのは事実のようだった。また、丸山の仕事場のカレンダーには十月五日と六日の欄に美由紀らの名前が書き込まれていた。これは、丸山が遺体となって発見される前々日と前日に美由紀らと接触する予定だったことを示唆するものであった。

その上、遺体発見の前日にあたる十月六日の早朝、丸山は同居していた女に「集金に行く」と言い残して自宅を出発したまま行方不明の状態になっていた。丸山の携帯電話には美由紀からの着信記録が残されており、丸山の車のカーナビにも、福部町内にある美由紀のアパートに立ち寄った痕跡が記録されていた。

さらに美由紀には、丸山の遺体発見現場となったあたりに土地鑑があった。摩尼寺の門前にある山菜料理屋を子どもらとともにたびたび訪れ、食事をしていた様子が目撃されていたからである。料理屋の店員はこんなふうに振り返っている。

「ああ、例の女の人ですか。たしか二、三年ぐらい前からだったと思いますが、子連れでいらっしゃるようになってね。最近は月に一、二回はお見えになってました。主に昼食ですが、いつも一番高いコースのお料理を頼んで下さいました。捕まったって聞いて、びっくりしましたけどね」

死亡した丸山との金銭的関係。死亡推定時刻の前に丸山に接触していたらしき記録。そして遺体発見現場付近での土地鑑。ここまでの状況証拠が揃ってしまえば、美由紀にはやはり丸山殺害の十分な動機と機会があったように考えられるし、正直に記してしまえば、私だって美由紀が丸山の死とまったく無関係などとは思えない。鳥取県警も第四の不審死となった坂口の事案に先立ち、丸山を殺害した疑いで美由紀の逮捕に踏み切っている。つまり、県警と検察にとってみれば、丸山の不審死が美由紀を強盗殺人容疑で立件する突破口となったことになる。

だが、丸山の不審死もまた、現場に立って事実関係を精査してみると、数々の疑念が浮かんできてしまうのだった。まずは、あまりに杜撰《ずさん》かつ不自然な鳥取県警の捜査対応である。

前述したように、第四の不審死者である坂口の溺死体が北栄町の海岸で発見されて以降、県警は美由紀の身辺捜査に乗り出し、尾行までつけて行動を監視している状態だった。なのに県警はなぜ、丸山に対する取り込み詐欺のような行為を黙過し続けたのか。ましてや美由紀が丸山を殺害したとするなら、どうして事件そのものを未然に防ぐことができなかったのか。

また、坂口の不審死事案と同様、現場の状況にも不可解な点が残る。

丸山の遺体が発見され、県警が殺害現場と断じた摩尼川の周辺を歩き回ってみると、川底の一部はコンクリートで固められていて水深は数十センチ程度しかない。川の両脇も小さな堤防状に整備されていて、丸山の車が停められていたという県道からコンクリートづたいに川面まで降りることは可能だが、そのためには一メートル近くの段差を上り下りする必要がある。

坂口のケースと同じく、丸山と美由紀の身長差も二十センチ以上あった。ここでまた同じような疑問が湧いてくる。いくら美由紀が太っているとはいえ、睡眠導入剤で朦朧となった男を女一人の手で運び、段差一メートル近くある川面まで降ろし、水深数十センチの川で溺死させることなど果たして可能なのだろうか。交通量の少ない県道とはいえ、周辺には民家もあり、誰にも目撃されずに女一人での犯行が可能なのだろうか——と。

こうした疑念への答えとなる解を県警と地検が摑んでいるのかどうかは、いずれ鳥取地裁ではじまるだろう公判の時を待つしかなかった。だが、県警の不自然な捜査対応には、丸山の遺族も強い疑念と憤りを抱いているようだった。

4

丸山には、別れた妻との間に二人の息子がいた。電話で連絡を取ってみると、二人が経営する会社でならインタビューの時間をつくってくれるという。いずれもすでに三十代となっていた長男と次男は、地元で一緒に小さな建設会社を立ち上げ、それぞれが社長と専務として切り盛りしていた。

二人からは、ＪＲ山陰本線の福部駅からすぐ近くの場所に会社はあると教えられた。地図を確認してみると、美由紀が逮捕直前まで暮らしていたアパートからも直線距離で三キロほどしか離れていない。ただ、福部駅は駅員のいない小さな無人駅で、近隣には小さな喫茶店が一つあるだけの寂しい場所である。少し迷ってようやく見つけた二人の会社も、細い県道の脇にひっそりと佇む二階建てのプレハブ小屋だった。それでも兄弟二人で意気込んで立ち上げ、懸命に経営しているのだろう。プレハブ前の駐車場には建設資材を積んだ車が何台か停まっていて、いずれもすらっとした体格を現場作業着で包んだ長男と次男は、物事をはっきりと口にする快活で好感の持てる男たちだった。

プレハブの二階で取材に応じてくれた二人の話は次のようなものである。

—お父さんは、家電製品を美由紀たちに騙しとられていたようですね。

長男「ええ。オレらにとってはいいオヤジだったけど、少し人が良すぎたのかもしれません……」

—というと？

長男「お得意さんの家の電化製品が故障したって聞けば、新しいのを売ることだってできるのに、すぐに飛んでって無料で修理してあげちゃうようなタイプでしたから。だからオヤジ、あんな女まで信用して商品を渡しちゃったんです」

次男「でも、子どもに心配かけたくないって思ってたのか、オレらには仕事のこと、話しませんでしたから。だからオレらも、あの女とのこと、ぜんぜん知らんかったんです。もしオヤジが相談してくれてたら、こんなことにならなかったかもしれんって思うと、悔しくてたまんなくて……」

——それにしても、県警の捜査がずいぶん後手に回ったようにも思いますが。

長男「正直言って、警察の捜査には、ずいぶん不満がありました。あれだけ多くの人がおかしな死に方をしていたんだから、もっと早くにちゃんと捜査していれば、オヤジが死ぬことはなかったかもしれない。そう思うと、悔やんでも悔やみきれんです」

しかも県警は、丸山が遺体で発見される以前から美由紀を監視下に置いているはずだった。もし美由紀が丸山を殺害したというなら、事件そのものを防ぐことだってできたのではなかったか。

のちに開かれた美由紀の公判で鳥取地検側が明らかにすることとなったのだが、県警は当時、たしかに美由紀を監視していた。同時に、美由紀と行動をともにしていた最後の同棲相手の男＝「安西」も監視対象となっていた。

なのに、丸山が殺害されたという時刻は、美由紀への尾行や監視がついていなかった。さらにいえば、美由紀の同棲相手だった男＝「安西」は同時刻、摩尼山を下り切ったところにあるスーパーにいて、その姿を県警の警察官に捕捉されていた。美由紀に命じられてスーパーの駐車場に待機し、殺害後には現場まで迎えに来させた——公判で地検はそんな筋書を披瀝《ひれき》したにもかかわらず、肝心の殺害時には美由紀への尾行や監視が外れていた、というのである。どう考えても不自然であり、県警の対応に疑念を持たれるのは当然だろう。丸山の長男と次男も同様のようだった。

——お父さんの遺体が見つかる前から県警は美由紀たちを尾行していたはずなんですけどね。

次男「ええ。それに、オヤジの遺体だって争ったような跡が残ってたし、状況をみれば殺されたのは明らかなのに、いくら言っても警察は『水死だ』っていうだけで、なかなか動こうとしてくれなかったんです。だからオレ、自分でいろいろ調べたんですよ」

父の死の原因に疑念を拭えず、警察の反応の鈍さに苛立った兄弟は、仕事の合間をぬって自ら事件現場や関係者を訪ね歩いた。父の車のカーナビに残された記録をたどり、事件当日の父の動きなどを最初に検証したのも次男だった。いろいろ調べてみるうち、父は美由紀に殺されたのではないか——そんな確信が強まったと二人は振り返る。

次男「カーナビ（の記録）を調べたら、あの女のアパートに立ち寄った形跡があって、集金のことでトラブってたことも分かってきて……。これ、絶対に怪しいじゃないですか。けど、オレらにできることなんて限界がありますから」

長男「遺族の立場からすれば、結局のとこは警察だけが頼みの綱なんです。だから、あまり強く警察を批判ばっかりできないし、いまとなってはもう、待つしかありませんから……」

鳥取県警が美由紀を最初に逮捕したのは二〇〇九年の十一月二日、別件の詐欺容疑によるものだった。以後、他の詐欺や住居侵入窃盗の容疑を含めて計五回にわたる再逮捕を繰り返し、本丸の強盗殺人容疑での逮捕にたどりついたのは年をまたいだ二〇一〇年一月二十八日である。これが五番目の不審死となった丸山の事案であり、一ヵ月後の三月三日には四番目の不審死である坂口の事案についても強盗殺人容疑での立件に踏み切っている。

別件での逮捕を繰り返して被疑者を長期勾留し、本丸の事件に関する捜査や取り調べの時間を稼いだり被疑者にプレッシャーをかけたりする手法は大いに問題を孕んでいるのだが、それはともかく、私が丸山の長男と次男のもとを初めて訪ねた二〇一〇年二月は、県警が丸山への強盗殺人容疑で美由紀を逮捕して間もない時期だった。鈍く不自然な捜査に苛立ったとはいえ、父を殺害した被疑者として県警が美由紀の身柄を押さえた以上、被害者遺族としては捜査の行く末を見守るしかない。県警と地検による捜査結果が示されるだろう鳥取地裁での一審公判は、単なる取材者にすぎない私よりもよほど切実に待ち遠しいものだったろう。インタビューの最後に長男はこう言った。

「裁判がいつはじまるのか知らんですけど、はじまったら毎回傍聴に行くつもりだし、(被害者の遺族として)法廷にも立つつもりです。とにかくオレら、事件の真相が知りたいんです」

5

二人の会社があるJR福部駅近くのプレハブ小屋を辞した私は、美由紀が逮捕直前まで暮らしていたアパートにもう一度行ってみようと思った。同じ福部町にある二人の会社からはすぐ近くだったこともあるのだが、六番目となった不審死の取材も一挙に進めてしまいたいと考えたからである。

第六の不審死事案の現場となったのは、美由紀も暮らしていたアパート群の内部だった。カラオケスナック・ビッグのママが所有するアパート群には、美由紀が入居していた黄緑色の平屋建てアパートのほか、古びた木造二階建てアパートも二棟あったが、このうち二階建てアパートの一室に入居していた男——山口英夫が突如死亡していたのである。第五の不審死者である丸山の遺体が発見された時点から数えれば、わずか二十日後にあたる二〇〇九年十月二十七日のことだった。

死亡当時五十八歳だった山口は、長崎県西部の海上に連なる五島列島の出身で、一時はそれなりの企業に就職したこともあったようなのだが、十数年前から鳥取に移り住み、福部町付近にあるラブホテルなどで働きながら一人で暮らしていた。カラオケスナック・ビッグにもたびたび出入りしていたが、鳥取には家族や縁者もいない孤独な生活だったらしい上、二〇〇九年の初めには脳梗塞で倒れ、以後は働くこともできないまま生活保護を受けてギリギリの毎日を紡いでいた。

また、いつのころからか別棟の平屋建てアパートに住む美由紀一家と親しくなり、山口の部屋の合鍵を美由紀が持っているほどの間柄になっていた。山口には子煩悩な一面があり、美由紀の子どもの面倒などをみていたからだった。

しかし、十月二十六日の夜から二十七日の朝にかけて山口は自室内で容態が急変し、近隣の病院に救急搬送されたものの、死亡が確認されてしまう。もともと心臓などにも持病を持っていたのだが、あまりに突然の死であり、その容態急変時も美由紀は山口と一緒にいて、アパートに入居する別の住人らと病院まで付き添っていた。

福部町のアパートをあらためて訪ね、話を聞いた住民らの証言を総合すると、問題の十月二十六日から翌二十七日朝にかけて、ママ所有のアパート群では次のような出来事があったらしい。

まずは二十六日の午後。美由紀は山口の部屋にいた。二人の間に何やらいさかいがあったとか、アパートを訪ねてきた山口の知人と美由紀がトラブルになったという証言もある。また、美由紀が山口に何らかの薬を飲ませ、その直後から容態がおかしくなったという報道もあり、それについては後で紹介するが、私が取材できた範囲内では裏が取れておらず、真相は判然としない。いずれにせよ、二十六日の午後に山口と美由紀が接触していたのは間違いない。

そして問題の翌二十七日朝。長閑な集落の中にあるアパートの敷地内に午前六時三十分ごろ、鳥取東部広域消防局の救急車がけたたましいサイレンの音を轟かせながら駆けつけ、救急隊員が山口の部屋に入っていった。この騒ぎに気づいた住民の一人が山口の部屋を覗いてみると、室内にはやはり美由紀がいて、美由紀の最後の同棲相手だった男＝「安西」も一緒だった。すでに山口の顔には血の気がなく、肌の色は妙にどす黒い状態だったという。

救急隊員らによって部屋から運び出された山口は、ふたたびサイレンを鳴らして走り去る救急車で病院へと搬送されていった。美由紀と同棲相手の「安西」、そして山口と親しくしていた住民も病院まで付き添うことになったが、美由紀には幼児を含む五人の子どもがいて、放りっぱなしにしたままアパートを離れてしまうわけにはいかない。結局は全員一緒に病院へ行くことにしたものの、美由紀宅には「安西」の車――トヨタ社製カローラフィールダーしかなかった。

ワゴンタイプのフィールダーは五人乗りで、全員が一度に乗り込むことはできない。話し合った末、山口と親しくしていた住民は自分の軽トラックで病院に向かい、美由紀もそれに同乗することとなった。

美由紀の同棲相手だった「安西」がハンドルを握るカローラフィールダーの後を追走していく軽トラックの車内。山口と親しかった住民によれば、助手席の美由紀は突然こんなことを言い出した。

「山口はもう助からんな。葬儀をして、永代供養もしてやりたいから、五十万円貸してくれ」

住民は驚き、強い声で言い返した。

「死んでもおらんのに、そんな話をすんなっ！」

だが、美由紀はしつこく、あきらめなかった。

6

鳥取市中央部を流れる千代川の河口付近には、県立の巨大総合病院が立っている。ここに救急搬送されてきた山口はすでに息がなく、間もなく医師によって死亡が確認されたのだが、山口と親しかった住民のもとに近づいてきた美由紀と同棲相手の「安西」は、またもこんなことを言ってきた。

「いくらでもいい。カネを貸してくれ」

山口の死を悲しんでいるのか、美由紀は泣き顔だった。だが、この住民は当時を振り返って次のように語っている。

「誰が見たって、あきらかなウソ泣きでしたよ。だからカネを貸せって言われても断ったけれど、それでも手持ちだけでいいから貸せってしつこく言われて、仕方ないから一万円だけ貸したんです。その一万円も『骨壺代に使った』とかなんとか言って、返してもらってません。アイツら、人の死に目まで利用してカネをせびるなんて、本当にクズですよ」

確かに常識外れの振る舞いである。ただ、いくら同じアパートに暮らしていたとはいえ、山口はいったいなぜ、そんな美由紀一家と付き合いを続けていたのか。続けて同じ住民の証言。

「山口さんは人が良くて、（美由紀の）子どもたちを可愛がっていましたから。私だって本当はアイツらと付き合いたくなんかなかったけど、山口さんが付き合ってたから、仕方なくね……」

住民らによれば、人がいい山口のことを美由紀の子どもたちは「じい」と呼んで慕っていた。釣りや食事に連れて行ったこともあったらしく、学齢期に達していた子どもは学校から帰宅すると山口の部屋に入り浸り、夜遅くまで遊んでもらっていた。もっとも、ガラクタとゴミの山に埋もれて足の踏み場もなかった美由紀宅には、子どもたちが遊ぶようなスペースなどなかったせいもあったろう。「そろそろおウチにお帰り」。山口がそう言うまで、子どもたちは帰ろうとしないこともあったという。

だから子どもたちは、病院で山口の死を知らされた時に涙を流して泣き、心から悲しんでいる様子だった。一方の美由紀も泣き顔だったが、救急搬送中も、死亡が確認された直後も、カネの話ばかり口にした。

山口が死ぬ数日前にも、こんなことがあったらしい。今度は別のアパート住民の話である。

「アイツ（美由紀）が『（山口を）入院させなくちゃいけんから、家賃の滞納分と光熱費を貸してくれ』って言ってきましてね。当時、山口さんは二ヵ月ぐらい家賃を滞納してて、それを払わなくちゃいけんからって。正直言って、アイツらと関わりたくなかったんですが、山口さんのためならっていうことで十万円、渡しましたよ。本当に家賃として払ったのかどうか、確認したわけじゃないから分かりませんけどね」

急死した山口の遺体は、鳥取県警によって司法解剖にまわされた。そして、体内からはまたも睡眠導入剤の成分が検出された。

私の取材では裏付けが取れなかったのだが、二〇一〇年の一月二十九日付——つまり美由紀が最初に強盗殺人容疑で逮捕された翌日の朝日新聞と産経新聞の朝刊には、山口の不審死をめぐって次のような「迫真の記事」も掲載されている。県警の動きを睨みながら事前に取材していたものを、強盗殺人容疑での美由紀の逮捕に合わせて一斉に記事化したものであろう。

《昨年十月二十六日。上田容疑者が住むアパートの別棟に住む無職男性(当時五八)のろれつが回らなくなった。その際、上田容疑者が男性に薬を飲ませていたのを、男性の知人が見ていた。翌二十七日、男性は心肺停止状態で見つかり、運ばれた病院で死亡が確認された。数日後、上田容疑者は知人に言った。「薬を飲ませたことを警察に言わないで」》(朝日、一部を匿名に手直し)

《「ちゃんと薬を飲んで！」。昨年十月二十六日夜。上田容疑者は、昏睡状態になった男性の口元へ多量の錠剤を押し込んだ。介抱と思える姿だが、一部始終を目撃した上田容疑者の知人は、錠剤が男性の常備薬だったカプセル薬と違うことに疑問を抱いたという。

男性は翌朝に急死。上田容疑者は知人に警察に疑われていると打ち明けた上で、「薬は飲ませてないよね。警察から聞かれてもそう言って」と頼んだという》（産経）

山口の死もまた、あまりに奇怪で不自然なものであった。しかし県警は、山口の不審死事案については立件できなかった。もともと心臓などに持病があり、睡眠導入剤の服用と死亡との因果関係が不明だったのが理由とされている。

7

「あーらぁ、青ちゃん、いらっしゃ〜い。ママさんっ、青ちゃんがいらっしゃったでぇ」

「やぁっ、青ちゃんっ！　待っとったでっ。こっちおいで、こっちっ」

カラオケスナック・ビッグは今夜も変わりがない。石油ストーブの臭いが漂う店内は、やはり閑散としていて客の姿はなかったが、アキちゃんとママはけたたましい塩辛声で私を迎えてくれた。

「今日も取材か？」

「うん」

「精が出るなぁ。なんかいい話、聞けたか？」

「まあ、ぼちぼちね」

「湯割りでいいな、青ちゃん」

「うん」

アキちゃんがカウンターの中で焼酎のお湯割りを手早くつくり、目の前には食べきれないほどの魚介類のつまみが並び、ママはいつものように私の隣の席へと巨体を寄せてくる。

「ほれ、青ちゃん、食べぇな」

「うん」

食事は済ませてきたから腹はいっぱいだったが、一応は箸をつけないとママが納得しない。小振りの焼きイカを一口ほおばると、少し満足そうな顔になったママが言った。

「そいで青ちゃん、いつまでこっちにいられるん？」

「さすがにもう帰らなくちゃね」

カウンターの中からアキちゃんも会話に加わってくる。

「やっぱり帰りなさるんか？　青ちゃんがおらんくなったら、ママさんもワタシもサミシイなぁ」

「そうやでぇ。青ちゃんなしでは、ワタシ、もう生きていけんわぁ」

そう言いながらママは私の股間を撫で上げるような仕草をし、アキちゃんは大袈裟に顔を覆って「いや～んっ、ママさんってばっ!!」と嬌声を上げ、二人はケタケタケタと塩辛声で大笑いする。

私がそろそろ東京に戻らなくてはいけないことを二人に告げていたわけではない。ただ、鳥取に滞在しての取材も一週間が過ぎ、一区切りつけなければならないのは事実だった。

「とりあえず明日、いったん帰るよ」

「ほんまかぁ。ママさん、やっぱり青ちゃん、帰りなさるんだってぇ」

「でも、また来てくれるんやろ？　今度はいつ来てくれるん？」

安っぽい大理石風のカウンターに置いた私の手を撫でまわしながら、ママが妙にしおらしい声を出す。こういう時は、冗談で返すのが相応しい。

「もう来ないよ」

「なんでぇ」

「もう来たくないよ。かわいい女の子だって一人もいないし」

「なんでぇ、そんなことゆうのんっ！」

「だって、ホントのことじゃん」

「ようゆうわぁ。こ〜んな可愛い女の子が二人もおるじゃないのっ‼」

また大袈裟な塩辛声を上げ、ママが私の背中をバシバシと叩く。飲み屋ではお決まりの会話なのだろうが、もう来たくないというのは本音だった。でっぷりと肥えた老女二人だけが営む鄙び切ったカラオケスナックに、自ら進んで足を運ぶのは相当に酔狂な趣味人だけだろう。

しかし、おそらくはまた来るだろうとも思っていた。わずか一週間ほどの取材では、私の知りたいと思うようになったことが何も分からないと感じていたからである。

そう、まだまだ分からないことだらけだった。人の良さから家電製品を騙しとられていたという第五の不審死者――丸山五郎のようなケースなどを除けば、いい歳をした男たちがなぜ美由紀のような女に次々と惹かれ、翻弄され、奈落の底へと堕ちていったのか。家庭などに秘めやかな不和を抱えていたとはいえ、妻子もある刑事や新聞記者といった職にある者までが、いったいなぜ。

男たちの多くが出入りし、美由紀と関係を深めるきっかけとなったこの店にしたってそうだろう。目の前にいるママやアキちゃんには失礼だが、場末中の場末に分類すべきようなスナックである。でっぷりと太った老齢のママが店の奥にどっしりと鎮座し、同じような体型をした老齢のアキちゃんがカウンターの中を仕切る店。それよりは若かったとはいうものの、かつてここにいたサトミこと美由紀だって三十代のサエない女で、ママが「ワタシより太っとったで。もうぶよんぶよん」と評するほど肥えていた。普通の男なら、店に入った瞬間に「失敗した」と思って踵《きびす》を返すに違いない。

「みんな、なんで美由紀に……、サトミなんかに惹かれちゃったのかなぁ」

焼酎のお湯割りを舐めながら私がそうつぶやくと、ママは冗談の続きみたいに言った。

「そんなもん、メンチャやろ。メンチャがいいからにきまっとろうが。嫁さんがやらんようなこと、してくれたんじゃないか？　すんごーいサービスとかなぁ。青ちゃんかて、もしかしたらハマっちゃったかもしれんでぇ」

「いや〜ん、ママさんってばぁ！」

そう言って二人はまたケタケタケタケタと大笑いし、私もつられて笑ったものの、心の底ではあまり笑えなかった。

メンチャがいい。下卑た物言いだが、可能性はおおいにある。というより、そうとでも考えなければ理解が不能だった。

世にさまざまな性癖はある。一部の週刊誌が書き立てたような「デブ専スナック」という表現の是非はともかく、豊満な体格の女——もっと直截に記せば、でっぷりと太った女に強く惹かれる男たちは一定程度いるだろう。

アキちゃんは、こんなことも言った。

「サトミ、すぐ寝ちゃうタイプだったからなぁ。男の人って、勢いでやっちゃうこともあるんやろ？　それにサトミ、ウソばーっかりついてたらしいからな。みんな、それに振り回されちゃったんちがうかなぁ」

だとしても、やはり納得できないことは多すぎる。さまざまな蹉跌《さてつ》を抱えた男たちが場末のスナックで出逢った女に惹かれ、いっとき溺れ、そして振り回されたのだろうと想像をめぐらせてみても、妻子まで捨て去ってしまうのはまったく別次元のハードルがあるだろうし、ましてや数百万ものカネを貢ぐのは尋常なことではない。それも、一人や二人の話ではないのである。

美由紀が男たちから巻き上げたカネを何に使っていたのかも定かではなかったが、

ママやアキちゃん、それに美由紀を知る関係者の話に耳を傾けると、カネの亡者のような一面がある一方、妙に気前のいいところがある浪費家なのは確かなようだった。

店にやってきた客に「飲み代はすべて奢ってやる」と突然言い出すことがあった。近所の寿司屋から豪勢な寿司桶などを出前で取り寄せ、みんなに気前良く振る舞ったこともあった。家賃二万五千円の自宅アパートがゴミ屋敷のような惨状だったせいなのだろう、次々替わる交際相手の男たちと何ヵ月もラブホテルを転々とするような生活を送ったこともあった。食事はほとんどが外食で、一人数千円するようなメニューを子どもたちに食べさせていたこともしばしばだったらしい。

もちろん、ホテルといっても所詮は田舎のラブホテルだし、飲食店にしたって高級なレストランに行っていた気配はまったくみられない。たとえば摩尼寺の門前にある茶屋。あるいは、郊外の国道沿いに林立するファミリーレストランや焼肉店。どこの街にでもある金太郎飴的なチェーン店でも、五人の子どもを抱えて連日ともなれば相当な出費になる。

衣服や装飾品などに関しても、美由紀が高級ブランドを愛好していた様子は皆無に近いのだが、不必要と思われるようなものでも無計画に大量買いする癖はあったようである。しばしば姿を目撃されていたのは、これもまた地方都市ではおなじみの格安量販店やショピングセンター。どこの地方都市でも共通の風景だが、郊外の国道沿いなどにはファミリーレストランやコンビニエンスストア、大型のショッピングモールや衣服、家電、雑貨の格安量販店が何軒も立ち並んでいる。これが地元商店街を衰退させる大きな要因にもなっているのだが、そうした量販店やコンビニエンスストアで美由紀はしばしば、数万円分もの商品を大量に買いまくることがあったらしい。

その大半はおそらく、ガラクタとしてすぐに打ち捨てられてしまったのだろう。美由紀が暮らしていたアパートに山積みとなっていたゴミやガラクタには、そんな衣料や日用雑貨の類が大量に含まれていた。身の丈に合わぬブランド物を買い漁って見栄を張る姿も無惨なものだが、安価な商品を無駄に買いまくって次々打ち捨てるのもまた、きわめて荒んだ現代的情景である。

そして再び同じ問いに戻ってくる。そんな女に、男たちはいったいなぜ、次々と惹き寄せられてしまったのか。

8

カラオケスナック・ビッグの大振りなカウンターがL字形に折れ曲がったあたりには、カラオケ用マイクの充電スタンドが置かれ、数本のワイヤレスマイクが差し込まれていた。先端の網目部分があちこち潰れ、塗装も剝げてしまっているのは、長く使い込むうちに酔客がぶつけたり落としたりしてしまったせいなのだろう。マイクスタンドの脇には、カラオケ用の分厚い歌本が何冊も無造作に積まれていた。

その歌本の間にはいつも、一冊のノートが挟み込まれていた。綴じ込みの部分がリング状になった、どこにでも売っているようなＢ５サイズの大学ノートである。私はママに聞いた。

「これはなに？」

「あぁ、それか。それはなぁ、サトミ専用だったやつ」

「サトミ専用って？」

「あの娘《こ》な、自分が得意な歌とか好きな歌、すぐ選べるようにって、別に書き出しとったんよ」

「ふーん……。見てもいい？」

「あぁ、ええけど、別にたいしたもんじゃないでぇ」

分厚い歌本の間からノートを引っ張り出してぺらぺらめくってみると、誤字や誤記が交じっているものの、意外と端正な文字で流行歌の曲名が何ページにもわたって列挙されていた。曲名の右横に記されている数字は、カラオケのリクエスト番号だろう。

私がそれに見入っている間、ママはカウンター奥にある定位置の椅子に戻り、店の帳簿か何かを熱心につけていた。それが一段落すると再び隣の席に座り、私のために出したはずの焼きイカを指先でつまんで口に放り込み、その指先をべろべろと舐めながら言った。

「なんや青ちゃん、そんなもんジーッと見て。なんか変わったこと書いとったか？　歌の名前と数字がぎょうさん書いてあるだけやろが」

「……うん」

「どれか一曲、歌ってみるか？」

歌ってみようか。一瞬だけそう思ったが、すぐにやめた。馬鹿げた妄想なのは分かっていたが、美由紀の筆跡で書かれた曲名を眺めるうち、なんだか私まで奈落の底へと引きずり込まれてしまいそうな気分になってしまったからである。ノートには、こんなタイトルが書き連ねられていた。

『あなたに会えてよかった』『好きになってよかった』『愛しい人よ』『二人でお酒を』『恋のどれい』『別れの予感』『みちづれ』『また逢う日まで』『GOOD—BYE MY LOVE』『ラブ・イズ・オーバァー』『ごめんね』……。

「いや、やめとくよ」

そう言って私がノートを閉じるのと同時にドアが開き、一人の男が店内に入ってきた。地味なジャンパーに身を包んだ白髪の老人。一週間の滞在中に私も何度か見かけた常連客の元教師だった。

「あらぁ、いらっしゃい。寒いやろぉ。早くこっちにお座り！」

アキちゃんに誘われ、老人は入り口近くのカウンター席に腰を下ろした。私一人しか客のいなかった店に、ようやく別の客がやってきた。カウンターの中の壁にかけられた裸婦像の脇の時計に目をやると、私がビッグに来てからもう三時間近く経ってしまっていた。

そろそろ潮時だろう。白髪の老人に焼酎のお湯割りを出し終えた頃合を見計らってアキちゃんに声をかけた。

「そろそろ帰るよ。お勘定してもらえる？」

「もう帰っちゃうのか？　ママさん、青ちゃん、お帰りになるって」

「ホンマに帰っちゃうのか、青ちゃん」

「うん」

「もうちょっとゆっくりしていきぃな」

「いや、明日の飛行機が早いからさ」

「何時の飛行機なん？」

「朝の九時前に出発する便だから、遅くても八時すぎには空港に行かなくちゃ」

「そうかぁ……。サミシイけど、またすぐにきてくれるやろ？」

「まあ、まだ取材が終わってないからね。いつになるか分からないけど、また来るよ」

「うん。またきてぇなぁ。まっとるけぇなぁ」

ママの言葉を背に受けて店を出ると、二月の鳥取はやはり、肌を刺すような寒さが身に染みた。まだ零時前だというのに、歓楽街・弥生町に酔客の姿はまったく見られない。ぽつりぽつりとまばらに灯るネオンの向こうには暗い空が広がり、またちらちらと粉雪が舞い落ちはじめていた。

自然と急ぎ足になりながらホテルへと向かう道すがら、鳥取駅前から伸びる商店街の一角を横切ると、アーケードに設置されたスピーカーからFMラジオの音が聞こえてきた。BGM代わりに終日流しているようだったが、耳に飛び込んできたのは聞き覚えのある女性DJの声。どうやら東京のFM局が制作する番組をそのままオンエアしているらしかった。

〈……今日も東京はすっきりと晴れて気持ちのいい一日でした。関東地方は週末も晴れ間が広がりそうですが、皆さんがお住まいの街はいかがですか？〉〈……そういえば今週末はバレンタインデーですよね。女性のみなさんはチョコレート、もう準備しましたか？　私はね、実はもう準備しちゃいましたっ……〉

ほとんどの店がシャッターを下ろし、人の気配がまったくないアーケード。地方都市の疲弊を凝縮したかの如き夜の街は、死んだような深い眠りについていた。その静寂に女性ＤＪの弾んだ声が反響する。私の耳にはそれが、まるで別世界から聞こえてくる不協和音のようにしか感じられなかった。

第6章 なぜ溺れたのか

1

鳥取発の全日空機で東京に戻った私は、約一週間に及んだ取材結果をルポにまとめ、講談社発行のノンフィクション誌『G2』に寄稿した。四百字詰めの原稿用紙に換算すると四十枚ほどの分量になる原稿は、現地取材でつかんだ事実と雰囲気をできるだけ反映させたかったこともあり、大半が鳥取での滞在中に書き上げたものだった。

以後、さほど間をおかず鳥取に飛んで再取材する気持ちが皆無なわけではなかったが、なんとなく気分が乗らず、別の仕事の忙しさにかまけていたこともあって、鳥取行きの計画は一向に実現しなかった。この間、カラオケスナック・ビッグのママやアキちゃんからは携帯電話に何度か着信があったものの、折り返しの電話すらせず放置してしまったのは、私の中に鳥取での取材に積極的になれない何かが生じていたからだったように思う。

いまから振り返ってみれば、そんな気分になったのには、いくつかの理由があった。

ここまで何度か記してきた通り、寂れた歓楽街の底辺に漂っていた肥満体のホステスに幾人もの男たちが惹かれ、妻子まで捨てて大金を貢ぎ、奈落の底に堕ちていった理由を、私は知りたいと思っていた。しかし、当たり前の話だが、すでに世を去ってしまった男たちが言葉を発することなどありはしない。いくら取材を尽くしたとしても、彼らの本当の心情など分からないだろうという諦めにも似た気持ちがあった。

もう一つ、最初の取材で鳥取を歩き回った際、鳥取連続不審死と呼ばれる事件の周辺にまとわりついている陰鬱さが、まるでトラウマのように私の心の底に沈殿していたのも否定できない。

事件の重要な舞台となった鳥取最大の歓楽街・弥生町にしても、美由紀と男たちの出逢いの場となった店にしても、最終的に命を落としてしまった男たちや事件関係者にしても、垣間見えてくる風景はあまりに殺伐としていて、救いがまったくないように思えて仕方なかった。

すっかりと寂れ、人の気配がほとんどない歓楽街。その片隅で、太った二人の老女が営む店。ゴミ屋敷に一人住まい、唾を飛ばしながら憤る老女。縁者もなく、生活保護を受けながらぎりぎりの生を紡ぐ人々。

段ボールを被って轢死した記者。雪の山中で首を吊ったという刑事。身内の不審死を隠蔽する警察。不自然な捜査に憤りながらも、息をひそめてそれを見守るしかない遺族。

それぞれにそれぞれの事情はあるのだが、眼の前に次々と立ち現れてくる人と情景は溜息が出るほど暗く、目を背けたくなるほど澱《よど》んでいた。鈍色の曇り空ばかり続く冬の鳥取の天候も、そんな印象に拍車を掛けていたように思う。

つまるところ、取材の難しさと事件の陰鬱さに、私は尻込みをしていたのである。

結局、私がふたたび鳥取入りすることになったのは、最初の取材から二年以上もの時が過ぎた二〇一二年四月になってからのことだった。しかも、これもまた私の積極的な意志によるものではなかった。前回と同じように『G2』の編集者から鳥取連続不審死事件に関する続編のルポルタージュを執筆してみないかと打診され、ようやく重い腰を上げたのである。編集部から寄せられた企画の趣旨も、前回と似たようなものだった。

2

鳥取連続不審死事件と同時期に起きて世を騒がせた首都圏連続不審死事件で逮捕、起訴された木嶋佳苗の一審公判は、私が二度目の鳥取入りを決める少し前の二〇一二年一月十日から、さいたま地裁ではじまっていた。三人の男を殺害したとされる佳苗の公判は裁判員裁判の対象となったが、三件の殺人容疑のほかに六件の詐欺、詐欺未遂、一件の窃盗容疑にも問われたため、判決言い渡しまでには三ヵ月以上もの期間を要し、二〇〇九年五月にスタートした裁判員制度では最長となる「百日裁判」として注目を集めていた。

加えて、有罪ならば間違いなく死刑判決が予想されていたから、メディアは再び狂乱報道を繰り広げ、法廷での佳苗の奇天烈《きてれつ》な言動も世の耳目を引き寄せた。

公判ごとに服装を替え、常に化粧を怠らない。殺人容疑は完全否認しつつ、自らの〝セレブぶり〟や〝男性遍歴〟は饒舌に法廷で開陳する。二月二十七日に開かれた第二十三回公判の被告人尋問では、弁護人と佳苗との間で次のようなやり取りまで交わされたという。

——愛人契約して関係を持った人数は？

「二十人弱です。企業の役員や会社経営者、学者、医師、弁護士など社会的地位の高い人です」

——それとは別にデートクラブには行きましたか？

「はい。池袋にありました」

——紹介を受けてセックスは？

「したこともあります」

——デートクラブで関係を持ったのは何人ぐらいでしたか？

「そこでは十人くらいです」

——セックスをして褒められましたか？

「はい」

——具体的には？

「うーん、具体的には、テクニックよりも、本来持っている（女性としての）機能が、普通の人より高いと褒めてくださる方が多かったです」

私自身は例によって醒めた眼で佳苗公判のばか騒ぎを眺めていたのだが、人間の下卑た俗情をくすぐるような劇場型法廷にメディアが過熱したのは無理からぬところがあったのかもしれない。相変わらずの手法と筆致で公判状況を事細かに伝える新聞やテレビに加え、別の角度からの報道を試みようとする雑誌メディアまでが法廷に押し寄せ、一部の週刊誌は女性ライターによる「全公判傍聴記」などを連載していた。『G2』も例外ではなく、佳苗裁判をめぐる大型のルポルタージュを準備しているという。

そんな「百日裁判」の結末となる判決公判は、初公判から約三ヵ月後の四月十三日午前十時から予定されており、ここで前回と同じような打診が『G2』編集部から私に寄せられたのである。

首都圏連続不審死と同時期に発覚し、類似の事件として世を騒がせた鳥取連続不審死はいま、いったいどうなっているのか。佳苗と同年代で、同じような体型をしていた美由紀も二件の強盗殺人容疑で逮捕、起訴されたはずなのに、公判すらはじまる気配がないのはなぜなのか。その現状報告と、可能ならば事件のさらなる深層を追った続編のルポを取材・執筆してみないか——と。

前回とは異なり、私の気持ちは重かった。だが、いつかは手を付けなければならないと考えていた再取材のきっかけとするには格好の機会でもあった。それに、四月に入った鳥取は、あの重苦しい曇天も取り払われているに違いない。意を決した私は、一日に四便しかない羽田発鳥取行きの全日空機にふたたび身を委ね、鳥取へと向かった。

3

二〇一二年の四月四日、午前中の便で羽田を飛び立った私は、昼過ぎに鳥取空港へと到着した。二年ぶりに降り立った空港周辺はまだ肌寒かったが、上空には雲一つない見事な晴天が広がっていた。少し明るい気分になった私は、空港でレンタカーをピックアップし、カーナビに最初の目的地を入力した。

鳥取市福部町――。そう、美由紀が逮捕直前まで子どもたちと暮らしていたアパートである。

日本海に面する砂丘地帯に建設された鳥取空港は、鳥取市の中心部から見ると北西の方角にあり、目指す福部町は北東の方角に位置している。二つの場所をつなぐのは日本海沿いを走る国道九号線である。カーナビの指示通りに東へ向かって九号線のバイパスを走るレンタカーの車内には、少しだけ西に傾き始めた太陽の光が背後から燦々と降り注ぎ、ぽかぽかと暖かかった。正確にはそんなことはなかったのだが、二年前の二月に一週間ほど滞在した際は晴れの日がまったくなかったような気になっていたから、私は鳥取で初めて眩《まぶ》しい陽光を浴びたような感覚に陥っていた。

空港から福部町までは約十三キロ、車で移動すれば二十分ほどの距離である。片側二車線のバイパスが一車線に狭まり、短いトンネルを通り抜け、長閑な集落の周囲にラッキョウ畑が連なる風景が眼に飛び込んでくると、記憶も次第に蘇ってくる。ここまでくれば、カーナビなどに頼らずとも目的地までたどり着ける。そう思いながら目当ての集落に車を滑り込ませ、久しぶりに同じアパートの前に立った私は、情景のあまりの変わりように少々愕然とした。

あれから二年以上も経っているのだから当たり前といえば当たり前なのだが、屋外にまで溢れ返っていたゴミやガラクタの類はすっかり片付けられている。いや、ゴミやガラクタの類ばかりではなく、美由紀の暮らしていたアパートの部屋そのものが、跡形もなくきれいさっぱりと消え去ってしまっていた。

同じ敷地内にあった二棟の二階建て木造アパートは、以前と変わらないまま立っていた。美由紀が暮らしていた黄緑色の平屋建てアパートも、半分ほどはそのまま残っている。しかし、残り半分だけが影も形もない。

アパートの周辺を歩き回り、以前の取材時にも話を聞いた集落の老女を訪ねると、こんなふうに教えてくれた。

「ああ、もう一年ぐらいになるんじゃないかねぇ、あの部屋があったところだけ、取り壊しちゃったみたいですよ。建ててからずいぶん経ってたし、あんなことがあった後ですしねぇ……」

どうやら、悪趣味な黄緑色に塗られた平屋建てアパートは、かつて美由紀が居住していた部分だけを取り壊してしまったらしい。赤茶けた土がむき出しになった跡地には春の陽光がうららかに照りつけ、すくすくと育ちはじめた雑草の合間に小さな青い花をつけた草が風にそよいでいた。

その日の夜。鳥取駅近くの小料理屋で腹ごしらえをした私は、歓楽街・弥生町に移動し、美由紀のことを知る人物のいるバーやスナックを何軒かハシゴした後、カラオケスナック・ビッグの扉を二年ぶりに開けた。事前に何の連絡もしていなかったし、携帯電話への着信も放りっぱなしにしていたから、冷たくあしらわれるのも覚悟していたのだが、そんな心配はまったくの杞憂だった。

「いらっしゃ〜い。あらっ、ぎゃぁっ！　青ちゃんじゃないのっ!!」とアキちゃん。

「青ちゃんやて!?　うわぁっ！　いったいどうしてたのぉ!!　ほれっ、こっち座り、こっちっ」とママ。

ビッグの店内は、暖かい季節を迎えていたから石油ストーブの臭いこそしなかったものの、二年前と何の変わりもないようだった。アキちゃんはカウンターの中に立ち、ママはカウンター奥の指定席から嬌声を上げて私を手招きする。その招きに従ってカウンター奥に近い席に腰掛けると、これも以前と同じようにママは隣の席に巨体を寄せてきた。

「もうっ、なんでや、青ちゃんっ！　電話したって、いっこうに出てくれんから、ワタシ、サミしかったんやでぇ」

「そうやで、青ちゃん。ママさん、ものすごくサミしがって、いっつも『青ちゃん、どうしてるかなぁ』って、おっしゃってたんよ」

「いっくら電話しても青ちゃんが出んから、ワタシ、もう嫌われちゃったのかと思ってなぁ。悲しくって毎晩、泣いとったんよ」

そんなわけはない。だが、ここは適当な相づちをうつしかない。

「ごめんね。また来るって言ったのに、鳥取に来る予定がぜんぜん立たなかったから、なんか電話に出にくくてね」

「なんでぇなぁ。ワタシは声を聞けばそれで十分なんよ。もう、青ちゃんのことが恋しくて恋しくてなぁ」

そう言いながらママは私の股間を撫で上げるような仕草をし、以前と同じ塩辛声でケタケタケタと大笑いする。カウンターの中からはアキちゃんの声が飛ぶ。

「青ちゃんのボトルかて、大事にとっといたんやでぇ。どうなさる？　前ん時みたいにお湯割りにするか？　それとも、あったかくなったから水割りになさるか？」

「じゃあ、水割りで」

「は〜いっ」

アキちゃんはグラスを取り出し、焼酎の水割りを手早くつくりはじめた。

少し遅めの時刻とはいえ、ビッグの店内に客は私しかいなかった。これも以前と同じだったし、かしましい二人の塩辛声も変わらない。何やら安心し、昼間に福部町のアパートまで行ったことをママに伝え、美由紀が住んでいた部屋だけがなくなっていたのはどうしてか尋ねると、途端にママは苦々しい表情になった。

「サトミのアパートか？　あんなもん、壊したわっ」

「いつ？」

「もう一年以上前になるな」

「どうして？」

「どうしてって、借り手なんてだーれもつかんし、ずーっと空き家にしとくわけにもいかんし。税金だって取られるんやで」

「そうか……」

「それに、あのゴミやガラクタを処分しなくちゃ、周り（の家）にも迷惑かけちゃうけぇなぁ」

「でも、おカネかかったでしょ」

「かかったなんてもんじゃないがぁ。取り壊しにかかったのが八十万ぐらいだったかなぁ。でも、そのうち十六万がガラクタとゴミの処分代だったで」

「ゴミとガラクタの処分代が十六万円？」

「そうやがな。だって、おっきいトラックで四台分ぐらいになったんよ。ワケの分からんクスリなんかも、たーくさん出てきたわ。睡眠薬みたいのとか、もう、いーっぱいっ」

「クスリって、何のクスリ？」

「分からんわ。そのまま捨ててもらっちゃったからな」

「そうか。大変だったね」

「大変なんてもんやないがぁっ。でも、なんとかキレイになっとったやろ？　まあ、そんなことはどうでもいいがな。それより青ちゃん、久しぶりにデュエットしよか。

ワタシ、青ちゃんとデュエットしたかったんよ〜」

二年間のブランクなどなかったような態度でママはケタケタケタと笑い、分厚いカラオケの歌本をめくりはじめた。

4

二度目となる鳥取での取材で私は、ぼんやりとだが一つの方針のようなものを描いていた。美由紀とさまざまな形で関係を持った末に世を去った男たちは計六人。その人物像や死亡の経緯については、一度目の取材結果としてすでに紹介した通りである。

だが、美由紀と関係を持ち、同棲生活を送っていたのは彼らだけではなかった。そう考えると美由紀が深く交際した男の多さに驚いてしまうのだが、長期にわたって行動をともにしながら命を落とさなかった男たちも幾人かいた。

この世にいない男たちが口を開くことなど決してないが、生きながらえた男たちからならば直接話を聞くことができる。寂れた歓楽街に漂っていた肥満体型のホステスに惹かれた理由のようなものを、美由紀が持っていた魅力らしきものを、ひょっとしたら聞き出せるかもしれない。私は、そんな目算を抱いていた。

Illust: Yoshifumi Hasegawa
Design: Suzuki Seiichi Design Office

そのうちの一人が、鳥取市内の大手自動車販売会社でセールスマンをしていた安西義孝のはずだった。これまで幾度かごく簡単に触れてきたが、この男については詳しく紹介しておかねばならない。

安西は美由紀が逮捕される直前まで同居していた最後の交際相手であり、鳥取連続不審死事件における重要な鍵を握る人物でもあった。美由紀とともに取り込み詐欺のような行為に手を染めていた上、美由紀が全面否認している二件の強盗殺人容疑事案の発生当時、一緒に暮らしていた間柄だったからである。

安西が美由紀と出逢ったのも、やはりカラオケスナック・ビッグであった。ママとアキちゃんによれば、その経過はこういうことだったらしい。

「うちげのクルマが古くなっちゃったけぇ、買い替えようと思ってなぁ。で、あっちこっちで探してるうち、安西さんのとこでクルマを買うことになったんよ」

「そうそう、ママさんがクルマを買われて、そのお礼にっていって飲みにきてくださるようになったんだっけなぁ」

ママが自家用車の買い替えを検討していたのは二〇〇七年秋ごろのことだった。鳥取市内の自動車ディーラーをいくつか回ってみたママは、安西が勤務する大手自動車販売会社のショールームにも足を運んだ。そこで熱心に営業する安西に口説かれ、中型の乗用車を購入したのだが、これをきっかけとして安西はビッグに来店し、間もなく常連客として頻繁に呑みにやってくるようになった。

一九六三年十月生まれの安西は当時、四十代半ばの働き盛りだった。ゴルフやカラオケが得意なヤリ手セールスマンで、近所でも美人と評判の妻との間に二人の子どももいた。

しかし、ビッグにやってくるようになった途端、ホステスとして働いていた美由紀と交際をはじめ、様子を一変させてしまう。職場をしばしば無断欠勤するようになり、親や妻子と暮らしていた鳥取市郊外の家を飛び出し、美由紀の暮らすアパートに転がり込んでしまったのである。

これもまた、読売新聞記者の新藤武や鳥取県警刑事の堀田正らと同じような転落劇だった。ビッグのアキちゃんとママは、当時の安西の様子をこう振り返っている。

「最初にいらっしゃった時は、ビシッとした背広にネクタイもきちんとお締めになってな。恰幅も良くて、いかにもヤリ手の営業マンっていう感じで、きちーんとしてらっしゃったんよ。でも、サトミと付き合い出してからはアーッという間におかしくなっちゃった。なぁ、ママさん？」

「そうやったなぁ。ホンマ、アッという間やったなぁ。パリッとしたセールスマンやったのに、サトミと付き合いだしてからは会社も辞めちゃって……。そのうちステテコみたいな格好で店に来るようになってなぁ」

「そうそう。服装もだらしなくなって、髪も染めちゃって、ネックレスなんかしたりして。失礼やけど、そのへんのチンピラみたいな感じに崩れちゃったもんな」

「そうやったなぁ」

「そういえばママさんな、安西さんの奥さんがサトミのアパートに直接乗り込んでいったこともあったらしいで……」

「ホンマか？」

「うん。ワタシ、ある人に聞いたもん」

アキちゃんが「ある人に聞いた」といって教えてくれた安西の妻と美由紀の修羅場は、まるでテレビの安物メロドラマのような情景だった。

夫と不倫をするようになった女＝美由紀のアパートに乗り込んでいった安西の妻は、自らのもとに戻ってくるよう夫を説得したが、夫は妻に向かってこう言った。

「オレは美由紀と一緒に人生をやり直すんだ」

押し問答の末、あきらめて引き揚げていく妻の背中に、美由紀はこんな言葉を投げつけた。

「お前の負けだ！」

アキちゃんの話が事実だとするなら、すでに安西の中では妻と美由紀の位置づけが逆転していたのかもしれないが、こんな言葉を吐く女を選ぶ安西の心性を疑いたくもなってくる。

それにしても、安西はなぜこれほど美由紀に入れあげたのだろうか。

鳥取市出身の安西は、高校卒業までを市内の実家で過ごし、その後は愛知県内の大学に進学した。この大学を一九八六年三月に卒業した後は故郷・鳥取に戻り、地元の大手自動車販売会社に就職している。間もなく結婚もし、妻との間に生まれた二人の子どもはいずれも女の子で、妻子ともに安西の実家で同居していた。

ビッグのママに自家用車を買い替えてもらったことをきっかけとして店にやってきたのは二〇〇七年の十二月。安西は当時四十四歳になり、二人の娘も十代の後半に差し掛かっていた。その上、大手自動車販売会社のヤリ手営業マンとして活躍していたことを考え合わせれば、それなりに順風満帆な人生だったように思える。

なのに、初めて美由紀にあってから一ヵ月も経っていない翌二〇〇八年の一月中旬ごろには美由紀と肉体関係を持ち、安西は以後、一瀉千里《いっしゃせんり》に巨軀の沼で溺れた。四月に入ると妻や二人の愛娘がいる家を飛び出し、五人の子持ちだった美由紀のもとに走った。ほぼ同じ時期には、二十年以上も勤めた自動車販売会社まで辞めてしまっている。

思い返していただきたいのだが、三人目の不審死者となった鳥取県警刑事の堀田正が「山中での自殺」によって世を去ったのは二〇〇八年二月のことだった。つまり、堀田が死ぬ直前から美由紀は安西との関係を持ちはじめていたことになる。しかも、第四と第五、第六の不審死事案は二〇〇九年に集中しているから、鳥取県警と鳥取地検が強盗殺人での立件に漕ぎ着けた二つの案件——第四、第五の不審死の発生当時、美由紀と安西は一緒に暮らしていて、ほとんどの行動をともにする間柄であった。

また、妻子を捨てて会社まで辞めてしまった安西は生活の糧を稼ぐ術を失っていた。しばらくの間は貯金や生命保険を取り崩しながらやりくりしていたらしいが、次第に日々の生活費にも事欠くようになり、美由紀とともに取り込み詐欺のような行為まで繰り返すようになる。

そして安西は二〇〇九年十一月二日、美由紀とともに詐欺などの容疑で鳥取県警に逮捕された。

5

逮捕直後から基本的に容疑内容をすべて認めていた安西の公判は、美由紀よりもはるかに早い二〇一〇年九月二十二日に鳥取地裁で開かれた。公判でも安西は起訴事実を認めているから、それが真実かどうかはともかく、どのような詐欺行為に手を染めたとされたのか、公判で検察側が示した起訴状などに従って概略を紹介しておきたいと思う。ただし、美由紀と一緒に実行した詐欺については、犯行を主導したのが美由紀なのか安西なのかをめぐって両者の間に争いがあるため、この点は触れないことにする。

最初の詐欺が行われたのは二〇〇八年十一月だった。安西は、知り合いだった鳥取市内の中古車ディーラーから購入した中古車をそのまま別の中古車店に転売し、購入元のディーラーからの代金請求を無視し続けた。転売して得たカネは、すべて生活費などに使ってしまっていた。

翌二〇〇九年の四月には、鳥取市内の農機具販売会社からトラクターや田植機などを購入し、これも代金を支払わないまま転売した。いずれも単純かつ典型的な取り込み詐欺の手口であり、以後も何度か同様の行為を繰り返している。これらの詐欺の中には、美由紀と共謀したとされるものもあれば、安西が単独で行ったとされるものもあった。

このほかにも安西は、住居侵入と窃盗の罪に問われている。鳥取市内の一軒家に忍び込み、財布などを盗み取ったというものだが、その一軒家はカラオケスナック・ビッグのママの自宅だった。犯行日は二〇〇九年の六月二十四日。これについても安西と美由紀の共謀によるものだったと認定されている。

被害者となったビッグのママは、当時のことを次のように振り返っている。

「ちょこっと近所へ買い物に行った隙に、ウチに置いといた財布がなくなっとったんよ。お店の売り上げとかお釣り用のおカネとかが入っとったけぇ、『やられたっ』と思ってすぐ警察に届けたけど、まさかサトミと安西の仕業だなんて、ワタシ、ぜーんぜん知らんかった。二人が捕まってから、ウチに入ったドロボウもサトミと安西だって聞かされて、ホントにビーックリしたわ。あとから警察の人に聞いたら、安西が言った通りに山ん中からワタシの財布が出てきたっていう話やったけぇ、これはもう間違いないわなぁ」

そしてもう一つ、安西は重大な事件にも関与している。美由紀が強盗殺人容疑に問われた二件のうちの一件——第五の不審死者である鳥取市福部町の電器店経営・丸山五郎をめぐっても、丸山が多額の家電製品を売り掛けていた相手は美由紀と安西の二人だった。すでに紹介した丸山の売り上げ台帳の写しに、家電製品の売掛先として安西の名が明記されていたことはご記憶だろう。

加えて安西は、第五の不審死者である丸山が亡くなった際も、第四の不審死者である坂口昭夫が亡くなった際も、美由紀と一緒に暮らしていた。にもかかわらず、鳥取県警と鳥取地検はいずれの案件も美由紀が単独で敢行した強盗殺人だったと断じている。

第四の不審死にせよ、第五の不審死にせよ、犯行現場とされる場所に立って精査してみれば、女一人で実行するには相当な無理があるように感じられたことは前述した。しかも安西は、美由紀と共謀して取り込み詐欺を繰り返すようになっていた。ならば、二件の不審死が美由紀の仕業だったという前提に立ったとしても、安西は本当に何も知らなかったのかという疑問がわき起こる。また、一見したところ順風満帆な人生を送っていたかのような安西が美由紀のような女に溺れ、妻子を捨てて会社まで辞めてしまったのはいったいなぜだったのか。安西に訊いてみたいことはヤマのようにあったが、実のところそれは叶わぬ話だった。

二〇一〇年九月二十二日に開かれた安西の公判は、安西が起訴事実を全面的に認めたため検察側が懲役三年六月を求刑して即日結審し、約一ヵ月後の十月二十日には鳥取地裁が懲役三年の刑を言い渡していた。安西は控訴の手続きを取らずに刑が確定し、私が二度目の鳥取入りを果たしていた二〇一二年四月当時は服役していたため、取材が不可能な状態だったからである。鳥取市郊外にある安西の自宅を訪ねてみても、留守宅の妻らは頑《かたくな》に口を閉ざしていた。

仕方なく私は、別の男たちを捜してみようと思った。美由紀と深く交際しながら、いまも鳥取市内で暮らす男は他にも幾人かいた。

6

一人目の男は、さほど苦労せずに見つけ出すことができた。カラオケスナック・ビッグで二〇〇五年ごろに美由紀と知り合い、一時は親密に交際し、その後に別れてしまったものの、いまも客として時おりビッグに姿を見せる男だったからである。カウンターで偶然同席した際、ママを通じて約束を取り付け、男が暮らすアパートを訪ねることになった。

そのアパートは、鳥取駅からもさほど遠くない繁華街の一角にあった。目の前の通り沿いに地元資本の小さなスーパーがあり、付近に家電量販チェーンなども店を構えているから繁華街と記したのだが、実際にはアパートや一般住宅、それに学校などが混在する雑多な地域であり、目指すアパートも築数十年は経っているだろう古びた鉄筋三階の建物だった。しかも男の部屋は最上階にあったから、三階まで鉄製の外階段を登るしかない。

たどりついた部屋は、入り口のドアが開けっ放しになっていた。外の廊下に立って声をかけると、玄関先に姿を見せた男は赤ら顔だった。どうやら昼間から酒盛りをしているらしい。

「で、なんや。いまさら、なにを訊きたいんや」

「美由紀とつきあっていた当時のことを訊きたいんです」

「いくつかマスコミがきてな。こっちもあきあきしとって、ほとんどは断っとるんや。自分の恥をさらすようなもんやからな」

目の前にいる赤ら顔の男——松島忠信は、その言葉遣いからも分かる通り、関西地方で生まれ育っている。かつては採石用などのダンプ運転手として働いていたらしく、妻子もある身だったのだが、ビッグで出逢った美由紀に溺れ、やはり仕事も妻子も捨て去ってしまった。

そのため、いまはもう七十近い年齢になっているのに、生活保護を受けながら一人で細々と暮らしているという。長時間の取材など勘弁してくれという雰囲気を盛んに漂わせていたから、私も直截な形で話を聞きはじめた。

——美由紀と最初に逢ったのはどこだったんですか。

「ビッグや」

——いつごろの話ですか。

「さあ……、付き合うようになったのは平成十七（二〇〇五）年の十月だったか、十一月だったか」

——なぜ付き合うことに？

「なんでって、飲み屋（ビッグ）に行ったらおったから、付き合おかってなった。それだけのことや。最初はアイツ（美由紀）から誘ってきて、ホテル行ったんやで。オレが肩凝ったって言ったら、風呂に入ってクスリ塗れば良くなるからとか言って、ホテルに連れ込まれたんや」

——松島さんも美由紀に魅力を感じたわけですよね。

「魅力っていえば魅力やし、オレだってオンナ、嫌いなわけじゃないしな」

——性的な面で特別な魅力があったんじゃないか、っていう人もいます。

「そんなもん、別に（他の女と）一緒や。オメコみたいなもん、入れたらみんな一緒やで。ええと思ってするからええだけのことで、このオンナがええ、好きやと思ったら、ええやろ」

——やっぱり、美由紀を好きだったんですか。

「そりゃぁまぁ……、キライでもなかったよ。可愛いとこもあったしな。とにかくまぁ、ちょっと入れ込んでもうたんや。でもな、ウソばっかりや。あとから考えれば、ぜーんぶウソばっか」

——ウソばっかり？

「おう。ウソのカタマリやった。オレ、どんだけウソつかれてると思う？　最初のうちは『一緒に住むウチを借りるからカネくれ』とか、『引っ越し代がいる』とかなんとか、いろーんなこと言われてカネをせびられてな。でも、ぜーんぶウソや。そのうちに子どもまで巻き込んで、ウソばーっかり言うてきてなぁ」

——子どもまで巻き込むって？

「子どもをな、ダシに使うんや。アイツの子どもたちにオレのことを『お父さん、お父さん』って呼ばせよる。そりゃ、こっちも悪い気はせんやろ。『お父さん、一緒に暮らそう』とか、『お父さんとお母さんは結婚しないの？』なんて言われればな。で、挙げ句の果てには子どもたちにまでカネを取ってこさせようとするんやから」

――どういうことですか。

「オレんとこに子どもをよこしてな、水道やガスが止まっちゃったから（料金分の）三万円払ってくれとか、施設に入っとるバアさんが病気やからカネがいるとか、そんなこと言うてきよってな。（子どもも）グルになって、ああ言うたりこう言うたりして、そのたんびにカネを持ってかれた。（子どもたちに）メシもぎょうさん食わせてやったしな。ホンマ、ウソばっかやで」

7

ウソまみれの女にカネを毟《むし》られたと憤りつつ、可愛いところもあったと振り返る松島は、小柄で小太りな男だった。もう七十近い歳なのだから老いの兆候があちこちに現れるのは当然なのだが、頭髪はすっかりと禿げ上がっていて、テカテカと光る頭皮が酔いのせいか真っ赤に染まっている。

松島に関しては、かつて相当にヤンチャな生活を送っていた、という話をビッグのママから聞かされていた。一時はヤクザ組織に所属していたことがあったらしい、とも。

だが、目の前にいる松島からはそんな気配はほとんど感じられず、失礼だが、関西弁丸出しで人のいいオッサンといった程度の表現がぴったりくるような男だった。眼が悪いのか老眼用なのか、薄い色の入ったサングラス風の眼鏡をかけているあたりに、ヤンチャだったという往時の片鱗がかすかに漂っているようにも思える。

――結局、いくらくらいのおカネを取られたんですか。

「毎月十万とか二十万とか、多い時は月に八十万ぐらいになった時もあったで。プラチナのネックレスとかブレスレットとか、ペンダントなんかをやったこともあったしなぁ。しまいには友達からカネ借りたり、カードで借りたりして、こっちはパンクや」

――総額だといくらくらい美由紀に？

「ネックレスとかブレスレットなんかが百五十万ぐらいで、現金が三百万ぐらいやから……、まぁ、あわせて四百万か、五百万か……。ちゃんと計算はしとらんけど、そんぐらいはやられとる」

――そんなに……。もったいない。

「もったいないもなにも、身からでたサビって言うやろ。アホやったんやな、オレも。そんなカネがあったら家族に使うとったらよかったのに、あんなとこ（美由紀）に放ってんねんもん。オレかて子どもが三人おったのに、バチがあたったんやろな、いまはこうやって一人暮らしや。身から出たサビ。アホやったんやな、ホンマ……」

アホやったんや。何度もそうつぶやきながら松島は、格安の缶入り発泡酒を一気に呷り、酒臭い息を大きく吐き出した。薄い色の入った眼鏡の奥に見える眼が少し潤んでいたのは、酒の酔いのせいだけではなかったろう。

あらためて冷静に考えるまでもなく、確かに松島の行動は「アホ」である。「身から出たサビ」という自省も、まさにその通りには違いない。ただ、美由紀に何らかの魅力があったからこそ、妻子まで捨て去り、多額のカネを貢いでしまったのではなかったのか。

——先ほど、美由紀には可愛いところもあったっておっしゃいましたね。

「まあ、そうやな……。(可愛いところが)あるから、ワシも付き合ったんやから」

——たとえばどんなところですか。

「そりゃぁ、ああ見えて無邪気なとこがあって、子どもみたいにジャレついてきたり、可愛いらしい手紙なんかもマメに書いてきたしな。あれもぜーんぶウソやったのかどうかは知らんで。でも、若い女にそんなことされりゃ、男なら誰だってうれしくなるやろが」

若い女とはいっても、松島が付き合った時点で美由紀はすでに三十代である。ただ、七十歳近い松島にしてみれば、娘も同然の年頃だったろう。

――手紙をマメに書いてくるって、どんな内容なんですか。

「まあ……、好きだとか、逢いたいとか、ずっと一緒にいたいとか、そんな内容の手紙や。ホンマ、しょっちゅうくれたで。子どもたちかてメールくれるしな。いまから考えればアイツが書かせとったんやと思うんやけど、『お父さんはなんでお母さんと一緒にならんの？』とかな。そんなん言われりゃ、こっちはホロッとくるがな。それにアイツ、子どももたーくさん育ててるしなぁ」

――五人もいたわけですからね。

「あぁ。なんだかんだ言うても、女一人で五人も子ども育てるんは大変や。そんな姿をみてりゃ、同情っちゅうか、情みたいなのも湧くやんか。そんなこんなで、入れ込んでしもたんや。まあ、オレがアホやったんやけどな」

――でも、ウソのカタマリだったと。

「あぁ、ぜーんぶウソやった。オレと付き合うとる時だってな、ほかにもオトコがおったんやで。それでオレと怒鳴り合いになったら、アイツに警察まで呼ばれてな。まるでこっちが悪者扱いや。ここ（松島のアパート）の合鍵をアイツに渡してた時は、小銭とか貴金属とかがなくなったこともあったしな。だから（合鍵を）返せって言ったら、『兄貴に渡しちゃった』とか言ってな。あとから調べてみたら、これもウソや。ホンマ、ウソのカタマリやで」

8

ところで松島は、美由紀に二件の強盗殺人容疑がかけられていることを、どう思っているのだろうか。その点を尋ねてみると、一度は深くつきあった女だからなのか、いまも複雑な思いが入り混じっているようだった。

——美由紀の犯行とされている二件の殺人について、松島さんはどう思ってるんですか。

「分からん。けど、何にもないところに煙は出んやろ。あんだけウソついとるんやから、なんかあるのかもしれん。アイツ、睡眠薬とかも持っとったしな」

——やっぱり睡眠薬を持ってたんですか。

「ああ」

——どこで手に入れてたかご存じですか？

「知らん。でも、しょっちゅう病院に行っとったから、なんか理由でもつけてもらっとったんやないか。いっつもポーチの中にクスリが入っとったから、『お前、それハルシオンちゃうんか?』って聞いたら、『うん』って言うてたこともあった。断言はできんけど、オレも睡眠薬みたいなの飲まされたこと、あったしな」

――睡眠薬を? いつですか?

「平成十七(二〇〇五)年の十二月やったか、次の年の一月やったか……。アイツとホテルに行った後、一緒にメシ食っとったら、急に頭が朦朧としてきて記憶がなくなってな」

――大丈夫だったんですか。

「ああ。オレは覚えとらんのやけど、アイツの兄貴とかいうオトコに家まで車で送ってもらったらしい。でもな、あんなことまでやったとは、オレにはどうしても思えんのよ」

――あんなことっていうと……。

「半年間で二人(の殺害)やで。借金のことだけで、殺すことはないやろ。オレかて無事やったわけやしな。もしホンマに殺したっていうなら、なんか別の理由でもあったとしか考えられん」

――別の理由、ですか……。

「なんかほかにのっぴきならない理由があったんなら別やけど、アイツが借金のことで二人も殺すとは、オレにはどうしても思えんのよ。それに警察なんてな、事件でもないやつまで平気で事件にしよるからな。オレかて昔、恐喝でやられた（検挙された）から分かるんや。（容疑を）認めんと釈放してもらえんのやから、ひっどいもんやで」

どうやら松島がかつてヤンチャだったという話は事実のようだった。でなければ、「容疑を認めないと釈放してもらえない」などという台詞はなかなか出てこない。それは日本の刑事司法に長く巣食った悪弊のうちの一つだからである。

警察や検察に逮捕された際、突きつけられた容疑内容を否認すれば、仮に有実であろうが無実であろうが、その容疑者は延々と保釈されないことが多い。刑事訴訟法は起訴後の保釈を「原則」と謳い上げているにもかかわらず、「逃亡の恐れあり」「罪証隠滅の恐れあり」などと検察側が因縁を付け、裁判所もこれを易々と認め、場合によっては何十日も、何百日も勾留されてしまう。

これを刑事司法の世界では「人質司法」と呼び、長く批判の的となってきた。捜査当局が保釈をエサに自白を迫り、容疑者の側も保釈を得たい一心で虚偽の自白に追い込まれてしまうことがしばしば起きるからである。刑事司法に関わる者なら大抵が知っている話ではあるが、松島のような男がそんなことを自然と口にするのは、自らが実体験として知っていることを物語る。「恐喝でやられた」ことがあるというのも、おそらくは事実なのだろう。

それはともかく、松島は結局、二〇〇八年の春ごろになって美由紀との付き合いをやめた。次々にカネを貢がされ、あちこちに借金して仕事も失い、生活保護を受給するところまで追いつめられたにもかかわらず、そのわずかな生活保護費まで貸してくれとせっついてくる美由紀に愛想を尽かし、松島の側から連絡を取らなくなったのだという。

「アイツはな、オレが生活保護を受けるような状態になったのに、それでも『カネ貸してくれ』って言うてきてな……。これはもうダメやと思って、別れたんや」

そんな美由紀から松島の携帯電話に突然連絡があったのは二〇〇九年秋のことだった。美由紀と安西が詐欺容疑で鳥取県警に逮捕される少し前にあたる時期であり、電話口の美由紀はこんなことを相談してきたという。

「ワタシの友達の話なんだけど、警察の車につけられてるらしくって。どうしたらいいと思う?」

逮捕前日にあたる十一月一日にも電話があり、今度はこんなことを尋ねてきた。

「ワタシの友達の話なんだけど、もし詐欺で捕まったら、懲役はどのくらいになる？」

　松島が言う。

「いまから考えれば、ぜーんぶ自分のことやったんやな……」

　苛立たしげに、しかし、少しだけ寂しそうな表情を浮かべた松島は、新しい発泡酒の缶を開け、それを一気に呷ってふたたび酒臭い溜息をついた。

第7章 ウソツキだけど可愛い女

1

ピピ、ピピピ、ピロピピピ、ピロピロピピピピピ……。

カラオケ装置がはじき出した点数は七十二点だった。液晶画面に映し出された若い女は笑顔で脚を広げているが、その裸体は半分近くがモザイクに隠されたままだ。

「あぁん、ぜんぜんあかんなぁ。これじゃあメンチャまではほど遠いがぁ。青ちゃん、歌、ヘタになったんちがうか？」

「一人で歌いなさるからダメなのよ。ママさんとデュエットしたら、きっといい点が出ると思うで」

「そうやなぁ。じゃあ青ちゃん、『三年目の浮気』にしよか」

「いぇーい、待ってましたぁ」

「ワタシ、青ちゃんと浮気したいわぁ」

ケタケタケタ。乾いた笑い声をあげながらママは自分の胸を揉み、私の股間のあたりを撫で上げるような仕草をする。同時にアキちゃんがわざとらしい嬌声を発した。

「いや〜ん、もう、ママさんってばぁ!!」

何も変わりがない。そう思っていたカラオケスナック・ビッグだったが、二年もの時が過ぎると、実はさまざまな変化があったようだった。

まず、魚の仲卸を営んでいたママの夫が急死していた。まったく元気な様子だったのに自宅で突然倒れ、そのまま帰らぬ人となってしまったのだという。

「脳梗塞でなぁ。しばらくは意識不明のまま入院しとったけど、けっきょくは助からんかった」

「そうか……。大変だったね」

「うん。だからなぁ、いまは家にワタシと犬がいるだけや」

「サミしいね」

「サミしいなぁ」

珍しく本気で寂しそうな顔になったママは少し目を伏せ、派手な色に染めた薄めの髪を震える指先でくるくるくるともてあそぶ。

魚の仲卸をやっていた夫がいなくなってしまったから、ビッグのカウンターは以前と異なり、スナックに不釣り合いな魚介類のつまみが並ぶことはない。せいぜい小鉢に入れた煮物などが出るくらいで、腹は一杯だと伝えれば、ピーナッツや柿の種といった乾き物のつまみが置かれるだけ。この点に限れば、ごく普通のスナックになっていた。

ママの話によれば、もともと鳥取市出身のママと夫は、お互いに再婚同士の間柄だった。鳥取の歓楽街・弥生町でカラオケスナック・ビッグを開く前のママは、大阪で何軒かの飲食店を経営していたこともあったという。

「あのころはバブルだったけぇな。もんのすごく景気がよくて、そりゃぁ儲かったでぇ。一時はお店だって二つ持っとったし、儲かって儲かって笑いが止まらん時期もあったもんなぁ」

しかもママには子どももいて、すでに成人した男の子は東京にある大学を卒業後、なんと鳥取県警に警察官として就職しているという。

以上はいずれもすべてママ本人の話であり、どこまで本当なのかは分からない。飲み屋ではよくある話だから非難するつもりなど毫《ごう》もないが、最初のうちママは、自分の年齢も戦後生まれの六十代半ばだと言っていた。なんとなく訝《いぶか》りながら調べてみると、実際は戦前生まれの七十歳。なのにママは、いつまでも六十代半ばだと言い張り、絶対に譲らない。

「なんでワタシが七十やのんっ。ホンマ、ようゆうわぁ」

「だって調べたもん」

「どこで調べたってゆうのんっ。そこまでいうなら、運転免許証でも保険証でも見せたるでっ」

「見せてよ」

「もし免許証見せて、ホンマにワタシの言ってることが正しかったら、青ちゃん、どうする？」

「飲み代を十倍払うよ」

「ホンマやなぁ」

「百倍でもいいよ」

「ようゆうたなぁ～！」

しかし、ママが実際に運転免許証や保険証を見せてくれたことは一度もない。時おり私がママの年齢のことを「ホントは七十歳のくせに」などと言ってからかうと、「なんでそんなことゆうのんっ！」と奇声を上げながら私の背中をバンバン叩くだけだった。

ただ、大阪での飲食店経営などで儲かったためなのかどうかはともかく、現在のママがそれなりの資産家なのは間違いのない事実らしかった。美由紀が最後に暮らした部屋もあった鳥取市福部町のアパート群がママの所有なのは不動産登記簿で確認していたし、美由紀らが窃盗のため忍び込んだとされる鳥取市内の自宅は立派な一軒家である。このほかにも不動産を市内に持っているらしく、夫が亡くなるという不幸な変化があっても生活はそれなりに裕福なようだった。

そしてもう一つ、ビッグには重大な変化が起きていた。

2

店内でのママは、あいかわらずカウンター奥の席にどっしりと腰を下ろし、ほとんど動こうとしない。カウンターの中を捌きつつ接客するのはアキちゃんの役目だったが、その隣に、もう一人の姿が加わっていた。私が来なかった約二年の間に、新人ホステスが入店していたのである。

源氏名はマミちゃん。年齢は二十九。地味な顔に地味な眼鏡をかけ、身長は低いのだが、やはりずいぶんと恰幅がいい。別にそれが選考基準というわけではないとママは言うのだが、マミちゃんもまた、ママやアキちゃんと似たような肥満体型の持ち主だった。

鳥取県南東部の山間にある小さな町の出身だというマミちゃんは、数ヵ月前からホステスとしてビッグで働くようになった。言葉遣いは少々ぞんざいだが、私のことを「青ちゃん」ではなくて「青木さん」と呼ぶ。一回り以上も年上の私に、それなりの敬意を払ってくれているらしい。

しかしマミちゃんは、地味な顔とは裏腹に、とんでもない過去をくぐり抜けてきた女だった。

マミちゃんと初めて話した時に聞かされて私はひっくり返りそうになったのだが、マミちゃんはこれまでに五回結婚し、その五回とも失敗して離婚した。つまり、まだ二十九歳だというのに、もう「バツ五」。

「いったいどうして？」

そう聞くと、マミちゃんは平然とした顔で言った。

「なんか、成り行きでそうなっちゃったけぇ、仕方ないがぁ」

マミちゃん本人の話によれば、最初に結婚したのは十七歳の時。行きつけだった飲食店の常連客と意気投合し、入籍したが、たった一年で別れた。理由は「性格の不一致」。二度目の結婚相手は新興宗教にのめり込み、朝の五時から大声でお経を唱えるのに辟易《へきえき》して三行半《みくだりはん》を突きつけた。三回目と四回目の結婚も長続きせず、最後に籍を入れたのは七十歳も間近い老人だったというのだが、マミちゃんに聞いてみれば、その理由がまたすさまじい。

「七十近いっていったら、マミちゃんとは歳が倍以上も離れてるじゃない。どうしてそんな人と結婚したの？」

「あの人、生活保護を受けてたからな」

「生活保護？　だったらなおさら……」

「だって、生活保護ってことは、決まった収入があるわけでしょ。ワタシは当時、仕事なかったけぇ、仕事が見つかるまで半分もらおうと思ってな」

啞然とし、二の句が継げないでいると、店の入り口の木製ドアが開き、みすぼらしい身なりをした老人が入ってきた。私は初めて見る顔だったが、ビッグに時おりやってくる常連客らしかった。

カウンターの中の壁に掛けられた時計を眺めると、私が来てからすでに二時間近く過ぎてしまっていた。客はずっと私一人だったから、老人は久々の客である。なのにママやアキちゃんの態度は素っ気なく、いつものように塩辛声で歓迎することもない。老人のほうも入り口近くのカウンターにちょこんと座り、マミちゃんが焼酎の水割りをつくってくれるのを大人しく待っているだけだった。

「あの人は？」

　隣の席のママに小声で尋ねると、ママもこっそりと教えてくれた。

「あのオッチャンか？　ハマムラさんって言うてな。青ちゃん、ここで会ったことなかったたか？」

「いや、たぶん初めてだと思う」

「そうか？　あれがマミちゃんの前のダンナだった人だが」

「マミちゃんのダンナって、五番目の結婚相手だったたっていう人!?」

「そうや」

「いったいいくつなの？　もう七十近いってマミちゃんは言ってたけど」

「たしか、今年で六十六になるんちがうかなぁ。うちげのアパートに住んどるんだで」

「ママのアパートって、美由紀も住んでた福部町の？」

「そうや。二階建てのほうだけどな」

「ママのアパートには何度も取材に行ったけど、一度も会わなかったよ」

「そういうの好きじゃないから、居留守でも使うたんちがうか」

「そうなんだ……」

　今年で六十六歳になるというハマムラさんは、心なしか足元も覚束《おぼつか》なく、一見したところ七十歳を超えているように見えた。当たり前の話だが、生活保護で日々を紡いでいる身なら、所持金などほとんどないのだろう。安焼酎を薄めの水割りにし、ちびりちびりと大事そうに呑みはじめた。

　そんなハマムラさんを、「元妻」のマミちゃんが接客している。なんとも不思議な光景だったが、見るともなしに眺めていると、ハマムラさんは時おりニヤけながらマミちゃんにちょっかいを出し、マミちゃんのほうもまんざらではないらしい。いつの間にか隣の席に座ってひそひそと話し込み、ハマムラさんの手はマミちゃんの腰のあたりに回りはじめた。

　二十九歳の新人ホステス・マミちゃんと、六十六歳になるという生活保護受給者のハマムラさん。眼の前にいる二人はもともと夫妻。ハマムラさんの心情は定かではないものの、マミちゃんの側は生活保護費を半分もらうのが目的だった。なんとも奇天烈な行動ではあるが、マミちゃんの武勇伝はこの程度にとどまらない。

ママによれば、五番目の夫だったハマムラさんと離婚したマミちゃんには現在、新しい交際相手ができている。土木関係の仕事に従事していて、年齢はもう四十代の後半。しかも驚くべきことに、かつて美由紀とも深く交際していたことのある男だという。

ハマムラさんの席を離れ、私の前に戻ってきたマミちゃんに尋ねてみると、交際に至る経緯はこういうことだったらしい。

「あぁ、ママさんが紹介してくれてな。一人でサミしいっていうから、付き合うことになった」

相変わらず平気な顔でそう言うマミちゃんもマミちゃんだが、紹介するママもママである。またもや年齢が一回り以上も離れている上、よりにもよって美由紀と交際していた男などとなぜ付き合うのか。そう聞くと、マミちゃんは突如憎々しげな表情になってとんでもないことを言い出した。

「アイツ、モノが太いんだっ」

「モノが太いって……」

「だから、美由紀も離さなかったんだ。そうに違いないがっ」

「モノの大きさはな、鼻を見れば分かる。だけぇ、男は鼻」

「………………」

「……。また結婚、するつもりなの？」

「そんなつもりありません。三度目の正直って言いますからね。ワタシ、もう五度も失敗してるから、これ以上は失敗できませんからね」

もはや何を言っているのか意味不明ですらあったが、実をいえば、私にはマミちゃんの新しい彼氏の目星がついていた。美由紀が過去に交際した男を訪ね歩くうち、何度か接触を試みたことのある人物と思われたからである。

3

鳥取市中心部をゆったりと流れる千代川の河口付近に立つ県立の総合病院は、美由紀の周辺で起きた六番目の不審死者——当時五十八歳の山口英夫が救急搬送され、死亡が確認された場所でもある。その裏手には住宅街が広がり、古びたアパートがいくつか佇んでいる。かつて美由紀と深く交際した男——大田隆之は、そんなアパートの一室に一人で暮らしていた。

事件関係者への取材で住所などを割り出した私は、大田の部屋を幾度か訪ねてみたものの、水道配管工として生計を立てているという大田は仕事で出かけていることが多く、なかなか接触することができなかった。

それでも何度目かの夜半に扉をノックした際、ようやく玄関先に姿を見せてくれた大田は、部屋の中に私を招き入れて一応は取材に応じてくれた。工事現場で働いている男らしく、痩身ながら日焼けして精悍な雰囲気を漂わせていたが、口はなかなか重く、美由紀との交際に関する詳細な思い出までは語ろうとはしなかった。

しかし、マミちゃんの新しい交際相手がもし大田なら、マミちゃん経由であらためて取材を申し込んでみたい。ママにこっそり聞いてみると、案の定だった。

「マミちゃんのいまの彼氏って、もしかして大田さん？」

「そうや。青ちゃん、大田さんを知っとんのか？」

「まあね。で、ホントにママがマミちゃんに紹介したの？」

「うん」

「なんで？」

「なんでって、大田さんだって一人じゃサミしいし、マミちゃんかてカレシを欲しがっとったけぇなぁ」

ママの言っていることも相当にめちゃくちゃだが、それはとりあえずどうでもい

い。ふたたび私の前に戻ってきたマミちゃんに、

「大田さんに取材で話が聞きたいんだけど、マミちゃんからお願いしてみてくれない？」

と頼むと、マミちゃんは、

「うん。今日帰ったら言ってみる」

と請け合ってくれた。どうやら二人は最近、大田がマミちゃんの家に転がり込む形で半同棲のような暮らしをはじめているようだった。

大田からは翌日の朝、私の携帯電話に連絡があった。今日はずっと鳥取市郊外の現場で仕事だから、夕方に仕事が終わったら市内のファミリーレストランかどこかで会おう――マミちゃん経由で頼んだのが奏効したのか、そんな約束がすぐに成立した。

実際に大田と会ったファミリーレストランは、国道九号のバイパス沿いに立っていた。地元資本の店らしく、他県ではあまり聞いたことのない店名だったが、すぐ近くを千代川が流れていて、大きな窓からは暗闇の中に川面がゆらめいているのがうっすらと見える。約束の時間通りにやってきた大田は痩身に現場作業着をまとったままだったが、アパートを突然訪ねた時とはずいぶん違う打ち解けた雰囲気で話をしてくれた。

「んで、何を聞きたいの？」

「あまり愉快な話ではないと思うんですが、美由紀とのことについてうかがいたいんです」

「このあいだ話した以上のことなんて、別にないで」

「ええ。それでも、もう少し詳しくうかがいたくて」

「まあ、ええよ。いろんなとこが話を聞かせてくれっていってきたけど、めんどくさいから全部ことわってんだけどな……」

そう言いながら大田は、ポケットから取り出したセブンスターに百円ライターで火をつけ、飲み放題のドリンクバーのコーヒーを美味そうに飲んで紫煙を吐き出した。

4

一九六四年生まれの大田は、私が話を聞いた時点で四十八歳だった。出身は鳥取市郊外に位置する日本海沿岸の小さな町。大田もまた、もともとは妻と子どもがいたのに、夜の街で美由紀と出逢い、二〇〇四年ごろから交際を始め、間もなく妻子とは別れてしまっていた。以後、一時は美由紀と一緒に暮らし、二〇〇八年四月ごろまでの約四年間にわたって交際を続けたという。

つまり、大田が美由紀と出逢った時期は、第一の不審死者である読売新聞記者の新藤武が世を去った時期と重なっている。第二の不審死者である鳥取県警刑事の堀田正が美由紀と交際したのは二〇〇七年から二〇〇八年にかけてのことだったから、これも大田と美由紀の交際期間と重なり合う。大田が美由紀と別れた時期は、美由紀が最後の同棲相手である安西義孝と交際をはじめたころにあたっている。

ということは、大田は美由紀という女の素顔を相当知悉《ちしつ》しているばかりか、男たちとの複雑な交友関係や不審死の経緯についても知っている可能性があった。私は、目の前でセブンスターを燻《くゆ》らせている大田への質問をはじめた。

――美由紀がどんな女だったのか、もう少し詳しくうかがいたいんです。

「うーん……。まあ、一言で言えば、ヘンな女（笑）」

――ヘンな女？

「うん。ありゃ、二重人格っていうんかなぁ。聞いとるかもしらんけど、ウソツキはウソツキなんだな、やっぱり」

――美由紀をウソツキだという人は、確かにたくさんいました。

「だろうな（苦笑）。まあ、ウソツキっていうか、ウソをつかんといけんような状態に（自分で）するんだわ。あと、あれはカネの、カネの亡者だわ」

──カネの亡者ですか。

「うん」

──大田さんもカネを取られたんですか。

「いーっぱい、取られたで（苦笑）。最初はワシ、百何十万ぐらい引っ張られた」

──理由は？

「子どもができて、堕ろすからって。で、双子だけぇ、なんたらかんたらとか言って」

──大田さんが堕ろせと言ったわけじゃなくて？

「いや、向こうが堕ろすって。自分で処置するって、言いよったよ。あのころ、ワシは結婚しとったけぇな。で、双子だけぇ、手術費が二倍かかるだとか言ってな」

交際をはじめるとすぐに妊娠したと告げて男に覚悟を迫り、次々にウソを吐き出して混乱させ、最終的にカネを要求してくるのは、美由紀がしばしば使う手口だったと大田は言う。だが、大田の話はここから次第に奇妙なものとなっていく。

「でもな、そういうこと、（美由紀）本人は何にも言わんのよ」

──美由紀本人は何も言わないって……。じゃあ、誰が言うんですか？

「アケミ。あいつの妹のアケミっちゅうのが、ワシの携帯に電話をかけてくる」

——妹が電話をかけてきて、お姉ちゃんが妊娠したとか、堕ろすかどうかの相談を？

「そう。アケミっちゅう妹が電話をかけてくる。なんでもかんでもアケミ」

——でも、美由紀には確か、妹なんていないでしょ？

「ああ、妹なんておらん。でも、なんでもかんでもアケミっちゅう妹が出てきて、電話をかけてきてな。実際にはおらん架空の妹が電話をかけてくるんよ」

そう言って大田は、半ば愉快そうに大笑いした。

現実には存在しない架空の妹＝アケミ。実際に電話をかけてくるのは、もちろん美由紀本人だろう。馬鹿げた話だが、これもまた、美由紀が男を翻弄する際の常套手段だったらしい。架空の妹＝アケミについては、次章以降で紹介する重要な場面でも登場するので、記憶にとどめておいてほしい。続けて大田へのインタビューである。

——実在しない妹が携帯に電話をかけてきても、着信番号が表示されるでしょう。

「非通知や、非通知。だけぇ、番号は分からんし、こっちからはかけられん。その上、声色を変えて、関西弁でなぁ」

——関西弁？

「あいつ（美由紀）、一時は大阪に住んどったけぇな。しかも、あいつに『アケミから電話があって、お前の妊娠のこと言うとったで』って話すと、『アケミのおしゃべりが！』『あれだけ黙っとけって言ったのにっ！』とか言ってな（苦笑）。そのあたりは役者でな。ホント、すごいで。ワシもずーっと信じとったもんなぁ」

――そのアケミが、お姉ちゃんが子どもを堕ろすからと言って、カネを要求してくるんですか？

「うん。一日に何回も何回もアケミから（電話が）かかってくる。それも、一回に三十分も四十分も話してな」

――そんなに長い時間、何を話すんですか。

「どうでもいいようなことを、ホントにしつこく、なんたらかんたらって……。合計すれば一日に三時間も四時間もなった時があったなぁ。そんなに電話すれば大変や。こっちは仕事あんのにな」

――仕事があるからって言って、切っちゃえばいいじゃないですか。

「そんでも、すぐにまたかかってくる。ホント、やっかましい」

――電話なんて取らずに無視したら？

「出んかったら、ずーっと呼び出し。もう電話、ずーっと鳴りっぱなし（苦笑）」

――それじゃ、仕事にならないでしょう。

「だけぇ、松島は仕事辞めたんだもん。それに、気の弱いヤツだったら、追いつめられてノイローゼになるで。タケちゃんだって、半分はノイローゼみたいになっとったんだと思うで」

大田が言う「松島」とは、前章で紹介した美由紀のかつての交際相手、松島忠信のことであり、「タケちゃん」というのは、読売新聞鳥取支局の記者だった新藤武のことである。やはり大田は、新藤のことも知っているようだったが、そのことを聞く前に、大田と美由紀の付き合いについてもっと確認しておきたかった。

5

——架空の妹まで登場させるなんて、美由紀はどうしてそんなウソをつくんですか。

「だけぇ、ウソを信じ込ませようとするためだろ。もともとのウソを信じ込ませるために、またウソをつく。自分でウソをつかんといけんようなふうにしちゃうんだわ。肝心な場面になるとアケミが出てきて、最後は子どもまで利用するけぇな」

——やっぱり、子どもも利用するんですか。

「ああ。ワシ、なんかおかしいと気づいてな。電話かけてきたアケミに『会おう』って約束させたことがあったんよ。会うなら当然、あいつ（美由紀）と暮らしてる家で会おうっていうことになるじゃん。で、ワシは仕事だけぇ、夕方にその家に来いって言うじゃん。でも、ワシが家に帰ってでもアケミなんておらんけぇ、『アケミは？』って聞くと、子どもたちが口を揃えて『ああ、来てたよ』って。『でも、いま帰っちゃったで』って。子どもたちが言うんだで（苦笑）」

――美由紀に言わされてたんでしょうね。

「そりゃそうだろ。だって、アケミなんておらんのだもん」

大田によれば、美由紀が繰り出すウソには「得意のパターン」がいくつかあった。妊娠し、堕胎するのにカネが必要だと言い出すのはその典型例だったし、自らの言い分が通らないと自殺や自傷をほのめかして男に覚悟を迫り、混乱させるのも常套手段の一つだった。しかも、ここでも子どもを盾にするのだという。

「死ぬ死ぬっていうのも、完全に得意のパターン（苦笑）。そん時も、子どもをダシにしてたんだからなぁ」

――というと？

「ワシは『死ぬなら死ねばええ』って放っといたけど、『子どもも一緒に死ぬ』って言われれば、フツウの男は抵抗できんだろ」

――それでも大田さんは、アケミは架空の妹だって気づいたんでしょ。

「だって、アケミから電話がかかってくるときは、あいつが必ずおらんのだもん」

――いつ気づいたんですか。

「しばらく経ってからかな」

――それを美由紀に言わなかったんですか？

「言ったで。『なんでアケミから（電話が）かかってくる時は、お前が横におらんのだ』って。それを突いたら、アケミからは電話がかかってこんくなった（笑）」

――それ以上は追及しなかったんですか。

「せん。だって、面倒臭いじゃん」

――でも、そうやって大田さんは結局、相当なおカネを美由紀に取られたわけでしょう？

「うちげの実家と合わせれば、一千万ぐらいになるやろ」

――一千万円⁉　実家からも取られたって、いったい何て言ってカネを取られたんですか？

「うちげに（前妻との間の）娘がおるだぁな。それがどっかのサラ金からカネを借りとるとかなんとか、うちげの親に言いよったみたい。うちげの娘、昔は金遣いが荒かったからな」

――実家からまでカネを騙し取るのは、いくらなんでも常軌を逸してませんか。

「まあな……。でもまあ、騙すほうも悪いけど、騙されたほうも悪いけぇな。五分五分や。五分五分やと、ワシは思うとる」

大田もやはり、相当に変わっていた。いくら子どもなどをダシにされたとはいえ、架空の妹まで飛び出す美由紀のウソに翻弄され、実家からも大金を毟り取られ、それに気づいた後も厳しく問いつめもせず、逃げ出すこともせず、何年も交際を続けたというのだから。

だが、男たちから何百万円ものカネを次々巻き上げた美由紀は、そのカネをいったい何に使っていたのか。複数の男と同時並行的に付き合う美由紀のことを、大田はいったいどう考えていたのか。疑問は次々に湧いて消えることがない。私は質問を続けた。

――ところで美由紀は、大田さんたちから取ったカネを、いったい何に使ってたんですか？

「わっからん。別に贅沢するわけじゃないし、派手な生活するわけじゃないしな。まあ、つまらんことにはたくさんカネ使ってたけど、いまもどっかに溜め込んどるのかも分からんし、前に騙してたのに返済したのかもしれんし」

――前に騙してたのって？

「前にも結構おるはずだけぇな、（美由紀に）騙されたもんが。そいつらに『訴える』とでもいわれて返済に回したか、そんなとこやねえか」

——美由紀がカネを返すこともあったんですか？

「あいつは、言われれば返す。ワシの知っとるヤツは、実際に返してもらっとるけぇな。ワシが『あいつに借りたカネは返せ』って言ったら、ちゃんと返した。あれだって、ホントは詐欺しようと思ったカネだと思うで」

——大田さんは返してもらったことは？

「ない。ワシは言わんもん。ワシはもう、五分五分だと思っとるけぇ。騙したほうも悪いけど、騙されたほうも悪い。だから、実家から（カネを）取られても、しゃあないわ」

——でも、大田さんのご両親は怒っているでしょう。

「うん。怒っとるんじゃないか」

——じゃないかって……。

「ワシはもう、（両親と）ぜんぜん付き合いがないもん。その件があってから、ぜんぜん付き合ってないし、連絡だってしてないもん。実家とは、まったくな……」

何杯目かになるコーヒーの残りを一気に飲み干した大田は、短くなったセブンスターの先を灰皿で揉み消し、苦笑いしながらそう言った。

6

――ところで、読売新聞の記者だった新藤武さんのことですが……。

「タケちゃんか」

――ご存じなんですよね？

「ああ。何度か一緒に呑んだこともあるで、タケちゃんとは」

――どんな人だったんですか。

「別に、フツウ（笑）。まあ、暗いヤツや。みんながワーッと盛り上がっとるのに、だまーって暗い顔してるヤツ、おるじゃん。そんな感じ。暗いとこがあって、思い悩むタイプだったな。でも、子煩悩でな。子どもが好きで、あいつ（美由紀）の子どもも可愛がってたらしいで」

――大田さんは、新藤さんと美由紀の関係を知ってたんですか？

「タケちゃんが死んでから知った」

――新藤さんは、なぜ美由紀と付き合ってたんでしょう。

「ワシもそうだったけど、タケちゃんの家族も、夫婦の間に不和みたいなのがあったみたいやからな……。でも、タケちゃんは自殺だと思うで」

――なぜ自殺だと？

「あの日（新藤が死亡した日）は、タケちゃんがいなくなったって（美由紀が）言うから、ワシも夕方に仕事が済んでから捜したんよ。明け方までずっとな」

――美由紀と一緒に？

「そう」

あらためて振り返れば、新藤が鳥取市郊外を走る因美線の線路上で特急列車に轢かれて死んだのは二〇〇四年五月十三日の午後九時前だった。ちょうどそのころ、美由紀と一緒に新藤の行方を必死に捜していたと大田は言う。

「で、段ボールに遺書みたいのが書いてあってな」

――段ボール箱に入るか被るような格好で列車に轢かれていて、そこに遺書のようなものが書いてあったっていう話ですね。

「ああ。それ、ワシも見たで。黒いマジックペンかなんかだったかな。ボールペンみたいのじゃなく、マジックペンみたいな太めのって、あるやろ。あんなんで書いてあったって記憶しとるけど」

――美由紀に逢えて良かった、とか、本当の愛を知った、とか。

「そうそう。そんな内容のことが書いてあった。走り書きみたいな字で、だーっと書いてあったけぇなぁ。そいで、タケちゃんの位牌、あいつ（美由紀）が寺に奉納してな」

——しばらくの間、月命日にはお参りしてたそうですね。

「よう知っとるな。月命日は、ワシが必ず車で寺に連れてったんだで。だけぇ、自殺だと思うで。もし殺してたら、わがの身銭きって、そんなことせんだろうが。タケちゃんと堀田さんは自殺だと思うで」

——県警の堀田正さんも知ってるんですか？

「うん。ビッグで何度か会った」

——堀田さんはどんな感じの人でしたか。

「やっぱ、暗い感じ（笑）。ワシが会った時は、カネの問題でも抱えていたのかどうか知らんけど、タケちゃんと同じようなタイプで、暗かったな。そういえば堀田は、あいつ（美由紀）と東京にも二、三回行っとるはずだで」

——東京へ？　遊びにですか？

「じゃねえか、多分な。あいつが『堀田さんと東京に行ってくる』って言っとったけぇな。ワシは『行けば』って言ったけどな」

——だって、当時は大田さんと付き合ってたんでしょ？

「うん。でも、『行ってくればいいんじゃねぇか』ってな。あいつは尻軽で、あっちこっちでいろんな男とやっとるし、言い出したら聞かんしな。もうしゃあないで（笑）」

7

繰り返しになるが、私だって別にモラリストなどではないから、ここで偽善的な文句を書き連ねるつもりはない。仮に「尻軽」だろうと、「あっちこっちでいろんな男とやっとる」だろうと、そんな女はいくらでもいるだろうし、それ自体は当の男女間の問題であって、他人がとやかく言うべき筋合のものではない。男にせよ、女にせよ、互いの異性関係や不貞にどう反応し、どう振る舞うかの判断は個々人の価値観や生き様に帰属する事柄である。

ただ、次々に大ウソを吐き出し続けるばかりか、交際相手から何百万円ものカネを騙し取り、混乱の淵へと追いつめていってしまうような行為は、誰がどう考えても尋常な振る舞いとはいえない。ふたたび大田との話に戻る。

——新藤さんも堀田さんも、美由紀にカネを相当取られたようですね。

「らしいな。そのへんはよう知らんけど、たぶんワシん時と一緒だったんじゃないか」

——堀田さんもやっぱり自殺だろうとおっしゃいましたね。

「だと思うで。堀田のことは詳しく分からんけど、ワシの知っとる限り、あいつ（美由紀）に人を殺すような度胸はないと思う。ワシだってヘンなクスリ、飲まされたことあったけどな（苦笑）」

――睡眠薬ですか？

「多分な。栄養剤だとか言って、何回か飲まされた。そのうちの一回は、酒の中に入れとったんじゃないか。ようわからんけど、急に眠くなって、意識がなくなってな」

――なんでそんなことするんですか。

「知らん（苦笑）。ポーチにいっぱいクスリ入れとって、こっちはモルモット状態や（笑）」

――睡眠薬はどこで手に入れてたんですか。

「産婦人科あたりじゃないか。ワシも何回も送り迎えしとったけぇな」

――しかし、どうして交際相手にそんなクスリを……。

「だから、知らん。もう、わけわからん（苦笑）。まあ、要は好奇心なんじゃないか。ホント、何も考えてないんだと思う。でも、あいつに人を殺すような度胸、絶対にないと思うで。だって、ワシとか松島は死なんかったもんなぁ（笑）」

――では、大田さんや松島さんは生きながらえて、他の人が命を落としちゃったのは……。

「吹っ切っちゃえばよかったんよ。ワシは最後には吹っ切っちゃったけぇな。タケちゃんにしても、堀田にしても、安西にしたってそうだけど、挫折を知らないオボッちゃまタイプじゃん」

——安西って、最後の同棲相手だった安西義孝のことですね。

「うん。タケちゃんも堀田も、それに安西にしたって、記者に刑事に営業マンだろ。仕事だけみれば酸いも甘いも知っとっておかしくないはずだけど、みんな階段を踏み外したことがなくて、結局はオボッちゃまじゃん。そんで、いろいろ思い悩むタイプでな。だからあいつに追いつめられて、最後はほとんどノイローゼみたいになっとったんじゃないか。で、死んじゃった」

——安西は死んでいませんがね……。

「けど、あいつと一緒に詐欺なんかして捕まったんだろ。そんなことまでする前に、吹っ切っちゃえばよかったんよ。まあ、ワシが別れた後のことだけぇ、(安西のことは)よう知らんけどなぁ」

8

国道九号のバイパス沿いにあるファミリーレストランは、もう深夜と呼ぶべき時刻になりつつあった。大きな窓の外は完全な闇に覆われて千代川の川面は見えなくなり、向こう岸にぽつりぽつりと住宅街の灯が光っているだけだ。私と大田が座る喫煙者用のテーブル席付近も、他の客の姿はすっかりと消えていた。時計を見れば、取材をはじめてからすでに二時間が過ぎてしまっている。お代わり自由のドリンクバーで何杯ものコーヒーを飲み、灰皿は吸い殻で一杯になっていたが、私にはもう一つ、大田から聞いておきたいことがあった。

ろくでもない大ウソを次々に吐き出す美由紀は、はちゃめちゃな振る舞いと脅迫まがいの言動で男たちを翻弄し、大混乱に陥れ、時にはノイローゼになるほどに追いつめていったという。だが、大田にしても、他の男たちにしても、単にそれだけの女だったならば妻子まで捨て、大金を貢ぎ、交際を続けることはなかっただろう。いくら妊娠したと告げられても、責任を取れと迫られても、一定の距離を取ることはできただろうし、もっと早い段階で三行半を突きつけて逃げ出してしまうことだってできたはずである。

それをしなかったのは、美由紀にはやはり何らかの魅力があり、男たちが愛情のようなものを寄せていたからではなかったのか。だからこそ、借金までしてカネを貢ぎ、奈落の底に滑り落ちつつあることを感じながらも、つきあいを続けたのではなかったのか。

――大田さんも奥さんや子どもさんがいらっしゃったんですよね。

「ああ。ワシも家を出ちゃってな。最初のころは、車ん中で寝てた」

――失礼ですが、いったいどうして奥さんや子どもと別れて美由紀なんかと？

「誰でもあるやろ。夫婦仲が冷めとるとか、不和とか不満とか……」

――まあ、多かれ少なかれ、誰にでもあるでしょうね。

「あいつはな、そういうとこにスッと入り込んでくるのがウマいんだわ」

――スッと入り込んでくる？

「うん。ホントに上手にスッと入り込んでくる。タケちゃんとこにも夫婦に不和があったらしいし、堀田もたぶんそうだったとワシは思うで」

――でも、すぐにカネを寄こせって言われるわけでしょ？

「カネ、カネ、カネってなぁ。でも、女なんて多かれ少なかれ、そんなとこ、あるやろ。あんたのカミさんかて、カネ、カネって、言うやろが(笑)」

――(笑)。これも失礼な話ですが、美由紀と付き合った人たちは太ったタイプの女性が好きだったんじゃないかとか、性的な部分に惹かれたんじゃないかとも想像してしまうんですが。

「ワシは別にデブ専でもないで（笑）。セックスも別にフツウだと思うしな。ワシもそれなりに遊んできとるけど、別にな、特に変わったこともない、フツウ（苦笑）。だいたい、最初のころは（美由紀とセックスを）したけど、最後のころはワシ、ぜんぜんしなかったしな」

――これは別の人に聞いたんですが、美由紀には可愛らしいところもあったとか。

「うん……。まあ、あったわな」

――じゃれついてきたり、熱烈な手紙を何通も送ってきたり。

「ワシには手紙じゃなくて、メールだったけどな」

――メールですか。

「うん。ものすごい送ってきたで。それに、女一人で何人もの子どもを育てとるわけじゃん。その子どものことなんかタテに取られると、やっぱりホロッとくるとこもあるしな……。あと、あいつはな、男を立てるのがとにかくうまいのよ」

――男を立てる？

「うん。とにかく男を立ててくれる。居心地のいい空間、居心地のいい空気っていうか、そんなんをつくるのがうまいんやな」

――というと？

「ワシが仕事で朝早くから現場に出とれば、お昼にパンとかメシとかをかいがいしく届けてくれるし、(現場で一緒にいる仕事仲間の)みんなにもパンとかジュースとかを買ってきて、『いつもお世話になってます』とかいって差し入れてくれたりとかな。そのへんはすごいで。礼儀も正しいしな」

――礼儀正しいんですか。

「うん。出かけた先で知り合いなんかに会ったりすると、『うちのもんがお世話になってます』って、きちーんと挨拶する。正月に上司の家に行くっていえば、『あんた、手ぶらじゃいけん』とかいって、ちゃーんと土産を準備して持たせてくれたりとかな。そのへんはホントすごい。気遣いしてくれる。恥をかかさんようにしてくれる」

――恥をかかさないように、ですか……。

「後輩と飲みにいくっていえば、財布の中に黙って二万とか三万、それなりのカネを入れといてくれたりとかな」

――でも、もともとは大田さんから騙し取ったカネでしょう。

「まあ、そうなんだけど(苦笑)。でも、どこの家だって女房に稼いだカネ渡して、小遣いもらったりするじゃん。それと一緒。だけぇまあ、男を操縦するのがうまいんだな。そんなにされたら悪い気はせん。居心地よくしてくれる。でも自堕落なところがあって、男を立てる反面、あちこちでいろんな男とやっとる。やっぱ、二重人格なんかな……。とにかく、ヘンな女やで」

――やっぱりヘンな女、ですか。

「うん。ヘンな女（笑）。まあ、とにかく、吹っ切れたか吹っ切れんかったかの違いだったんだと、ワシは思う」

――どこかの段階で吹っ切って別れてしまえば、死ぬことまではなかったと？

「ワシはもういいやと思って、自分の車に着替えだけ積んで、裸一貫であいつから離れたけぇな。松島だってそうだったろ。でも、タケちゃんや堀田は吹っ切れなくて、ノイローゼになるほど追いつめられちゃった。安西だって人のカネに手をつけるようになった。やっぱり、吹っ切れたか吹っ切れんかったかの違いだと、ワシは思うで。それに、騙したほうは悪いけど、騙されたほうも悪い。五分五分や。五分五分やと、ワシは思うとる」

騙したほうも悪いが、騙されたほうも悪い。五分五分や――大田は何度かその台詞を繰り返し、カップに残った冷めたコーヒーを口に含んで紫煙をフーッと大きく吐き出した。腑に落ちたような気もするし、腑に落ちないような気もするが、そろそろ潮時だろう。ファミリーレストランは閉店時刻が近づいたらしく、店内には小さな音で『蛍の光』のメロディが流れ始めていた。

最後にもう一度、私は問うた。鳥取県警が立件した二つの強盗殺人容疑についてはどう思うか、と。当時の大田は美由紀のもとを離れていて真実など知るはずもないのだが、少しだけ目線を落として考え込んだ大田は、こんなふうに繰り返した。

「分からんなぁ……。（美由紀が）根っからのウソツキで二重人格なのは間違いないけど、やっぱりそんな（人を殺すような）度胸はないと、ワシは思うけどな……。だったらワシや松島だって死んどったはずだけぇな。やろうと思えば、いつでもやれたんだけぇ。ただな……」

――ただ？

「ただな、安西と付き合い始めてから、どうなったのかまでは、ワシは知らんで。なんか一線を越えちゃったのかもしれんしな。新聞やテレビで見とる限りじゃ、（事件と）まったく無関係とも思えんし……。でも、あんたはおかしいと思わんか？」

――というと？

「だって、あの事件、女一人でなんて、できんだろ？　警察はなんでそこを知らんぷりしとるんかな。あんたたち（メディア）も、そこをあんまり書かんけぇな。どう考えても、おかしいんよ。そう思わんか？」

大田が口にした疑問は、二つの事件現場を精査してみた私の疑問とも合致するものだった。

9

その日の夜も私は、カラオケスナック・ビッグに足を運んだ。いつもより遅い時刻だったせいか、ママもアキちゃんも少し疲れ気味に見えたが、けたたましい塩辛声は相変わらずだった。

「はーい、青ちゃん、遅かったなぁ。ママさん、ずーっと待ってらっしゃったでぇ」

「こっちおいでぇな、青ちゃんっ。もう、待ちくたびれちゃったわぁ」

店内を眺めると、入り口近くのカウンター席には老齢の客が一人、ちょこんと座っている。ハマムラさんだった。今日も焼酎の水割りを大事そうにちびちび飲み、カウンターの中のマミちゃんに接客されている。「元夫妻」の邪魔にならぬようカウンター奥の席に座ると、ママはいつもの調子で隣の席に巨体を寄せてきた。

「こんな時間まで仕事だったんか？　お酒飲んで、カラオケでも歌って、気分転換しぃな」

「うん」

カウンターの中からおしぼりと焼酎の水割りを差し出しながらアキちゃんも言う。

「そうやで。またママさんとデュエットでもしたらどうや?」

「うん」

だが私は、カラオケを歌ってははしゃぐような気分ではなかった。長時間のインタビューで疲れていたこともあるが、かつて美由紀と深く交際した大田や松島の話が頭の中をぐるぐると駆けめぐっていたからである。

どうやら美由紀がとんでもない大ウソツキなのは間違いないようだった。しかも、知り合った男たちとすぐに性的関係を持ち、妊娠や子どもといった〝女の武器〟を突きつけ、混乱させ、さらに浴びせかけるような大ウソを次々と吐き出しながらカネをせびり取っていく。追いつめられた男たちは金策に走り回り、時にはノイローゼのような状態にまで追いつめられてしまう。

しかし、一方で美由紀には礼儀正しく振る舞う一面があり、時には女らしくはしゃぎ、男にじゃれつき、熱烈な愛の文句を綴った手紙やメールを送り続けていたという。かいがいしく尽くすような態度を取り、大田の言葉を借りるならば、「男にとって居心地のいい雰囲気」を醸し出すのが巧いところもあった。

病的なほどのウソツキだが、可愛いところのある女。二重人格としか思えぬほど支離滅裂だが、一緒にいると気分をよくしてくれる女。天性の男たらしとも言えるだろうし、根っからの虚言癖者、あるいはペテン師とも言えるだろう。だとすれば、幾人もの男たちが美由紀に惹かれてしまった理由も、分からなくはないような気になってくる。そういう美由紀の一面を、ママたちも感じていたのだろうか。

「美由紀ってさ、意外と礼儀正しくて、男の人を立ててくれるところがあるんだって？」

「ああ、サトミの話か？　誰かがそんなこと、言うてたか？」

「うん。いろんな人に取材してたら、そんな話を聞いたからさ」

「そうやなぁ、礼儀とか、そういうとこは割とキチンとしとったかもなぁ。だけぇ、ワタシも一時は自分の娘みたいに可愛がったんだからなぁ」

「沖縄だっけ？　旅行にも一緒に行ったたって言ってたもんね」

「おカネも全部うちげが出してなぁ。いま考えれば、ヒトに取り入るのが得意なんやろなぁ」

「可愛いところもあったらしいよ。付き合った男の人たちに、熱烈な手紙やメールをたくさん送ってたって」

「そうかぁ。それはワタシ、知らんけどもなぁ」

私の眼の前には、いつの間にかマミちゃんが立っていた。ハマムラさんの接客が一段落したらしく、ママが巨体を揺らしてトイレに行った隙を見計らって小声で話しかけてきた。

「青木さん、大田に会えたか？」

「ああ、ありがとう。ゆっくり話を聞いてきたよ」

「どんな話してた？」

「いや、まあ、美由紀のこと、いろいろ詳しく教えてくれてね」

瞬間、地味な眼鏡の奥のマミちゃんの眼が憎々しげな気配を帯び、口の端が歪んだ。おそらく嫉妬のような感情からなのだろう。またも突然、こんなことを口走り始めた。

「あの男、美由紀はシマリがよかったたって、ワタシにはそう言ってたわ」

「そ、そうなんだ……」

「あの男も、モノが太いからな。だから美由紀も、離さなかったんだ。でも、新しく知り合った安西のほうがよくなって、美由紀に捨てられたんだ。安西はカネもつくってくれたしなっ」

「…………」

「そうに違いないがっ」

ひとりごちるように言い放つマミちゃんに二の句が継げないでいると、店のドアが大きな音をたてて開き、一人の老女が姿を現した。乱れ切った頭は白髪だらけで、身にまとっている衣服は上下ともにボロボロ。どう見ても客ではなかったが、ずかずかと店内に入り込み、入り口近くのカウンター席に座っていたハマムラさんの背後に立った。

啞然としながら眺めていると、マミちゃんがハマムラさんの前に行き、三人で何やら話をはじめた。そのうちに老女はだんだんと激高しはじめ、ついには半ば意味不明なことをマミちゃんに向かって叫び始めた。

「このオンナはなぁっ、偽装結婚、偽装離婚っ!!」

「こぉーんな娼婦、見たことないわっ！　この娼婦っ！　このウソツキの、売女《ばいた》っ!!」

老女はそんなことを喚き散らしながら白髪だらけの髪を振り乱し、ペッペッペッと唾を吐き、ついにはカウンターの上に置かれていたゆで卵を手に取り、それを床に思い切り投げつけて憤然と店を出て行った。

老女が投げつけたゆで卵は床の上でべっちゃりと潰れ、黄身と白身が粉々に飛び散っていた。突然のことに私は声も出なかったが、トイレから戻ってきたママは平然とした顔でこう言うだけだった。

「アキちゃん、悪いけどなぁ、そこの床、片付けといてくれるかぁ」

ママだけではない。アキちゃんやマミちゃんも、それにハマムラさんにしても、さほど驚いた様子を見せない。いったい何事だったのか。

「あの女の人、誰だったの？」

ママに尋ねてみると、しわくちゃの顔をさらにしかめてママは言った。

「あのババアか？　近所にいるホームレスみたいなオンナや。最近、たまーに来ては、ああやって大騒ぎするんだが」

「なんで？」

「どうもハマムラのことが好きらしくてなぁ。昔、付き合うてたことがあるらしくて、そいでマミちゃんにヤキモチ焼いとるんよ。まったく、困ったもんやなぁ」

カウンターの中のマミちゃんも苦々しげに言う。

「ホント、困ったもんだで」

確かに困った老女である。だが、困ったものなのは、この店だって似たようなものじゃないか。

目の前にいるマミちゃんは、まだ二十九歳なのにもうバツ五。最後の結婚相手は七十歳近いハマムラさんで、生活保護費を半分もらうのが目的だった。

そのマミちゃんに新しい男を紹介したのはママ。しかも、強盗殺人容疑で逮捕、起訴された女とかつて同棲していた男を紹介し、「サミしそうだったから」と悪びれる様子もない。

あなたたちだって相当に滅茶苦茶じゃないか——そんな気持ちが湧いてくると同時に、眼の前のマミちゃんと美由紀の顔が重なり合ってくるような錯覚に陥り、少しだけ分かってきたようなつもりになっていた男たちの心情が、またも分からなくなる。

男たちはいったいなぜ、これほどドン底の店に吸い寄せられ、奈落の底へと堕ちていったのか。妻子もあり、分別盛りだったはずの男たちまでもがいったいなぜ、こんな店に漂っていた肥満体のホステスに惹かれ、翻弄され、破滅の淵へと追い込まれていってしまったのか。

やはり、分からない。眼の前には、マミちゃんが立っていた。その顔は相変わらず地味だったが、眼鏡の奥の瞳が妖しい光を放っているような気がした。

第8章 「真犯人」は誰なのか

1

二年ぶりに鳥取入りして取材を再開したものの、美由紀の一審公判は、なかなかはじまる気配がなかった。訊けば、裁判員裁判の導入に先立って創設された公判前整理手続きと呼ばれる作業に手間取っているのが理由のようだった。

二〇〇九年五月にスタートした裁判員裁判は、一般市民が刑事司法システムの重要な一角——すなわち殺人や強盗といった重大事件の第一審公判に参画することを最大眼目としている。従来の裁判はプロフェッショナルの職業裁判官によってすべてが差配され、判決まで言い渡されてきたわけだが、ここに「健全な市民の判断」を注入しようという意図の下につくられた制度であり、戦後日本の刑事司法史上でも特筆すべき一大転機となる司法制度改革であった。

この裁判員裁判については、いまなお賛否の声が燻《くすぶ》っている。

賛成の立場を取る者は、「硬直化しきった裁判に一般市民の判断を取り入れることで刑事司法全体の改革が進む」、あるいは「刑事裁判に一般市民が直接参加することは、お任せ民主主義からの脱却の契機となる」などと主張する。

反対の立場を取る者は、「憲法にも定められていない新たな義務を一般市民に課す〝動員〟にほかならない」と訴え、裁判員候補となった際の呼び出し拒否や秘密漏洩への罰則まで定めた点などを特に問題視する。

また、一般市民から選ばれる裁判員が「guilty or not guilty――有罪か無罪か」といった判断だけでなく、死刑までをも含む量刑の判断にも関わることから、「国家権力の先兵となって被告に罰を下す役割を担わされるだけだ」といった批判論もあるし、これに伴う精神的負担の重さなどに対する疑義も提起されてきた。

私自身はどうかといえば、裁判員裁判には相当に懐疑的な立場を取っているのだが、そうした是非論はともかくとしても、一般の市民が裁判にかかわる以上、公判の日数はできる限り短期に圧縮しなければならない。従来のように何ヵ月も、場合によっては何年もかかる公判に一般市民の裁判員が加わるのは、どう考えても不可能だからである。

そこで、公判を迅速化するためにつくられたのが公判前整理手続きであり、一審公判の開始前に裁判官、検察官、弁護人の三者が協議し、公判本番における争点や証拠などを絞り込んでしまう。この手続きを踏むことで従来より公判日数を大幅に短縮させられるのだが、実をいえば、この公判前整理手続きにも根強い疑問の声がある。従来は一審の公判廷で行われていた作業を非公開の場で行ってしまうのに等しく、憲法が定めた裁判の公開原則に反するものだという批判がある一方、警察や検察が収集した証拠が開示されやすくなったとの〝効能〟を弁護側から評価する意見もある。

これもひどくおかしな話なのだが、この国の現在の刑事司法システムの下では、警察や検察が収集した証拠は警察や検察が独占的に抱え込んでしまい、弁護側がそれにアクセスするのは困難を極める。極端な場合、証拠の中に被告人の無実を指し示すものがあっても、警察や検察が素知らぬ顔で隠してしまうような不条理すらしばしばまかり通ってきた。

冷静に考えてみれば、警察や検察が収集した証拠とは、我々が負託した強権と税金を使ってかき集められるのだから、本来は公共財と位置づけられるべきもののはずである。従って、原則的にはすべての証拠が弁護側にも公開され、それに基づいて検察は有罪の立証を、対する弁護側は被告の弁護活動を行うのが本筋であるはずなのだが、現状はそうなっていない。警察・検察は手持ちの証拠群の中から被告の有罪を指し示す選りすぐりの証拠のみを公判に提出し、仮に被告側に有利な証拠があっても弁護側はそれにアクセスすらできないままの活動を強いられてしまう。

近年相次いで発覚している冤罪事件にしても、警察や検察によって隠されていた証拠が裁判所の指示などでようやく開示され、冤罪だと明らかになったケースが圧倒的に多い。こうした状況の下で公判前整理手続きが導入され、警察や検察の手持ち証拠が開示されやすくなったと一部で〝評価〟されているのは、事前に争点や証拠などを絞り込むためには相当程度の証拠を弁護側に示す必要が生じたためなのだが、これはいかにも倒錯した論理というべきであろう。本来なら、裁判員裁判や公判前整理手続きなどの導入などよりも先に、刑事司法のあるべき原則に反する悪弊を是正して証拠の全面開示を実現させていくことこそが先決なのではないかと、私などは思ってしまう。

話が少々脇道にそれた。鳥取連続不審死事件に戻れば、二件の強盗殺人と詐欺、住居侵入窃盗などに問われた上田美由紀の場合、鳥取県警と鳥取地検は合計八度に及ぶ逮捕と起訴を繰り返した末、県警は二〇一〇年五月十日に捜査本部を解散して捜査終結を宣言、公判前整理手続きは年末の十二月二十四日からはじまっていた。

しかし、私が二年ぶりに鳥取入りした二〇一二年四月の段階になっても公判前整理手続きは終わっておらず、第一審公判の日程はメドすら立っていない状況が続いていた。美由紀に突きつけられた容疑事実が多かった上、死刑判決まで想定される重大事件であることを踏まえれば無理もないのだが、二件の強盗殺人について美由紀の弁護側は当初、事件性そのものを争う姿勢——つまり、事件そのものが殺人事件ではなかったとする主張を展開し、検察側と弁護側による争点絞り込み作業の歯車がなかなか噛み合わなかったのである。

結局、美由紀の弁護団は当初の主張を取り下げ、実に四十二回にわたった公判前整理手続きが終了して一審公判の日程が固まったのは二〇一二年五月三十一日のことだった。

公表された初公判の期日は九月二十五日。判決公判は十二月四日。裁判員の選任から判決までの日数は計七十五日という長丁場の裁判員裁判は、審理が計二十四回開かれることなどもようやく決まったのだった。検察側と弁護側による論点整理に時間がかかったとはいえ、最初の起訴から判決公判までは三年と十四日もかかり、これは裁判員裁判がはじまって以降では最長の記録となった。

2

この間に私は、放置していた二年の空白を埋めるように何度も繰り返して鳥取へと足を運ぶようになった。一審の公判では、美由紀本人はもちろん、事件の重要関係者が法廷に姿を現す。美由紀が自らの口で事件について語ることになれば、幾人もの男たちが堕ちていった理由のようなものがもっと見えてくるかもしれない。美由紀の最後の同棲相手である安西義孝も証人として出廷し、美由紀の眼前で検察側と弁護側から尋問を受けることになる。ならば、その公判を可能な限り傍聴し、現地での取材をもっと尽くしてみよう——そんなことを考えながら、鳥取通いを続けた。

通常はもちろん、羽田からの空路を利用した。しかし、わざわざ鉄道を使って鳥取入りしたこともあった。東京からだと新幹線と在来線を乗り継いでいくことになる鉄路は、乗り換えが順調にいっても優に五時間以上はかかってしまうのだが、空路ではなかなか分からない土地鑑のようなものを皮膚感覚で掴むことができる。なかでも鳥取という場所の地理的な特性は、陸路で現地入りするとよく分かってくる。

前述したように、鳥取という地——特に鳥取市を中心とする鳥取県の東部地方は、本州の一部にありながら〝陸の孤島〟という表現がぴったりくるほどの僻地として長く放置されてきた。鳥取での取材中も「ここは陸の孤島みたいなもんだから」という自嘲に似た台詞を地元の人々から幾度も聞かされたし、疲弊する一方だと指摘される現代日本の地方都市の悲哀を凝縮したような地域と評すことができる。

実際、鳥取市の周辺各地を取材のため歩き回っていると、日本の地方都市が抱える苦悩がまざまざと眼の前に立ち上がってくる。そうした現状を踏まえた上で「鳥取県警はじまって以来」などと称された事件を俯瞰的に眺めると、同じ時期に発生して世の耳目を集めた首都圏連続不審死事件とは相当に対照的な、しかしきわめて深刻な現代日本の断面図が垣間見えてくる。

たとえば、都市と地方の格差。疲弊する地域経済。崩壊寸前の地元商店街。大手を振って蔓延《はびこ》るグローバリズムと、それに伴って地方の隅々にまで押し寄せてくる陳腐な均質化社会。

あるいは、高齢化と人口減少。さらには貧富の差の拡大と生活保護受給者の増加。鳥取連続不審死事件の周辺や関係者を取材していると、そんな病理が各所にべったりとこびりついていることに気づかされる。

日本社会の現状と未来を考える時にそれは、軽薄な流行言葉で彩られたことで「時代性」や「社会性」を表象するかのように喧伝された首都圏事件よりもはるかに腰を据えて再考察しなければならない事々《ことごと》のように、私には思えてならなかった。

　鳥取でも、地元経済や商店街の疲弊、崩壊が着実に進行し、同時に商業施設の郊外化、大型化というドーナッツ化現象が急速に押し寄せた。この傾向をもたらした主たる原因として挙げられるのは一九九〇年代からの規制緩和、なかでも米国の圧力によってはじまった大規模小売店舗法（大店法）の度重なる改正などであった。

　これによって日本の地方都市の風景は現在、著しい変貌が進んでしまったが、鳥取市も国道やバイパス沿いに全国チェーンの大型量販店やファミリーレストラン、コンビニエンスストアなどが立ち並び、郊外には巨大な総合ショッピングモールが偉容を誇って聳《そび》えている。現地での取材時に私も何度か立ち寄ってみたが、鳥取駅の周辺にある古くからの商店街がすっかり廃《すた》れ、昼間でも人の気配がほとんどなくて閑散としているのに、郊外の巨大ショッピングモールは常にかなりの買い物客で賑わいを見せていた。

　そんな風景は地方都市での取材旅行で見慣れていたから特に驚きもしなかったのだが、何度目かに鳥取入りした際、取材先への手土産を購入しようと思ってショッピングモールに立ち寄った時は少々驚いた。モール脇に併設された広大な駐車場には数えきれないほどの車が停まっていたが、ざっと見渡したところ、少なくとも半分以上が軽自動車だったからである。価格や税金、燃料代といった維持経費の安い軽自動車が多いのも、自家用車が日常に欠かせぬ足となっている地方都市の傾向ではあるのだが、これほど大量に軽自動車ばかり停まっている光景を見るのは初めての経験だった。

鳥取県内のあちこちをレンタカーで走り回っていた私は、他の地方都市に比べても軽自動車を見かけることが多いような印象を持っていて何やら気にかかってはいたのだが、調べてみると疑問はすぐに氷解した。鳥取県は、世帯あたりの軽自動車普及率が日本一高く、そのトップの地位を三十年近くも維持し続けていたのである。

社団法人・全国軽自動車協会連合会の統計によれば、二〇一二年三月時点での鳥取県の百世帯あたり軽自動車保有台数は九九・〇。一世帯当たりに換算すれば〇・九九となり、県内のほぼ全世帯が一台の軽自動車を保有している計算となる。公共交通網の充実した大都市圏である東京の〇・一一、大阪の〇・二六よりはるかに高いのは当然にせよ、全国平均の〇・五一と比べても倍近い値を叩き出している。

同じ時点における軽自動車保有台数で鳥取県に次ぐ第二位は佐賀県、三位は島根県、四位は山形県、五位は長野県となっていて、いずれも公共交通網の脆弱な地域ではあるのだが、その中でも鳥取は一九八四年から一貫して首位の座を守り続けてきた。これはすなわち、公共交通網の貧弱さや商業施設の郊外化といった地方都市共通の状況を反映していると同時に、そうした地方の中でも鳥取は飛び抜けて自家用車の必要性の切実度が高く、かつ経済的に恵まれていないことを物語る。

3

興味をそそられていろいろ調べてみると、鳥取市に関しては、このほかにも興味深いデータがいくつも見つかった。

少し変わったところでは、カレールウの購入量。総務省統計局が定期的に実施している家計調査によれば、鳥取市は長きにわたって一世帯当たりのカレールウ購入量が全国でトップだった。二〇〇八年以降の調査では佐賀市に抜かれてしまったものの、以後も全国二位を維持し続けている。

同じく総務省の家計調査データでは、インスタント麺の一世帯当たり消費量、購入金額も鳥取市が二〇〇八〜二〇一〇年の平均値で全国トップ、冷凍調理食品の購入金額でも佐賀市に次いで第二位となっており、インスタント麺も冷凍食品も全国平均の一・五倍から二倍近い数値を示している。

こうしたデータが意味しているところは何か。鳥取で出逢った人々に尋ねてみたのだが、確たる実証研究を積み重ねている人はいないらしく、たとえばカレールウの購入量が多いのはラッキョウの名産地だからにすぎない、といった声も聞かれた。

しかし、軽自動車の世帯あたり所有率が全国トップで、カレールウやインスタント麵、冷凍食品などの購入・消費が圧倒的に多い背景には、おそらくもっと別の理由がある。

その回答を示唆するデータもある。

たとえば内閣府が二〇一二年二月に発表した調査結果によれば、二〇〇九年度における鳥取県の一人当たり県民所得は二百十九万九千円で、全国四十七都道府県のうちで四十二位。また、総務省統計局による二〇一〇年の調査では、勤労者世帯の世帯主収入が全国四十七都道府県のうちで最下位に近い四十五位となっている。一方で世帯主の配偶者が勤めに出て得ている収入は全国八位にランクインしていて、二〇〇三年の調査ではこれが三位にまで上昇していた。

これらの数字は果たして何を物語っているか。女性の社会進出が進んでいる、と考えたくもなるが、おそらくそうではあるまい。もっと切羽詰まった事情が背後にあると考えるほうが自然だろう。

要するに鳥取は、一人当たりの所得が全国的に見ても最下位レベルで、世帯主——

日本社会の現状を考える時、一般的には夫であることが大半だろう――の収入だけでは家計を維持するのが難しい。従って世帯主の配偶者――これも一般的には妻であることが大半だと思う――がパートなどの形で勤めに出て家計を助けているケースが多い。

これに前述した軽自動車の保有率、カレールウやインスタント麺、冷凍食品の購入量データなどを重ね合わせてみれば、山陰・鳥取の次のような現実が浮かび上がってくる。

大半は妻だろう配偶者が勤めに出るとなれば、公共交通網の貧弱な鳥取では、通勤のための足として二台目の自家用車が絶対必要となる。しかし、全国的に見ても所得が低いため、車体価格はもちろん、税金や燃料などの維持経費が安くすむ軽自動車を購入する比率が圧倒的に高くなる。また、妻が勤めに出るとなれば、自宅での食事に手間ひまをかけにくくなり、作り置き可能なカレーや準備の簡便なインスタント食品の購入量が増える。

つまり、いずれのデータにしても、疲弊する日本の地方の中でも鳥取がとりわけ苦しい状況を強いられていることの証左と考えていい。片山県政の後を継いで総務官僚から鳥取県知事に転じた平井伸治も、二〇一〇年一月十八日に鳥取大学で講演した際、こんなことを語っている。

「鳥取にはいろんな指標があると思いますが、まず皆さんの頭に思い浮かぶのは、全国で一番小さな自治体だということ。わずか五十九万一千百五十人ということでございまして、少ないほうから数えて一番目ということです。身近なところで考えていただきますと、例えばカレー王国だと。カレールウが一世帯一年で一番。インスタントラーメン、これも一番。ちょっと貧しい感じがいたしますけれど、この裏が実はあるのだと思います。私が推測するに、雇用形態だとかいろいろあると思うのです。

軽自動車の普及率も全国一位だと。一家に一台、軽自動車。とんでもなく多いなと思われると思います。これは結局、鳥取県の場合には結構、共働き率が高いのです。二台目、三台目ということもありまして、軽自動車が普及をする。カレーだとかインスタントラーメンというのも、おそらく、そういうところが若干の影響があると思います。手軽につくれる食材が重宝されている」

知事の語るように、鳥取は人口、世帯数とも四十七都道府県の中で最も少ない全国最小県であり、中でも鳥取市を中心とする県の東部地域は、鉄路にしても陸路にしても外部からのアクセス手段がきわめて貧困だと明治期から指摘され、そうした状態が長く放置され続けてきた。

こうしてみると鳥取は、現代日本の地方社会の悲哀と疲弊を凝縮したような地域であることが浮き彫りになってくる。自然豊かな海と山に囲まれ、山海の味覚や温泉が観光客を魅了する一方、地元の人々は低所得を甘受し、軽自動車での移動を余儀なくされ、簡便なインスタント食品を多く消費し、古くからの商店街は全国チェーンの格安量販店や巨大ショッピングモールに襲いかかられて絶滅寸前の淵に追い込まれている。

だとするならば、鳥取最大の歓楽街だとはいっても、弥生町の界隈が寂れ切ってしまっているのも無理のない話だった。都会に乱立する有象無象の風俗店など皆無に近く、国道沿いや郊外に林立する金太郎飴的な大型店に客を奪われ、夜のかきいれ時になっても人の往来はほとんどない。ぽつりぽつりとまばらに灯るネオンの間には、シャッターを下ろしたままの店ばかりが増えていく。

そんな衰退する街の片隅にひっそりと佇むスナックで、男たちは一人の女に出逢い、次々に不審な死を遂げていった。〝デブ専〟などと揶揄される店に漂っていた肥満体のホステス＝美由紀は、高級ブランド品などを嗜好していた気配はほとんどなく、むしろ郊外のファミリーレストランやラブホテルを好んで利用し、国道沿いの格安量販店では不必要なものまで大量買いしてその大半をガラクタとして打ち捨てていた。

その姿には、鳥取という地の置かれた地理的、社会的状況が色濃く映し出されている。

なぜ男たちはこんな女に惹かれ、溺れ、堕ちていったのか、少しずつ分かりはじめていたものの、まだまだ分からないことは多かった。

間もなく美由紀の一審公判がはじまる。そこでさらなる実相のようなものを、果たして得られるのだろうか。

4

鳥取地方裁判所は、県庁や市役所、県警本部、県立図書館などが集まる鳥取市中心部の官庁街の一角に立っている。二〇一二年の九月二十五日、美由紀の第一審初公判をようやく迎えたこの日、鳥取地方は快晴で、地裁上空は朝から気持ちのいい青空が広がっていた。

県庁所在地の官庁街とはいっても、全国最小の県ということもあり、普段は静かなものである。しかし、この日ばかりは様子が違った。地裁の周辺には早朝から傍聴券を求める人垣がいくつもでき、地裁正面の駐車場にはテレビ局の中継車がずらりと並び、地裁一階には臨時の記者室まで特設され、それぞれの社の腕章やカメラをぶらさげた記者たちが慌ただしく出入りしていた。

美由紀が被告人となり、二件の強盗殺人と詐欺、住居侵入窃盗などに問われた鳥取連続不審死事件が「鳥取県警はじまって以来の大事件」と称されていたことは紹介した。それはすなわち、「鳥取地裁はじまって以来の大事件」であることを意味するのだが、普段は大型事件のほとんどない鳥取地裁の法廷は狭く、一般用の傍聴席は二十三席しかない。傍聴券が抽選となることは確実であり、地裁も事前に準備はしていたものの、予想以上に多くの傍聴希望者が詰めかけたため、予定より三十分以上も繰り上げて午前八時前から抽選のための整理券を配付しはじめるほどだった。

地裁によれば、最終的に詰めかけた傍聴希望者は一千百十五人に上った。一般傍聴席が二十三席だから、当選確率は四十八倍を超える計算になる。午前十時の開廷に先立って午前九時二十分から地裁脇の広場で抽選が行われ、その結果が発表されると、詰めかけた傍聴希望者からは大きなどよめきが起きた。

——と、ここまで書いた初公判当日の様子は、ほとんどが後の取材で知ったことである。実をいうと私は、初公判の九月二十五日、どうしても外せない仕事が東京で入ってしまっていて、鳥取地裁に直接赴くことができなかった。私が現地入りしたのは翌日の九月二十六日午後。美由紀が出廷する公判を実際に取材できたのは、そのさらに翌日にあたる九月二十七日に開かれた第二回公判が最初だった。

ただ、初公判の内容と様子は、つぶさに知ることができる仕組みになっていた。私が原稿の依頼を受けた講談社も加盟する日本雑誌協会の枠で取材用の傍聴席が一つだけ確保され、法廷に入った他社の週刊誌記者から情報が伝達されていたからである。

一般にはあまり馴染みがないと思うが、新聞やテレビも含めたメディア業界では時おり行われる「代表取材」という慣習がある。取材用のスペースが物理的に限られていたり、大勢の記者が押し寄せて混乱が予想される場合にこうした手法が用いられ、事前に約束を取り交わした複数メディアの代表として特定の記者が取材にあたり、その情報は複数メディア間で共有される。このシステムによる取材・報道は、どうしても情報が画一的なものになってしまうし、メディアの自由な取材という大原則が制限されてしまいかねないから、あくまでも例外的に行われるものではあるのだが、代表取材にあたった記者は、見聞きした情報を参加メディア内にすべて伝えるのが決まりとなる。

その情報を東京で受けていた私は、美由紀の弁護人が初公判で明らかにしたという主張を知って耳を疑った。

美由紀の弁護人は、詐欺や住居侵入窃盗については起訴内容を大筋で認める一方、二件の強盗殺人については断固として否認する方針を示した。ここまでは事前取材で予想していた範囲内だったのだが、美由紀の弁護人はさらに踏み込み、「真犯人」は別にいると主張し、大胆にもその人物を名指しまでしたのである。

私もこれまで少なからぬ数の刑事裁判を取材し、起訴内容を懸命に否認する被告人は幾人も見てきた。だが、公判廷で起訴内容を否認するにとどまらず、「真犯人」を名指ししたケースに出会ったことは一度もない。美由紀の犯行ではないという主張は想定内だとしても、ならばいったい、海岸と河川で不審死していた二人を殺害したのは誰だというのか。

安西義孝。それが美由紀の弁護人が名指しした「真犯人」だった。もともとは自動車販売会社のヤリ手営業マンで、美由紀が逮捕直前まで一緒に暮らしていた最後の同棲相手の男である。

二件の不審死が発生した当時、美由紀と行動をともにする間柄だった安西が何らかの形で事件に関与していたのではないか、という見方は確かにあった。仮に二件の強盗殺人が美由紀の犯行だとするならば、少なくとも安西が何も知らないというのは不自然ではないか、との指摘も根強くささやかれていた。

だが、別件の詐欺容疑で美由紀と同時に逮捕された安西について鳥取県警と鳥取地検は、二件の強盗殺人とは無関係であると早々に結論づけ、詐欺罪と住居侵入窃盗罪だけで起訴してすでに懲役三年の実刑判決が確定していた。詳しくは後述するが、美由紀の強盗殺人容疑を是が非でも立証したい警察・検察が策をめぐらせ、安西を説得し、警察・検察側の脆弱な立証活動を補強するための重要証人に仕立て上げたのではないか、との疑惑まで飛び交っていたのである。

その安西こそが「真犯人」であると指弾した美由紀の弁護人は、どのような思惑を抱いて初公判に臨んだのか、なんらかの成算があっての主張だったのか、この時点ではまったく分からない状況だったが、代表取材によって得た情報や地元の新聞報道、それに後の取材で知った事実などをもとにし、まずは初日の公判廷の様子と内容を紹介しておきたいと思う。

5

鳥取地裁は、少しくすんだ白色の外壁に覆われた三階建ての建物である。美由紀の公判は、その最上階にある第三十二号法廷で午前十時からはじまった。制服姿の刑務官に曳かれた美由紀が法廷に姿を現したのは、開廷時刻より少し前の午前九時五十五分。女性刑務官に手錠を外され、弁護人席の脇にある席に巨体を預けた美由紀は、口をつぐんだまま開廷を待った。二〇〇九年十一月に詐欺容疑で逮捕されて以降、美由紀が初めて公の場に姿を現した瞬間だった。

机の上に置いた美由紀の手には、タオル地の小さなハンカチが握られていた。身にまとっていたのは、長袖の白色シャツと黒色のロングスカート。代表取材で法廷に入った週刊誌の女性編集者は、首都圏連続不審死事件の木嶋佳苗の一審公判を傍聴した経験もあるというが、「佳苗と違って華やかさのようなものはまったく感じられない地味な装いと雰囲気だった」と振り返っている。

午前十時ちょうど、三人の裁判官とともに男女六人の裁判員が法廷正面の大きな扉から入廷した。美由紀と弁護人、検察官と傍聴人は全員が起立してこれを迎え、ついに公判がスタートした。

まず行われたのは、刑事訴訟法の定めるところに従い、検察官による起訴状の朗読である。二件の強盗殺人罪のほか、十三件の詐欺、一件の住居侵入窃盗――それが美由紀に突きつけられた被疑事実のすべてだった。

検察官の起訴状朗読が終わると、裁判長の野口卓志が美由紀を促して法廷中央の証言台に立たせ、静かな声で問いかけた。

「名前は？」

証言台に立った美由紀は、野口の問いかけに落ち着いた声で応じた。

「上田美由紀です」

裁判長の野口が続けて問うた。

「検察官が読み上げた起訴状に何か事実と違う点はありますか」

再び美由紀が答えた。

「あります。二件の強盗殺人について、私は、やっていません」

そしてこう続けた。

「詳しいことは、弁護士に聞いて下さい」

言葉数は少なかったものの、強盗殺人に関しては断固とした全面否認だった。

これを受け、午前十時四十五分から検察側が総括冒頭陳述を行った。刑事訴訟法は、公判廷での証拠調べに先立ち、検察官が証拠によって証明する事実を明らかにしなければならないと定めている。つまり検察側は、この中で検察側が組み立てた犯罪の背景、動機、実行に至るまでの経緯などについて陳述しなければならない。

美由紀の初公判では、美由紀に突きつけられた被疑事実の多さを示すように、検察側による総括冒頭陳述の読み上げも約一時間にわたって行われた。すでに記した部分もあるので簡潔に紹介すれば、警察・検察が苦心惨憺の末に描き出した二件の強盗殺人事件の概要と、それに至る構図は次のようなものであった。

×　×　×　×　×

（1）トラック運転手だった坂口昭夫の殺害事件＝第四の不審死事案

被告は、交際していた坂口（死亡当時は四十七歳）から提供を受けた二百七十万円の返済を求められており、二〇〇九年の四月四日朝、携帯電話で坂口を呼び出して睡眠導入剤を飲ませ、鳥取県北栄町の日本海で溺れさせて殺害、借金の返済を免れた。

（2）電器店を経営していた丸山五郎の殺害事件＝第五の不審死事案

被告は、丸山（死亡当時は五十七歳）から家電製品の代金百二十三万円の支払いを求められており、二〇〇九年の十月六日朝、携帯電話で丸山を呼び出して睡眠導入剤を飲ませ、鳥取市の摩尼川で溺れさせて殺害、代金の支払いを免れた。

（3）睡眠薬の入手経路など

被告は、二〇〇八年十一月ごろから近所に住む夫妻が所持する睡眠薬を欲しがるようになり、夫は被告に渡すのを断ったものの、妻から効き目の弱い睡眠薬をもらうようになった。被告は夫妻宅へ自由に上がり込んで話をする間柄で、睡眠薬などの保管場所も知っており、坂口に飲ませた睡眠薬は二〇〇九年三月ごろ、被告が夫妻宅から無断で持ち出したもの。丸山に飲ませた睡眠薬は二〇〇九年九月下旬、「暴力団組長の女が覚醒剤をやめるために必要」などとウソを言って騙し、夫から譲り受けたものだった。

（4）安西義孝との関係など

自動車販売会社に勤めていた安西が二〇〇七年十二月、被告の勤めるスナックに通いはじめると、被告は「家族が車をほしがっている」などとウソをついて安西の気を引き、妊娠や自殺をほのめかして騙した。安西は結局、家族と別れて被告との生活をはじめ、仕事も辞めた。

さらに被告は、安西に「金になる仕事をしろ」と要求し、借金や生命保険の解約でカネをつくらせたり、詐欺を重ねさせたりするようになった。ただし、二件の強盗殺人は被告人の犯行である。いずれの事件も同じ構図であり、二人の被害男性と直接関わったのは被告のみであり、安西は被告に利用されたにすぎない。

×　×　×　×

検察側は総括冒頭陳述で以上のような概略図を描き出し、それを今後の公判廷で具体的に立証していくと宣言したわけだが、二件の殺人に関しては犯行の目撃証言といった直接証拠がまったくなく、当の美由紀も取調べ段階から一貫して否認を貫いてきた。従って二件の殺人を美由紀の犯行だと訴える検察が以後の公判廷に提示した証拠群は、その一つ一つを捉えればきわめて弱々しい状況証拠に過ぎず、検察の立証活動は砂上の楼閣にも似た危うい代物であった。
ここで、二つの事件について検察側がその後の法廷で示した状況証拠の一部も列挙しておく。

×　×　×　×

（1）犯行に使われた睡眠導入剤について
二人の被害男性である坂口と丸山の遺体から検出された睡眠導入剤は、被告と付き合いのあった近所の夫妻が所持していたものと成分が一致する。また、この睡眠導入剤を被告が入手したと夫妻は証言している。
（2）鳥取県北栄町での坂口死亡事件について
事件当日の朝、被告の携帯電話から坂口の携帯電話に複数回、電話があったのは通話記録から明らかである。防犯カメラの画像などから、被告が犯行当日に事件現場付近のコンビニエンスストアに立ち寄った形跡もある。また、坂口のダイハツ・ミラは、運転席のシートベルトの留め金から被告のDNA型と一致するDNAが検出された。これは、被告が坂口のダイハツ・ミラを運転して現場に到着した疑いがあることを示している。
（3）鳥取市の摩尼川での丸山死亡事件について

事件当日の午前八時すぎ、被告の携帯電話から丸山の携帯電話に発信があったのは通話記録から明らかである。また、被告が午前八時半ごろ丸山と合流したとの関係者証言があり、その後に事件現場の摩尼川へ向かったことなどを、丸山の車のカーナビゲーション記録が示している。

×　×　×　×

一読しただけで分かる通り、いずれも決定的な証拠といえるものではなく、二件の殺人が美由紀の犯行だという前提の上に立つならば、それを補強するといった程度の間接証拠にすぎない。こうした立証活動の脆弱性を有力に裏支えしたのが、美由紀の最後の同棲相手である安西の証言だった。

たとえば、北栄町での坂口不審死事案について安西は、おおむね次のような証言をしている。

《事件当日の朝、被告から電話や携帯メールで「坂口さんに連れ回されている」「迎えに来い」などと連絡があり、被告の指示通りに鳥取県北栄町の現場付近まで迎えにいった。

到着してみると、坂口のダイハツ・ミラが砂浜に突っ込むような形で停車しており、被告は全身ずぶぬれの状態で「坂口がおらんようになった」「寒いからどこかで着替えたい」と言い出した。被告を待たせて少しの間、周辺を探してみたものの、坂口の姿は見当たらなかった。

その後、被告の着替えや下着を買うために車で近所の衣料品量販店「しまむら倉吉店」に立ち寄り、ラブホテルにチェックインし、被告は風呂で身体を温めた。警察への通報も勧めたが、被告に「疑われるのがイヤだ」と言って拒否された》

また、摩尼川の丸山不審死事案に関しては、さらに重要な証言をしている。おおむね次のような内容である。

《事件当日の午前、被告から携帯電話で「丸山さんが風邪薬を飲んで眠いと言っているから迎えにこい」と連絡があり、車に乗って鳥取市内の漁港まで被告と丸山を迎えに行った。

到着してみると、丸山は自分の車の運転席でぐったりしており、「大丈夫ですか？」と声をかけたが、動けない様子だったので、肩を貸して助手席に移した。被告は「丸山さんの眠気を覚ますため、別の場所で涼ませよう」と言い出し、被告と丸山と三人で摩尼川の堰堤《えんてい》付近に車で移動した。

その後、被告から「丸山さんと話があるから、近くの駐車場で待っていろ」と指示され、言われた通りに待機していたところ、被告から電話で「迎えにこい」と言わ

れ、再び摩尼川の堰堤付近に戻った。この時、すでに丸山はいなかった》

たしかに安西証言の内容は重大そのものであり、警察・検察にとってみれば、弱々しい間接証拠群を強力に裏支えする貴重で重要な証言といえる。

ただし、安西も「殺害現場」を目撃したわけではなく、そもそも証言内容が信頼に足るものなのかという根本的な疑問は拭えない。繰り返しになるが、安西は当時、美由紀と暮らしつつ、一緒になって取り込み詐欺のような行為に手を染めていた。その最中に美由紀が二件もの殺人を犯したとするなら、安西がまったく知らなかったというのはあまりに不自然であるし、安西自身が何らかの形で殺人に関わった可能性すらある。

だから美由紀の一審公判では安西証言の真贋が最大焦点の一つとなり、安西本人が出廷する期日はメディアの注目が一段と高まるのは必至だった。しかし、安西の証人尋問が予定されているのは十月中旬であり、それまでにはまだ少々の時間があった。

6

話をふたたび初公判当日の二〇一二年九月二十五日に巻き戻す。

二件の強盗殺人を美由紀による単独犯行だと断じる方針を示した検察側の総括冒頭

陳述は、一時間近くにわたって読み上げられ、法廷は午前十一時四十五分ごろ昼休みに入った。午後一時から再開された法廷では、今度は弁護側が総括冒頭陳述を行い、検察側主張に真っ向から対峙する姿勢を鮮明にした。

従来の刑事裁判においては、弁護側が冒頭陳述を行うか否かは弁護側の裁量に委ねられていた。検察側がどのような証拠に基づいて起訴事実を立証していくのか、弁護側は事前にそれを把握することができず、初公判の時点ではじめて知る仕組みになっていたからである。

しかし、裁判員裁判の導入に先立って公判前整理手続きが新設されると、この手続きに付された刑事裁判に関しては弁護側も冒頭陳述を行うことが刑事訴訟法で新たに義務づけられた。公判前整理手続きが行われれば、事前に争点と証拠が絞り込まれ、初公判の時点で検察側の立証方針を弁護側も把握できるようになったのがその理由である。

公判前整理手続きに二年近くの時間をかけた美由紀の公判でも、弁護側は冒頭陳述を行わねばならなかったわけだが、この総括冒頭陳述の中で弁護側は、二件の殺害は美由紀によるものではないと全面否認した上、最後の同棲相手だった安西義孝こそが「真犯人」であると驚愕の主張を展開したのである。

少し長くなるが、以後の公判で示された内容も一部含め、美由紀の弁護団による主張の要旨をかいつまんで紹介しておく。

×　×　×

弁護人としては、二件の強盗殺人事件はいずれも犯人が被告なのか、それとも安西義孝なのかというのが争点だと考える。そして二件の強盗殺人事件は、次のような共通点がある。

(1)二人の被害男性と最後に接触したのは被告ではなく、安西である。

(2)安西が何らかの方法で二人の被害男性に睡眠導入剤を飲ませた。

(3)二人の被害男性から借金や代金の支払いを求められていたのは、被告ではなく安西だった。

被告と安西の関係はそもそも次のようなものであった。

安西は二〇〇七年の末ごろ、被告がホステスとして勤務していたカラオケスナック・ビッグに客として訪れた。ビッグのホステスは太った女性であり、客も太った女性を目当てに来店し、安西は初対面で被告のことを気に入った。出逢った日にキスをし、デートに誘われたものの、被告は安西を好きになれないまま二〇〇八年二月に肉体関係を持った。

さらに安西は被告に交際を迫ったが、被告としては妻子を持つ安西の気持ちが離れればと思い、関係を悪くするために「妊娠した」とウソをついた。ところが安西はあきらめず、なおも積極的に被告と接するようになり、二〇〇八年四月ごろには仕事を辞め、被告のアパート近くで車中泊までしながら熱意を示した。同じころにホステスを辞めた被告も次第に心が傾き、二〇〇八年七月からは同居をする関係となった。

この間、二人の間に暴力等はなく、金銭も平等に使うなど、力関係はあくまでも対等であり、一緒に大阪のテーマパークへ旅行をするなどして遊んで暮らしていた。しかし、二〇〇八年十一月ごろになると生活資金が底をついたため、安西の発案で詐欺の実行を決意した。詐欺は二人で相談、協力しながら行われ、そうした生活が二〇〇九年十一月の逮捕まで続いた。詐欺で得たカネは生活費や遊興費に使った。

被害男性の一人である坂口と被告の関係であるが、被告は安西と親密な関係になった直後、坂口とも親しい間柄になった。坂口は、五人の子どもを女手一つで育てる被告を不憫《ふびん》に思い、月々の生活費などを援助した。これについては安西も承知していたが、一方の坂口は被告と安西の関係を知らず、ある時にそれを知ったため安西を追及し、被告に渡した二百七十万円の返済を安西に強く要求するようになっていた。

もう一人の被害男性である丸山と被告は、二〇〇五年ごろに知り合い、子どもが五人いる被告の生活が苦しいことを知った丸山から、中古の家電製品を譲り渡してもらうようになった。被告が安西にこの話をしたところ、丸山への詐欺を持ちかけられ、被告は丸山に恩義を感じていたものの、やむなく応じることになってしまった。

この際、被告と安西は別々に家電製品を注文した。丸山は、親交のあった被告には分割払いを認めていたが、安西については一括での支払いを強く求めていた。また、被告には代金を支払う意志があり、実際に代金の一部を支払ってもいた。

被告が所持していた睡眠導入剤は、被告の母親に渡すために知人女性から譲り受けたものであり、近所に住む夫妻から睡眠導入剤を譲り受けたこともなければ、盗み取ったこともない。一方の安西は、その夫妻の夫と日常的に行動をともにし、自宅で酒を飲むことなどもあったことから、安西のほうが夫から睡眠導入剤を入手した可能性が高い。

以上、二件の強盗殺人については、二人の被害者から金銭の支払いを要求されていたのはいずれも安西であり、安西が何らかの手段で睡眠導入剤を飲ませて殺害したとみられる。

×　×　×　×

検察側の冒頭陳述も砂上の楼閣の如き危うさを孕んでいたが、大胆にも安西を「真犯人」とまで名指しした弁護側の主張も、相当に根拠薄弱な推論に過ぎぬ代物であった。大手紙の鳥取支局を含む地元司法記者たちの受け止めも同様だったらしく、各社で構成する地元記者会は初公判の終了後、弁護団に記者会見を求めた。しかし、美由紀の弁護団は基本的にメディア取材を拒否する姿勢を取り、会見や個別取材などには一切応じなかった。

結局、地元記者会は書面で弁護団に質問をぶつけ、それに対して弁護団からは次のような回答が寄せられたという。

×　×　×　×

Q　生前の被害者と最後に接触したのは安西だという意味は？
A　被害者が存命中、いずれも最後に会ったのは安西という意味である。
Q　二件の強盗殺人は、いずれも安西の単独犯ということか？
A　その通りである。
Q　安西主犯説は、弁護団の主張なのか、それとも被告人の主張なのか？
A　被告人の主張、供述に基づき、弁護団が主張したものである。
Q　被告人は、安西の犯行を目撃しているのか？
A　現時点では、お答えできない。

Q　睡眠薬の入手法、飲ませた方法は不明なのか？
A　安西が睡眠薬を入手した場面や飲ませた場面を被告が目撃したわけではないので、その詳細は分からない。
Q　被害者が金銭の返済を強く求めたのが安西だったとの主張については？
A　その態様については、両事件の冒頭陳述で明らかにする。

×　×　×　×

結局のところ、よく分からない。しかも美由紀の弁護団による反証活動は以後、迷走に迷走を重ね、最終的には安西が「真犯人」だとする主張もすっかり影を潜めてしまうことになるのだが、これもまた、しばらく後のことである。

7

初公判の翌々日にあたる二〇一二年九月二十七日、鳥取県東部地方はこの日も朝から晴天に恵まれ、地裁から見上げる空には心地のいい秋晴れの青が広がっていた。前日の二十六日夜に鳥取入りした私もビジネスホテルのベッドを早朝に這い出し、午前八時すぎには地裁の門をくぐった。第二回となる公判が始まるのは午前十時の予定だったが、今回も傍聴席が抽選となるのは間違いなく、そのくじ引きに参加しなければならなかったからである。

美由紀の公判廷取材では、日本雑誌協会の枠で報道用の傍聴席が一席確保されていたものの、それはあくまでも協会加盟社の〝共用席〟であり、私一人が独占できるわけではない。一社に一席ずつ取材用の傍聴席が割り当てられている地元記者クラブ加盟社とは異なり、他の週刊誌記者らと交替で公判廷に入り、その情報は他誌の記者らに逐一伝えることを求められる。

といっても、大半が東京に本社を置く雑誌メディアで鳥取連続不審死の公判に通い詰めてくるところは多くはなく、常に姿を見せるのは一〜二社のみだった。したがって〝共用席〟でもそれなりの取材はできるのだが、可能なら私は自力で一般傍聴券を引き当て、公判の最初から最後までをじっくり傍聴したいと考えていた。しかし、それは容易なことではなかった。

一般傍聴を希望する者は、指定の時刻までに地裁脇のスペースで待機する職員の前に並び、手首に黄色い腕輪を巻き付けてもらわねばならない。腕輪には四桁の数字が印字されていて、それがコンピューターのはじき出した数字と一致すれば、傍聴の権利を得られたことになる仕組みである。

この日、抽選が行われる午前八時半までに鳥取地裁に集まったのは、初公判に比べればずいぶん少ない百数十人だったが、それでも一般傍聴席は二十三しかないから、当選倍率は少なくとも五倍以上になる計算だった。地裁脇の広場で半ばあきらめながら抽選を待っていた時、背後から聞き覚えのある声が私の名を呼んだ。

「あらっ？　青木さんじゃないかね」

振り返ると、そこにいたのはマミちゃんだった。私は驚いたが、マミちゃんは飄々と言った。

「取材にいらしたんか？」

「あ、ああ……、昨夜遅くにこっちへ着いてね。でも、マミちゃんはなんでここに？」

「なんでって、裁判ちゅうのを一度聞いてみようと思ってな」

「だから、なんで？」

「なんでって、勉強のためやが」

「勉強？」

「なんでも勉強だで」

マミちゃんはそう言って鼻を鳴らしたが、そんな殊勝な目的で行動を起こすタイプとは思えない。おそらくは、気になって仕方なくてやってきたのだろう。いま付き合っている男がかつて付き合っていた相手——美由紀がどんな女なのか気になり、一目見たいと思って地裁にまで足を運んだに違いなかった。

だが、私と同じく手首につけられた抽選用の腕輪をいじりながら、マミちゃんは少し苛立たしげな様子だった。

「これが当たらんと、裁判に入れんのか？」

「そう。今日も百人以上は来てるから、抽選で当たるのはちょっと厳しいかもな」

「青木さんは、当たらんかったらどうする？」

「僕らは報道用の席があるからね。当たらなかったら、一応はそこで傍聴できるよ」

「その席で、ワタシもちょこっとだけ見させてもらうことはできんのか？」

「そりゃ無理だよ。あくまでも取材用の席だから」

「そうか……」

悔しそうに口を尖らせたマミちゃんは、それなりに着飾っている夜の装いとは一変し、安っぽいトレーナーにジーンズというラフな格好だった。その服装のせいなのか、もともとがそうだからなのか、地味な顔がさらに地味に感じられて、どこにでもいそうな小太りの平凡な女にしか見えなかった。マミちゃんから声をかけられなければ、おそらくは私も見逃してしまっていただろう。

「それでは、ただいまから傍聴券の抽選を行います。それに先立ち、傍聴と抽選に当たっての注意事項などをお伝えします……」

午前八時半ちょうど、ハンドマイクを持った地裁職員が傍聴希望者に説明をはじめた。私は、マミちゃんと並んでその説明を聞いた。

8

傍聴券の抽選を待ち構えていた人の波がぞろぞろと地裁脇のスペースに集まると、ノート型のコンピューターによる抽選が行われ、地裁職員が液晶画面を確認しながらふたたびハンドマイクを高々と掲げた。

「それでは、当選者の番号を読み上げます。まず、××××番、××××番……」

若い数字から順に番号が読み上げられていくたび、いくつもの人垣から溜息と歓声が交互にあがる。職員の読み上げる数字は、次第に私の腕輪に印字された数字に近づいてくる。

どうでもいい話だが、もともと私はくじ運がない。宝くじや公営ギャンブルなどは基本的にインチキ賭博の類だと思っているからほとんど手を出さないが、かつて通信社の記者だったころ、大型裁判の傍聴券抽選に駆り出されて何度も列に並んだが、一度として当たりくじを引いたためしがない。おそらく今回もダメだろうと思っていたのだが、案の定、私の腕輪に印字された四桁の数字は軽々と読み飛ばされてしまってかすりもしなかった。同じように抽選を待っていた週刊誌の女性編集者に尋ねてみると、彼女もこう言って苦笑いを浮かべた。

「私もダメでした。地元のシルバー人材センターにお願いして、何人かアルバイトで並んでもらったんですけど、そっちも全滅です」

残念だが、彼女たちと調整し、雑誌協会枠の〝共用席〟を交替で利用するしかない。ところで、マミちゃんはどうだったのだろう。そう思い出してあたりを見回してみても、さきほどまで近くにいたはずのマミちゃんは、いつの間にか姿が見えなくなってしまっていた。やはり抽選に外れ、帰ってしまったのだろうか。

だが、私は引き揚げてしまうわけにはいかない。午前十時の開廷まではまだ一時間以上もあるから、地裁一階に特設された臨時記者室に入り、慌ただしく出入りする地元記者たちの邪魔にならぬように隅っこのソファーに腰掛け、朝飯代わりの缶コーヒーを飲みながら朝刊各紙を読んで時間をつぶした。地裁三階にある第三十二号法廷へと続く暗い階段を上っていったのは、開廷時刻が近づいてきた午前九時半ごろのことだった。

法廷の前の狭い廊下には、徐々に傍聴者が集まりはじめていた。手にメモ帳を持って腕章を巻いた記者たちが大半を占めていたが、抽選で引き当てた一般傍聴券を握りしめた人々もちらほらと目につく。その中に、何とマミちゃんの姿があった。

「マミちゃんっ。なにやってんの？」

「なにって、傍聴するんだが」

「傍聴って、券はどうしたの？」

「どうしたって、当たったんだが」

「当たったの⁉」

「うん。当たった」

ポケットから白色の傍聴券を取り出し、マミちゃんは平然とした顔で言った。私はもちろん、他誌の編集者がアルバイトまで動員して外した傍聴券を、たった一人でマミちゃんはあっさりと引き当てたという。

「すごいな。僕らはみんなハズレだったのに」

「そうか？」

「でも、これで傍聴できるね」

「うん」

「美由紀も見られるし」

「……うん」

マミちゃんの地味な顔に少しだけ、ニヤリと笑みが浮かんだような気がした。その顔の背後には三十二号法廷に続く扉があり、脇の壁に貼られていた一枚の小さな紙には、裁判長や検察官、弁護人らの名とともに被告人の名が記され、起訴容疑が簡略に羅列してあった。

《上田美由紀　強盗殺人、詐欺、住居侵入窃盗》

間もなく午前十時、美由紀の第二回公判がはじまる。

9

刑事裁判なら全国どこの法廷でも似たようなものだが、傍聴席から見て正面の一段高い場所に裁判官席があり、鳥取地裁では右手に検察官席が、左手に弁護人席が配されている。このうち弁護人席の背後にあるドアが開いたのは午前九時五十五分。制服姿の刑務官に曳かれて法廷に姿を見せた美由紀は、女性刑務官に手錠を外され、弁護人席の隅にある椅子に肥満体を預け、大きく溜息をひとつついた。

美由紀は白いシャツの上に薄いピンクのカーディガンのようなものを羽織り、下半身は黒地に地味な花柄をあしらった厚ぼったいロングスカートをまとっていた。おそらくは初公判の時の服装とほとんど同じだろう。逮捕前の写真は鳥取での取材中に幾度も見ていたのだが、それに比べてやや痩せたように感じられるのは、さすがに心労を感じているためなのか、それとも獄中で規則正しい生活を送っているためなのだろうか。

とはいえ、小柄な背丈に比べて恰幅のいい体格なのはまったく変わらなかった。少し前屈みになって椅子に座った姿は丸々としていて、ペタンと張り付いた髪に隠された両頬は大きく膨らみ、顎《あご》のあたりにもたっぷりと肉をたたえている。しかも目は細く、口は開きっぱなしで、どこからどう見ても華やかさなど欠片《かけら》もない地味な中年女だった。一方で几帳面なところもあるのだろう。机上には大学ノートを広げてメモを取る準備を整え、その脇にはタオル地のハンカチがきちんと折り畳んで置かれていた。

午前十時、裁判官と裁判員が入廷して予定通りにはじまった第二回公判は、冒頭で検察官が美由紀の経歴を読み上げた。それは地味な容貌とはまったく異なる、三十代の女としては相当に波瀾万丈な人生だった。すでに触れた部分もあるが、検察官の読み上げに従い、あらためて美由紀の半生を紹介しておきたいと思う。

《被告は一九七三年十二月二十一日、鳥取県倉吉市の病院で出生し、現在の鳥取県東伯郡北栄町で小学校と中学校に通い、米子市内の高校に進学したが、すぐに中退した。その後、鳥取を離れて大阪に行って一度目の結婚をし、一九九三年一月には長男を、一九九六年七月には長女を出産した。

しかし、間もなく離婚して鳥取に帰郷、一九九七年十一月に二度目の結婚をし、一九九八年には次男を、二〇〇三年には次女を出産した。

ところが二人目の結婚相手とも別居し、今度は別の男と内縁関係になった。二〇〇四年五月には五人目の子となる三女を出産したものの、内縁関係となった男とも別れることとなり、二〇〇九年夏からは安西義孝と同じアパートに暮らすようになった。

この間、化粧品販売会社や結婚情報センターなどに勤務したことがあり、その後は鳥取市弥生町のスナック・ビッグでホステスとして働いた。これが逮捕前で最後の仕事となった。

前科前歴としては、二〇〇二年三月に詐欺容疑で逮捕されたことがあったほか、二〇〇三年十二月には道路交通法違反で検挙され、簡易裁判所で罰金五十万円の略式命令を受けている。二〇〇八年にも同じく道路交通法違反で検挙され、三十万円の罰金を科されている》

検察官が読み上げた前科前歴のうち、詐欺は起訴にまで至っておらず、二度にわたる道路交通法違反事件はいずれも無免許運転によるものである。すでに紹介した通り、美由紀は運転免許証を持っていないにもかかわらず、平気で乗用車を乗り回す無免許運転の常習者だった。

第二回公判はこの後、美由紀が大筋で容疑を認めている詐欺や住居侵入窃盗などの証拠調べに入り、内容自体はここであらためて記すまでもないようなものになっていった。だが、私が座っていたのは他の雑誌メディアとの〝共用席〟だから、法廷内で発せられた検察官の言葉や証拠内容などは仔細にメモしておかねばならない。傍聴している間のやり取りや出来事は「代表取材の結果」として正確に伝える必要があるからだった。

それでも私は、メモを取る合間に美由紀の表情と態度を観察し続けた。

弁護人席の脇に座った美由紀は、机上の大学ノートにペンを走らせ、何やら懸命にメモを取り続けていた。時おり顔を上げて口を尖らせたような表情をし、検察官席の方向を睨みつけるのは、検察側の主張に不満があるからなのだろう。美由紀には失礼だが、顎のあたりにもたっぷりと肉をたたえた美由紀が口を尖らせ、細い目で検察官席を睨みつけた時の横顔は、まるでマンボウのようだなぁなどとも考えていた。

法廷の中は静かだった。耳に響くのは、調書などを読み上げる検察官の声と、それを時おり差配する裁判長の声。そのほかには、報道席の記者たちが懸命にペンを走らせる音と、傍聴人の咳払いの音が聞こえる程度だった。私はメモを取る手を休めるたび、美由紀の横顔に何度も目をやった。

人間の本質的な魅力など、美醜とは離れたところにある。そんなことは重々承知しているが、眼の前にいる美由紀は、あまりにも冴えない中年女だった。しかし、その尖った口が次々に大ウソを吐き出し、男たちを大混乱に陥れ、奈落の底へと追い込んでいったのは間違いない事実のようだった。

一方で可愛い面もあり、人たらしで、妻子ある男たちまでが次々と惹かれ、堕ちていった。過去に美由紀と交際した男たちの証言を聞き、それはそれで腑に落ちた部分もあったが、眼の前にいる美由紀の顔と姿を眺めていると、どうしても現実感を伴ったものとして摑みきれないような気もしていた。

ふと思い出して背後の傍聴席を振り返ると、一番後ろの席にマミちゃんが座っていた。マミちゃんの頬や顎のあたりにも肉がたっぷりとつき、地味な眼鏡の奥の目はやはり細かったが、視線の向く先を追うと、明らかに美由紀のほうを睨みつけていた。その眼差しは、なにやらギラギラと妖しい光線を放っているようだった。

第9章 「真犯人」の証言

1

鳥取地裁ではじまった美由紀の公判は、その後も着実に日程を消化していったが、七十日以上にわたる公判の序盤戦は美由紀も大筋で容疑を認めている詐欺や住居侵入窃盗の証拠調べなどに費やされ、ここであらためて詳しく紹介すべきような内容ではなかった。いや、正確に記すなら、ここでその内容を詳述することは、検察側の思惑に引きずられてしまうことを意味するように思う。

何度か書いてきた通り、美由紀の周辺で起きた計六件の不審死事案のうち、警察・検察は二件を美由紀による殺人だと断じて逮捕、起訴に踏み切ったわけだが、面子《メンツ》をかけて臨んだはずの捜査にもかかわらず、それを裏付けるのはいずれも脆弱な状況証拠ばかりであり、検察の立証活動は砂上の楼閣にも似た危うい代物だった。

　その危うさを検察も十分に承知していたのだろう、公判廷では巧みな罠をいくつか張り巡らせた。

　たとえば検察は、詐欺や住居侵入窃盗の容疑事実に絡んで美由紀が繰り出したウソや不可解な言動の数々を事細かに指摘し、声高に指弾した。美由紀という女の異常性を際立たせる狙いがあったのは明らかであり、これほど大ウソツキで常識外れの女ならば人殺しにだって手を染めるに違いない――検察側の態度はまるで、必死にそう強弁しているかのようだった。

　もちろん、美由紀が信じがたいような大ウソを次々と吐き出し、それに男たちが翻弄されてきたのは、私の取材でも事実と思われた。ただ、それは美由紀が大ウソツキであることを証明するにすぎず、二件の強盗殺人の実行犯であることの証明にはならない。それぞれ個別の起訴事実に関し、合理的疑いをさしはさむ余地がないところまで検察側が立証すれば有罪、できなければ無罪とするのは、いまさら記すまでもない刑事司法の大原則である。

　そのためには本来、美由紀が大筋で起訴事実を認めている詐欺や住居侵入窃盗と二件の強盗殺人の公判は分離して別々に行い、もっときめ細かな審理を尽くすべきだったと私は思う。さらに言うなら、二件の強盗殺人も区分審理とし、裁判員も別々に専任するのが望ましかったろう。そちらのほうが公判日程や審理の時間に余裕ができ、個別事件の審理にあたる裁判員の負担もはるかに軽減できるはずなのだが、検察側がこれを嫌ったのは、二件の強盗殺人に関する証拠の弱さを知悉していたからではなかったか。詐欺や住居侵入窃盗と十把一絡げにして美由紀の異常性を強調し、本件である強盗殺人の証拠の弱さを補強する思惑があったようにも感じられるのである。

少なくとも私は、公判廷での検察側主張にいくら虚心に耳を傾けてみても、二件の強盗殺人がすべて美由紀による単独犯行だと断じるほどの心証を得ることができなかった。だから本書でも美由紀が殺人を犯したと決めつけるつもりはないし、その印象づけ作業に資するような詐欺や住居侵入窃盗に関する検察側立証の内容紹介も控えたい。

ただ、それでも詳述せねばならないことはある。美由紀の公判廷における最大のヤマ場ともいうべき自動車販売会社の元営業マン・安西義孝の証人尋問である。

美由紀の最後の同棲相手だった安西の証言は、検察側の脆弱な立証活動を裏支えする重要な柱となっている一方、その信憑性には根強い疑義の声が唱えられていたことはすでに記した。まして弁護側は総括冒頭陳述などの中で、二件の強盗殺人は美由紀の犯行ではなく、安西こそが「真犯人」だとまで主張していた。その安西が、かつての交際相手である美由紀を前にして証言台に立ち、どのような事実を、どのように語るのか、注目を集めるのは当然だった。

美由紀と同時に詐欺容疑で逮捕され、懲役三年の実刑判決を受けて服役した安西は、二〇一二年の七月に仮釈放され、美由紀の公判が始まった時点では鳥取市郊外の実家に戻っていた。事件のキーパーソンといえる安西への取材は地元メディアの記者たちが盛んに試み、私も幾度か実家へと足を運んで取材を申し入れたのだが、安西は取材拒否の姿勢を貫いていて、ほとんど口を開こうとしなかった。

それればかりか、安西への直接取材のために実家を訪れると鳥取県警に連絡がいってしまうようになり、県警も地元記者クラブに安西への直接取材を自粛するよう求めていたという。検察側にとっては最重要の証人である安西を、警察が必死になって守っているようなムードすら現地では漂っていたのである。

その安西への証人尋問が行われたのは、初公判から約一ヵ月後の十月二十二日に開かれた第十五回公判だった。いつものように午前十時からはじまった公判廷に姿を現した安西は、上下とも黒色のスーツに身を包み、白いシャツにノーネクタイという装いだったが、逮捕前に撮影された写真などとはまったく別人に見えるほどに容貌が変わってしまっていた。

カラオケスナック・ビッグのママやアキちゃんが「ビシッとしたヤリ手のセールスマン」などと評していた通り、かつての安西は常にスーツとネクタイを身につけ、恰幅のいい体格の持ち主だった。しかし、法廷に現れた安西は、当時からのものなのか新しく購入したものなのかは分からないが、いかにも安っぽいスーツを着て、そのスーツすらダボダボになるほどに痩せ細っていた。仮釈放後は実家で農業を手伝っているらしく、顔や手は浅黒く日焼けしていたものの、頰が痩《こ》けるほど体重を落としてしまっていたのは、二年以上に及んだ勾留・服役生活の疲労によるものなのか、それとも何か別の類の心労によるものだったのだろうか。

午前十時ちょうど、裁判長の野口卓志に促されて法廷中央の証言台に立った安西は、虚偽の証言をしない旨の宣誓を済ませ、そのまま証言台前の椅子に腰を下ろした。裁判官席に向かって座っているから表情を窺うことはできないが、傍聴席の記者たちは発言を聞き漏らすまいとペンを握りしめ、安西の背中に視線を注いでいた。裁判長と裁判官の脇に着席した計六人の裁判員も、それぞれの面持ちで安西を見つめている。

すべての準備が整うと、右手の検察官席から、きれいに刈り上げた髪を整髪料で光らせた若き検察官が立ち上がった。左手の弁護人席の隅に座った美由紀もペンを手に持ってメモの準備をし、細い眼を一層細めて安西と検察官を睨みつけているが、その表情からは感情の起伏を読み取ることができない。

法廷中の注目が集まる中、質問項目をまとめてあるらしきペーパーを持った検察官が尋問をはじめると、安西もゆっくりと口を開いた。

以下、少し長くなるが、重要な内容をいくつも含んでいるので、本章では検察官による安西尋問を一問一答形式で紹介していきたいと思う。分かりやすくするために一部を省略して整理し、マルカッコなどで言葉を適宜補うが、検察官の質問も安西の回答も、原則的には発言のままである。

2

——それでは検察官から質問します。多少緊張していると思いますが、ゆっくり質問するので、ゆっくり答えて結構です。

「はい」

——証人は昭和三十八（一九六三）年の十月生まれですね。

「はい」

——現在、何歳ですか。

「四十八歳です」

——出身はどちらですか。

「鳥取市内です」

——結婚はされてますね。

「しています」

——お子さんは。

「います」

——女の子が二人ですね。

「そうです」

——それでは、被告人(美由紀)との関係についてうかがいます。まず、証人は以前、被告人と内縁関係にありましたね。

「そうです」

——被告人は現在、詐欺罪や強盗殺人罪に問われていますが、証人も被告人と一緒に詐欺事件を起こしたとして逮捕され、裁判を受けていますね。

「はい」

——どのような判決を？

「実刑で、（懲役）三年受けました」

——証人は、判決に不服の申し立てをしましたか？

「していません」

——どうしてですか？

「あのー、もう、裁判を受ける前から、どのような判決が出ても受け入れるつもりでしたので、申し立てはしておりません」

——その後は刑務所に服役して、現在は仮釈放中ですね。

「そうです」

緊張しているのか、かつて深く契《ちぎり》を結んだ女＝美由紀が眼の前にいることに心を揺さぶられているのか、安西の声は心なしか震え気味で、いかにも自信なさげだった。以前は恰幅のいい快活な営業マンだったというのに、すっかり痩せ細ってしまっていることも、弱々しい印象を増幅していたのかもしれない。

対する若き検察官は胸を反らせ、いかにも自信満々な態度で尋問を続けていった。まずは美由紀との出逢いについてである。

3

──では、これから被告人と知り合った経緯などについて質問していきます。まず、被告人と最初に知り合ったのは？

「平成十九（二〇〇七）年の十二月末です」

──場所はどこでしたか？

「市内のスナック・ビッグという店です」

──被告人はその店のホステスでしたね。

「そうです」

──被告人の第一印象はどうでしたか。

「そうですね、あのー、まあ、ふっくらして、ぽっちゃりして、話が上手で、どちらかというと、（私の）タイプでした」

──被告人は、自分の家族関係についてはどういった話をしていましたか？

「えーと、子どもがまあ、五人いると。それで、旦那とはまあ、別れていると」

──証人も、自動車販売会社で営業の仕事をしているという話はしたんですね？

「ええ。話しました」

――それに対する被告人の反応は？

「あのー、車に乗ってるんだけど、車を買い替えたいという考えを持っていると」

――何か持ってきて欲しいものがあると言いませんでしたか？

「ええ。車のカタログが欲しいと」

――被告人は、自分が車を買い替える以外に、車を買う人を紹介すると言ってましたか？

「ええ、あのー、妹を。それと、家族を紹介したいっていうふうに」

――証人はどう思いました。

「大変うれしく思いました」

――営業の仕事をしていれば、それはうれしいですよね。

「そうですね」

――ところで証人は、最初に被告人に会った時、女性としての魅力のようなものは感じましたか？

「ええ、あのー、感じました」

――それは、どこに？

「ぽっちゃりしてるっていうとことか、あとはまあ、話がすごく上手で。話を聞いてくれて、癒されるっていったようなこともありましたし。一方で、子どもを五人も一人で育てているという、強さというか、そういうものもあるなって思いました」

――被告人は、証人のことを男性としてどうだと言ってましたか?

「当時、私は太っていたものですから、どちらかというと、ぽっちゃりしているのがタイプだと」

――つまり被告人は、証人のことが好みのタイプだという趣旨の発言ですね?

「そうです」

――それについて証人はどう思いましたか?

「ええ、まあ、うれしかった、ですね」

――男性として素直にうれしかったと?

「そうですね」

――証人はこの後、被告人と携帯電話の番号を交換しましたか?

「ええ、したと思います」

安西もやはり、美由紀という女に「癒される」という感覚を抱き、女手一つで五人の子どもを育てている「強さ」に心打たれるような感情が湧いたと振り返った。それは、私が話を聞いた他の男たちの証言とも重なり合うものだった。

ただ、ここまでの尋問内容を見れば分かる通り、検察官と安西のやり取りからは、事前に質疑応答の擦り合わせをしていたフシも窺える。「緊張していると思いますが、ゆっくり答えて結構です」と最初に語りかけ、あらかじめ答えが分かっていて誘導しているような質問がたびたび顔を出すからである。

たとえば、「(被告人は)何か持ってきて欲しいものがあると言いませんでしたか?」と検察官が問い、安西が「ええ。車のカタログが欲しいと」と答えるあたりは典型例だが、なぜこのようなことが起きるのか、ここで刑事裁判における証人尋問の実態は知っておく必要があるだろう。

一般にはなかなか理解しがたいのだが、公判廷で検察官が重要視する証人に対しては、周到なシミュレーションに基づく徹底したトレーニングが事前に施される。刑事司法に関わる人々のジャーゴン(隠語)では「証人テスト」などと呼ばれ、検察官による主尋問への回答はもちろん、弁護側による反対尋問まで想定質問を幾通りも準備し、何度も何度も繰り返して模擬問答の訓練が行われるのだという。

根拠とされるのは、刑事訴訟規則が百九十一条の三項で次のように定めていることによる。

《証人の尋問を請求した検察官又は弁護人は、証人その他の関係者に事実を確かめる

等の方法によって、適切な尋問をすることができるように準備しなければならない》

良心的に解釈すれば、慣れぬ法廷で証人が緊張したり、動転したりして支離滅裂な状態になってしまうことを防ぐためにもうけられた規定なのだが、逆に言うなら、ひとたび検察官に〝協力〟することとなった証人は、周到な〝訓練〟によって〝完璧〟な証言をすることになり、時にはこれが冤罪を生み出す温床になると批判されてきた。

それはそうだろう、何度も何度も繰り返して「証人テスト」を施されれば、証人の記憶や証言は検察官に都合のいい方向へと誘導され、極端な場合には塗り替えられ、いかにももっともらしい検察のストーリーを紡ぎ出す語《かた》り部《べ》に仕立て上げられてしまいかねない。信じがたい話だが、一人の証人に数十回もの「証人テスト」が行われるケースすらあり、私自身、実に五十回の「証人テスト」を受けたという人物から経験談を直接聞いたこともある。

当然ながら、鳥取連続不審死事件で検察側立証活動を支える最重要証人となった安西も、検察官から徹底的な「証人テスト」を施されたはずであり、この点については検察側の術中に嵌《はま》らぬよう留意する必要がある。とはいっても、メディア取材にほとんど応じなかった安西が公の場で詳細な証言をするのは初めてのことだったし、美由紀に惹かれていった理由について語る部分などに関しては、いくつもの真実がちりばめられているだろう。

　検察官の尋問に答える安西証言については、そうした背後事情が横たわっていることを念頭に置きつつ、以後のやり取りを読み進めていってほしい。

4

——ところで話は変わりますが、年が明けて平成二十（二〇〇八）年の一月に、被告人は車を買うことに決めましたか？

「ええ、決めていただきました」

——なんという車を？

「トヨタのエスティマという車です」

——販売価格は？

「総額で四百万円です」

——さきほど証人は、被告人がお客さんとして妹を紹介すると言われたということでしたね。実際に紹介してもらえましたか。

「そうですね。あの、紹介は、してもらいました」

――いつですか。

「えーっと、二月の上旬ごろだったんじゃないかと思います」

――妹の名は？

「えっと、アケミっていう名前です」

――被告人は、アケミの職業や年齢について、なんと言っていましたか？

「はい、あの……、年齢は二十九歳。職業については、看護師をしていると。あと、助産師の免許を持っていると」

――その後、アケミからは連絡がありましたか？

「ありました」

――どのような方法で？

「私の携帯に連絡がありました」

――アケミという人からは、どのような話が？

「車を買い替えたいんだけれども、という相談がありました」

――どんな車が欲しいと？

「ワゴンタイプの車が欲しいんだということでした」

――それ以外に、何か言っていたことは？

「そうですね、主人も……つまり旦那も、（車を）欲しいんだということを言っています」

——確認ですが、電話の声は女性でしたか？

「そうです」

またもや登場してきた妹＝アケミ。美由紀には兄が一人いるだけで、妹などいないのだが、安西の前に同棲生活を送った大田隆之に対しても架空の妹＝アケミを登場させ、混乱に陥らせたのはご記憶だと思う。つまり美由紀は、大田に対しても、安西に対しても、まったく同じパターンのウソを吐き出していた。

携帯に非通知で電話をかけてくるだけで決して姿を現さない架空の妹＝アケミを装っているのが誰なのか、本当のところは分からない。しかし、美由紀本人と考えるのが自然だろう。そして架空の妹＝アケミが登場した後のパターンも、大田を混乱させた際と似たような経過をたどっていく。

引き続き検察官と安西のやり取りである。若き検察官の尋問は、美由紀と安西の交際に関するさらなる深淵へと分け入っていく。

5

——次に、証人が被告人と肉体関係を持った経緯などについて聞きます。

「はい」

——証人は被告と親しくなり、肉体関係を持ちましたね？

「はい」

——はじめて肉体関係を持ったのはいつごろですか？

「えー、平成二十（二〇〇八）年の一月中旬ごろです」

——証人には当時、家族がいましたね。なのに一体どうして？

「そうですね、まあ、あの……、勢いみたいなものもあったと思いますし、心を、まあ、彼女といると心地いいっていうのが、あったものですから……。たぶん、そこが原因だったと思います」

——先ほど被告人の第一印象を聞いた時、癒される部分があったと言いましたね？

「はい」

——肉体関係を持った理由の中に、被告人の女性的な魅力というか、そういったこともあったと？

「そうですね、まあ、タイプ……、ぽっちゃりしているっていうこととかもふくめて、タイプだったもので、そういうこともあったと思います」

——証人は、平成十九（二〇〇七）年の十二月末に被告人と知り合って、その直後はどのような付き合いを？

「あのー、その当時は、上田さんが勤めていたスナックに、飲みにいっていました」

——飲みに行った後は？

「えー、その後にまあ、ホテルに泊まるっていうことも」

——その時に肉体関係を？

「はい」

——証人は被告人と性行為をする時、避妊はしていましたか？

「していません」

——それはどうしてですか？

「えーっと、本人から、ピルを飲んでいるという話があったもんですから、大丈夫だろうと」

——被告人は、なぜピルを飲んでいると？

「えーっと、まあ、子どもが五人いるんだけど、これ以上妊娠すると、妊娠中毒症になっちゃうというふうに医者から言われ、それでピルを服用するようになったと」

——証人と被告はそういう(肉体)関係を続けていたわけですが、その後に少しずつ状況が変わっていきますね。

「はい」

——証人は、被告人が妊娠したという話を聞きましたね？

「聞きました」

——いつごろですか？

「(二〇〇八年の)三月上旬だったと思います」

——三月の上旬でしたか？

「えっと……」

——………。

「いや、二月……、だったかもしれません」

——では、被告人が妊娠したと最初に誰から聞きましたか？

「えっと、妹のアケミです」

——直接会って聞いたんですか？

「いえ、私の携帯に連絡がありました」

——その電話でアケミは何と？

「あのー、お姉ちゃんに子どもができたみたいだ、というふうに」

——それで証人は、被告人に確認しましたか？

「しました」

——被告人は何と？

「あのー、確認したら、その時にあの、『あのおしゃべりが』って。『喋ってしまったのか』と、いうような感じでした」

——つまり、（被告人からも）妊娠したという話があったんですね。

「そうです」

——被告人は、ピルを飲んで避妊していたのではないんですか？

「ええ、そうでした」

——その点については何か言っていましたか？

「あの、聞いたんですけど、ちょうどその時に飲み忘れていたと」

美由紀が妊娠したと聞かされたのは三月の上旬ではなく二月——そう言って安西の〝ミス〟をさりげなく修正する検察官の態度からは、「証人テスト」の痕跡が如実に窺えるのだが、それはともかくとして、交際をはじめるとすぐに「妊娠した」と言い出して男に覚悟を迫り、徐々に混乱の淵へと誘っていく美由紀の姿もまた、私が取材した大田らの証言と同じ手口である。

しかも、ここでも架空の妹＝アケミが重要な役割を担い、美由紀自身は「あのおしゃべりが」「喋ってしまったのか」などと空とぼけるような態度を取ったという。私は大田の話を思い出しながら傍聴席で一人失笑してしまっていたのだが、他の傍聴人の多くはまだアケミが架空の存在だと気づいていないようだった。

6

そして安西もまた、大田や松島らと同様、妻子を捨てて美由紀のもとに走るような状況へと突き進んでいった。安西本人の証言によれば、その経過は次のようなものだったらしい。検察官による安西への尋問を続ける。

——ところで、まだ当時は妊娠したかもしれない、という状況ですね。

「はい」

——妊娠していた場合、どうしようと思っていましたか。

「堕ろしてもらおうと」

——どうして？

「まあ、その当時、私は家族もいましたし、家族とも別れられないし、堕ろしてもらう以外に方法はないと」

――その後、被告人が医者に行った結果を聞かされましたか？

「ええ」

――どんな結果でしたか。

「あのー、なんか、双子ができてるっていう」

――まず、妊娠しているのは間違いないと。

「はい」

――しかも双子だと。

「そうです」

――その時に被告人は、お腹の子をどうしたいと言いましたか？

「ぜひとも生みたいと、いうふうに……」

――証人は、双子を妊娠したと聞いて、どうしようと思いましたか？

「まあ、家族とも別れられないですし、あの、なんとかあの、経済的な面で、少しでも援助できれば、っていうふうに思いました」

――つまり、金銭的な解決をするということですね？

「そういうことです」

――最初は堕ろしてもらおうと思っていたということですが？

「あのー、できればまあ、堕ろしてもらいたいというのもあったんですけれど、双子だっていう話で、ちょっと、それだと、堕ろしてもらうのも、なかなか言いづらいっていうか……」

――その後、被告人の家族や親戚に妊娠の事実を知られてしまったという話を聞きましたか？

「はい、聞きました」

――最初にそれを聞かされたのは誰からですか。

「妹のアケミからです」

――どうやって聞かされましたか。

「携帯に連絡がありました」

――アケミからはどんな話が？

「なんか、家族にバレてしまった、妊娠したことがバレてしまったと。それで、家族は反対で、堕ろせって」

――家族が反対している理由について、アケミはなんといっていましたか？

「まあ、経済的にまあ、あの……、育てることはできないだろうって」

──アケミは、証人にはどうして欲しいと言いましたか？

「そうですね、あの、責任をとって、できればまあ、一緒になって欲しいと」

──アケミから、ほかにどんなことを聞かされました？

「あの、本人は、つまり上田さんは、私と一緒になりたがっている、そういったことを思ってる、というようなことを……」

──被告人の家族が反対しているという話について、証人はどう思ったんですか。

「それはもう、仕方ないことだと。それもそうだという思いはありました。経済力はないし……」

──その一方、被告人は子どもを生みたいと言ったんですよね。被告人の気持ち自体はどう思っていましたか？

「あのー、なんとかまあ、そうしてやりたいという思いもあったし、そうであれば、経済的な面で力になってやらなくてはならないと。養育費をまあ、払うとかっていう方法はあるかな、って思いました」

──できることなら、生む方向で考えたいと？

「そうですね」

——その後ですが、被告人のお腹の中には、何人の子どもがいるという話になりましたか？

「あの……、三人と」

——三つ子だと？

「……はい」

——誰から聞きましたか？

「それは上田さんから」

——いつごろですか？

「三月になってから」

——何か見せられましたか？

「はい。私の携帯に、写メでエコー写真が送られてきて……」

ここで検察官は、当該のエコー写真なるものを裁判官と裁判員に提示したいと要求した。しかし、主任弁護人は即座に立ち上がって異議を唱え、これに反対する姿勢を示した。事件の本筋と何ら関係がない事柄ではないか、というのが理由のようだったが、裁判長の野口は陪席の若い裁判官と小声で何やら相談し、静かな声で次のように告げた。

「弁護人は反対していますが、裁判所は許可します」

この宣告を受けて検察官から安西に当該の写真が示されると同時に、六人の裁判員たちの前に置かれた液晶モニターにも同じ写真が映し出された。引き続き、検察官による安西への尋問である。

7

――その後の状況を聞きます。平成二十（二〇〇八）年三月ごろ、被告人の様子に変化はありましたか？

「ありました」

――どういう変化ですか？

「あのー、自殺とか、自傷行為をしたということです」

――被告人が自殺未遂、自傷行為をしたのは一度だけですか？

「いや、二回ありました」

――最初はいつごろ？

「三月の上旬ごろだと思います」

――証人は、それを誰から聞きましたか？

「妹のアケミからです」

——直接会って聞いたんですか？

「いえ、私の携帯に電話があって聞きました」

——アケミからは、どのような話を？

「あのー、お姉ちゃんが、睡眠薬を、まあ、飲んで、病院に運んだと」

——アケミは、被告人がなぜそういうことをしたと言っていましたか？

「子どもを出産することについて、家族から反対されているから、それで死のうと思ったと」

——被告人が二回目に自傷行為をしたというのはいつでしたか？

「えーと、三月の中旬ぐらいです」

——それを誰から聞きましたか？

「やはり、妹のアケミです」

——直接会って聞いたんですか？

「いえ、携帯に連絡がありました」

——アケミからはどんな話が？

「お姉ちゃんが、まあ、手を切って、病院にと」

──アケミは、被告人がなぜそんなことをしたと？

「やはり、子どもを生むことについてすごく悩んで、家族から反対されて、それでどうしようもなく、と聞いています」

──被告人が自傷行為を繰り返したことを聞いて、どう思いましたか？

「あのー、大変なことですし、なんとかしなきゃダメだと思いました」

──何が原因だと思ったんですか？

「あのー、そもそもは私が（原因を）つくったことですし、私の経済力のなさもありますし……」

──証人は、被告人が自殺未遂をしたことについて、アケミから何か言われましたか？

「はい」

──何を言われましたか？

「あのー、とにかく本人（美由紀）は（安西と）別れたいと言っているけれども、本当は別れたくないんだと。一緒にいたいんだと。できれば一緒になってくれと」

──アケミの希望として？

「そういうことです」

――それを聞いて、どう思いましたか？

「あの……、なんとかまあ、その……、力になってやりたいという部分があったんです。たとえば養育費を出すとか、そういうような」

――アケミからは、被告人と一緒になって欲しいという話があったわけですよね？

「はい」

――それですぐに、家族を捨てて被告人と一緒になろうと決断できたんですか？

「いえ、その時には、迷って……。家族を捨てられないっていう面もありましたし、それであれば、養育費を払うという方法しかないのかなと」

――証人の考えた解決策がそれだったわけですね？

「はい」

――それを被告人に伝えましたか？

「ええ、伝えました」

――いつのことですか？

「三月の終わりごろの話です」

――それに対して被告人からはなんと？

「あのー、たとえば養育費であるならば、一人一千万、三人で都合三千万、いますぐ払ってもらいたい、というようなことを……」

——そんなおカネ、用意できましたか？

「いいえ」

——ほかに被告人はなんと？

「そもそもこういうふうに、あのー、状況になったのは、あなたのせいだと。まあ、いっそのこともう、死んでやるんだっていう」

——自殺をすると。

「そうです」

——それを聞いて、どう思いましたか？

「あのー、お腹には三つ子もいますし、残された子どもが五人もいますんで、路頭に迷わせるようなこともできないし、これは大変なことだと思いました」

——それで被告人にはなんと？

「その、家族と別れる方向で考えてみるかな、と」

——結婚している奥さんや娘さんと別れ、被告人と一緒になる方向で？

「そういうことです」

——そういったことを決めた理由は？

「まあ、その、言われたおカネなんか当然用意できないし、あの、このままにしておけば、あの、本人は自殺するって言ってますし。とにかく、そういうことをさせられない、という思いが……」

――それが証人としての責任の取り方だと。

「はい」

三十二号法廷の中には検察官と安西の声だけが響き、傍聴席の記者たちは一心不乱にメモを取っていた。粛々と進行する検察官の尋問は、美由紀と安西の交際のさらなる核心へと踏み込み、中身もどんどんと生々しいものになっていく。

それを当の美由紀本人はどう思いながら聞いているのだろうか。弁護人席の隅に座る美由紀に目をやっても、その表情にはほとんど変化がなく、感情の表出らしきものを読み取ることはできない。美由紀もまた手元の大学ノートに目を落とし、まるで他人事《ひとごと》のように何やらメモを取り続けているだけだった。

8

――話は変わりますが、被告人は購入したエスティマの代金を支払いましたか？

「いえ、払ってません」

——会社には発覚しなかったんですか？

「いえ、分かってしまいました」

——上司からはなんと？

「あの……、このままであれば、会社を辞めるか、上田さんと別れるか、どちらかにしろと」

——その後に証人は、被告人との関係を、奥さんにも知られてしまいましたね。

「はい」

——奥さんはなんと？

「あの、被告人とは別れて欲しいと」

——上司や奥さんからそういうことを言われ、どうしようと思った？

「……さすがに、会社を辞める訳には、どうしてもいかなかったですし、（被告人と）別れるしかないと、思いました」

——妊娠した子どもはどうしようと？

「ですからまあ、養育費という形で……、支援するしかないと」

——それで被告人に自分の気持ちを話しましたか？

「話しました」

——それはいつごろ？

「三月末です」

——被告人は受け入れてくれましたか？

「いえ、あのー……、受け入れてはもらえませんでした」

——被告人はどのような行動を？

「あの、カミソリを持ち出して……」

——要は、自殺を図ろうとしたんですね。

「そういうことです」

——結局、証人はどうしようと決めましたか？

「そういう状況で、もう、とにかくもう、家族は捨てるしかないかな、と思いました」

——どうして？

「このままにしておくと、とにかく、上田さんが自殺してしまうっていう思いになって」

——もし自殺したらどうなると？

「まず、あの、お腹の子ども三人の命も断たれるわけですし、あと、残された子ども五人が路頭に迷ってしまうということに……」

――それを何とか防ぎたかったと。

「そういうことです」

――証人は、この時点で被告人と一緒になろうと決めたわけですか。

「そうです」

――会社は？

「あの、辞めざるをえないと」

――被告人と一緒になることを奥さんや会社の上司には伝えましたか？

「伝えました」

――いつごろ？

「えっと、三月の下旬です」

――それで会社を辞めて家を出たわけですか？

「そういうことです」

――会社を辞めたのはいつですか？

「四月の上旬です」

妊娠。双子。三つ子。生活費。養育費。慰謝料。自傷。自殺。そして五人の子ども……。

9

いくつもの脅しを突きつけられ、迷い抜いた末に妻子を捨て、美由紀を選び取る決心をしたと安西は振り返った。その表情は相変わらず傍聴席から窺い見ることができなかったものの、四十も半ばの男が一回りも下の女に一方的に追いつめられていったというのは俄《にわか》に納得しがたい部分もあったし、仕事まで辞めてしまえば経済的に困窮するのは必定であろう。

なのに、そんな状況に追い込んできた美由紀から、さらにカネをせびり取られ続けたと安西は訴えた。この部分については、安西が美由紀とともに手を染めた取り込み詐欺につながる証言であり、すべての責任を美由紀に押し付けようとしているフシも窺えるから、ことさら注意深く耳を傾けなければならない。

続けて検察官による尋問である。

——証人が家を出た後、被告人と同居を始めたのは、平成二十（二〇〇八）年の七月ごろからですか？

「そうです」

――日中はどのような生活を？

「（美由紀の）子どもの送り迎えをする以外は、とにかく車の中での時間を過ごすっていう……」

――現実問題としては、生活費が必要でしょう。

「そうです」

――その当時、会社を退職していたので、収入はなかったでしょう。生活を賄うだけの貯金は？

「ありませんでした」

――被告人から、さしあたっての生活費を出せと言われたことは？

「ありました」

――何と言われましたか？

「私の飲食代だとか、ホテル代だとかを（美由紀が）出してくれていて、長女の貯金を崩しているから五十万円を用意して欲しいと」

――それでどうしましたか？

「私自身がお金を持ってなかったもんですから、あの、家内に頼んで、出してもらって」

——奥さんには何と？

「あの、生活費として借りているから、至急に、返済するために用意してくれと言いました」

——そのカネは被告人に？

「渡しました」

——証人は農協から何度かおカネを借り入れてますね。

「はい」

——何の目的で？

「生活費を得るためです」

——鳥取の農協に開設された証人名義の口座を見ると、平成二十（二〇〇八）年の六月から七月にかけて六十万円以上の借り入れがあります。そのカネはどうしました？

「上田さんに渡しました」

——どういう名目で？

「生活費ということで渡しました」

——その他には、どのように生活費を？

「あの、まあ、家の中にあった電化製品だとかを売ったりとかしていました。あとは父親に頼んで、おカネを借りたりしていました」

——合計すると、金融機関やお父さんからの借り入れで、いくらくらい被告人に渡しましたか？

「たぶん、百万円ぐらいだと思います。ほかに生命保険なども解約しました」

——すると、総額ではいくらぐらい被告人に渡したことになるんですか？

「えっと、総額で……、たぶん、六百五十万ぐらいだったと思います」

——証人は、証人の長女の件で被告人にお金を渡したことはありましたか？

「ありました」

——それは総額でいくらぐらい？

「あの、三百万ぐらいです」

——被告人は、証人の長女と面識はあったんですか？

「ええ、ありました」

——どうして面識があったんですか？

「私の長女が家に……、部屋に引きこもってしまって……。その引きこもったことについて、まあ、解決するために会わせてくれというふうに（被告人から）言われたんです」

――被告人は具体的に何と言ってきたんですか？

「まあ、その、自分はカウンセラーを以前していたから、不登校の子だとか、担当していたからと。それと、そういったようなこと（引きこもり）になったのは、私にも原因があるから、謝らせて欲しい、謝罪させて欲しいっていう話でしたから、会わせました」

――その後、証人の長女と被告人が連絡をとっている様子は？

「ありました」

――証人は、被告人から何といわれてカネを渡したんですか？

「（長女の）部活動でおカネが必要だから準備して欲しいと」

――部活の遠征費が必要だということでしたね？

「はい、そうです」

――ほかには？

「あとは、（部活の）遠征に行った時、預かっていたおカネを（長女が）落としてしまったと。そのために遠征が取りやめになるかもしれないから、至急準備して欲しいというふうに言われました」

――ほかにもありましたね。

「あとは、あの、子ども（長女）が妊娠してしまったと。妊娠してしまったがために、堕ろすのに費用が必要だっていうことでした」

――証人の長女が遠征の費用を落としたとか、妊娠をしたとかっていうのは事実でしたか？

「いえ、ウソです」

――証人は、それをいつ知ったんですか？

「逮捕されてから、警察官に聞きました」

――証人は当時、自分の長女に確認しなかったんですか？

「いえ、していません」

――どうしてですか？

「あのー、確認したいという気持ちはあったんですけれど、そのことを言ったんですけど……」

――誰に？

「上田さんに。確認するとか言ったんですけれど、とにかく、あなたは知らないことにしておいたほうがいいって……。黙って準備するのが父親としての……といったようなことだとかを、言われてしまって……」

そう言って安西が小声で言いよどんだ瞬間、傍聴席から軽い失笑のような声が漏れた。残酷だが、それも無理のないことだったと思う。借金までして何百万円ものカネを貢がされた挙げ句、自分の実娘まで取り込まれ、盾にされ、それを口実にさらなるカネを毟られたというのである。タチの悪い高利貸しやヤクザ者に絡まれたならともかく、いい歳をした中年男が一人の女に、しかも一回りも年下の女にそこまでつけ込まれ、振り回され、一喝もできないままズルズルとカネをせびられていたなどというのは、事実とするならば、あまりに情けない振る舞いのように受け止められても仕方ない。

しかし、これもかつての交際相手＝大田らのパターンと共通点はあった。交際していた男からばかりではなく、その実家や家族にまでにじり寄られてウソを弄され、カネをせびり取られたと振り返ったのは、何も安西だけではなかったのである。

若き検察官の尋問は、傍聴席の雰囲気などものともせず、引き続き行われた。長時間の尋問になってきたからだろう、検察官の顔にはうっすらと脂が滲み出し、整髪料で光らせた頭髪だけでなく、顔面もギラギラとてかりはじめていた。

一方の美由紀は、時おり不満げに口を尖らせて検察官と安西を睨みつけるものの、表情にはさほどの変化がなく、相変わらずメモを取るのに忙しそうだった。

10

――これまでの話をまとめると、証人は総額でいくらぐらい被告人に渡したんですか？

「一千万円ぐらい……です」

――そのカネは返ってきましたか？

「いえ、返ってきてません」

――少し話を変えます。被告人は証人の子どもを、三つ子を妊娠しているということでしたね。出産予定日はいつでしたか？

「平成二十（二〇〇八）年の十月です」

――出産予定日になって、子どもは生まれましたか？

「いえ、生まれていません」

――被告人は、出産予定日を過ぎていることについて何と言っていましたか？

「あのー……、医者に聞いてるけれども、大丈夫だという話でした」

――では、最終的に子どもは生まれたんですか？

「いえ、生まれませんでした」

——それが分かったのはいつですか？

「平成二十（二〇〇八）年の……、十二月二十七日です」

——誰から聞きましたか？

「上田さんから」

——どんな話を？

「あの……、子どもは堕ろしたと、いうふうに聞きました」

——いつ堕ろしたと？

「十二月二十四日です」

——それは、どのような方法で堕ろした、つまり中絶した、ということでしたか？

「あのー……、クスリによって子どもを小《ち》っさくして、それから、子どもを堕胎したと……」

——被告人は、その方法を誰から聞いたと言っていましたか？

「それは、あの……、看護師をしている妹のアケミから、勧められたということでした」

——薬で子どもを小さくして堕ろす、そういう話を聞いて証人はどう思いましたか？

「あの、まあ、そんなことはあり得るんだろうかって、思いました。ただ、あの、上田さんから、いまは科学が進歩しているから、そういったようなことができるんだってふうに、言われてしまって……」

傍聴人席からはふたたび失笑の声が、それも、先ほどより明らかに大きな声で、漏れた。これも当然のことだったろうと思う。

出産予定日を過ぎた胎児を堕ろすなどという行為は、仮にどのような理由があったとしても、決して許されるものではない。医学的にも不可能だし、法的にだって認められていない。

しかも、薬物を使って胎児を小さくして堕ろすなどという荒唐無稽なホラ話を信じてしまったと安西は言い放った。そんなことを平気で言う安西の証言のほうが、よほど荒唐無稽な戯言《ざれごと》に聞こえても仕方ないだろう。

すでにお気づきだと思うが、すべての種明かしをしてしまえば、双子や三つ子を身ごもったなどという話はもちろん、妊娠したという事実そのものが美由紀の吐き出した大ウソだった。

だとするなら、さらなる疑問が湧く。いくら美由紀が丸々と太り、腹回りがでっぷりとせり出しているとはいえ、一緒に暮らしていた女が妊娠しているのか否か、しかも三つ子を妊娠しているというのならばそれが事実なのか否か、いくらなんでも気づくはずではないか。なのに、出産予定日を二ヵ月も過ぎてから堕胎したと告げられ、無邪気に信じ込んでしまうなどというのは断じて信じがたい。

何度でも繰り返すが、十代の少年ならばともかく、四十代も半ばにさしかかった安西は、妻との間に二人の子どもまでいた中年男だったのである。

しかし、安西はそうした大ウソにまったく気づかず、美由紀の話を信じ切っていたと強弁し続けた。どう考えても不自然であり、安西の証言にもまた、明らかにウソが含まれていると私は思う。

11

とはいえ、公判廷における安西の証言から見えてきたものもあった。特に、かつて美由紀と交際していた大田隆之や松島忠信らの話と突き合わせれば、美由紀に翻弄されて堕ちていった男たちの共通風景がおぼろに浮かび上がってくる。

美由紀は、呆れ果てるほどの大ウソを次から次へと吐き出す女だった。妊娠したと告げて中絶費用や養育費を要求するのは得意のパターンだったし、自傷や自殺をちらつかせて交際相手の男に覚悟を迫り、強烈な圧迫をかけてくるのも十八番の手口だった。

それでも落ちない男には、五人の子どもまで盾に取って脅迫し、懐柔し、大混乱の中へと誘っていった。重要な場面では架空の妹＝アケミを登場させ、すでに吐き出した病的なほどの大ウソをさらに奇天烈な大ウソで糊塗《こと》しようとした。金銭への執着はすさまじく、さまざまな口実をつけてはカネを要求して貢がせ、時には交際相手の実家や家族にまでウソを弄して接近し、カネを毟り取っていった。

一方で美由紀は、男たちを心地いい気分にさせてくれる一面も持ち合わせていた。それを安西は「癒される」という言葉で表現し、大田は「男を立ててくれる」「居心地のいい空間をつくってくれた」と評し、松島は「子どもみたいに無邪気で可愛いところがあった」と振り返った。また、五人もの子どもを女手一つで育てる美由紀の姿に心打たれ、情のようなものを抱いてしまったと語る点でも共通していた。

そんな男たちのうち、大田や松島は途中で何とか見切りをつけ、美由紀と別れたために難を逃れた。しかし、読売記者の新藤武や県警刑事の堀田正は踏ん切りをつけられず、おそらくはノイローゼのような状態にも陥り、それが自殺なのか否かはともかく、命を落とすところまで追いつめられてしまった。そして安西も美由紀のウソに翻弄された挙げ句、主犯だったのか従犯だったのかはともかく、詐欺や窃盗に手を染め、獄に落ちた。しかも、美由紀の吐き出す大ウソを最後まですべて信じていたと真顔で語り、いまも公判廷で失笑を浴びている。

いや、ひょっとすれば安西は、美由紀の大ウソを本気で信じ込もうとしていたのかもしれない。それが警察や検察に説得されてのものだったのか、自らの身を守るためだったのかは分からないが、美由紀に引きずり込まれて同じ罪に問われるさらなる地獄から逃れるためには、いくら失笑を浴びようとも、いくら大恥をかこうとも、大ウソを信じていたのだと強弁するほかに道がなかったのではないか。だとすれば安西は、いまもなお美由紀に翻弄され、追いつめられ、堕ち続けているのかもしれなかった。

安西に対する検察官の尋問は、昼の休廷などをはさみ、午後も続けられた。その結末はまるでコメディのようなものであり、傍聴席からは安西の背中に向けてまたも失笑が浴びせられた。

——ところで、被告人は子どもを堕ろした理由は何と言っていましたか？

「あのー、たとえ子どもが生まれたとしても、育てることができないじゃないか、ということです」

——どうしてですか？

「あのー、要するに、仕事もしていないあなた（安西）は経済力もないし、どうやって子どもを育てることができるのか、ということでした」

——それについてどう思ったんですか。自分を責めるようなことはありましたか？

「それはありました。なんとかしたいな、と思いましたし、どうにもならないっても……」

——金銭的にですか？

「そうですね」

——子どもが生まれなかったこと自体はどう思ったんですか？

「ちょっと、まあ、サミしかった……」

——証人は、被告人が堕胎したなどというのがウソだということを、いまは知ってますね。

「はい、知ってます」

——いつ、どのようにして知りましたか？

「逮捕されて、警察官から」

——それまでは妊娠を信じていたと。

「そういうことです」

——被告人には、妹のアケミがいるということでしたね。

「はい」

——証人は現在、被告人に妹などいないということを知ってますね。

「はい、知ってます」

——そのことはいつ、どのように？

「逮捕されて、警察官から」

——証人は、アケミと直接会ったことはありましたか？

「ありません」

——では、どうして妹の存在を信じたんですか？

「……いちいち、その、妹がいるっていうのをウソをつく必要がないと、そういうふうに信じていました。それと、電話で話しただけでしたけれど、声も上田さんと違っていたように感じていましたから」

——だから逮捕まですべて信じていたと。

「そう、です」

12

美由紀の弁護人による安西への反対尋問は、検察側尋問の翌日となる十月二十三日の第十六回公判で行われた。午前十時にはじまった公判廷に安西は前日と同じ黒色のスーツで姿を現したが、その尋問内容はここで詳述する必要がないほど空疎な代物だった。

美由紀が次々に繰り出した荒唐無稽な大ボラをすべて信じ込んでいたと言い張る安西の証言は、素人目に見ても突っ込みどころが満載ではないかと思われた。しかし弁護側は、なんとも的外れとしか感じられないような枝葉末節の質問を延々と繰り返し、傍聴席からは前日と別の意味での失笑が漏れる始末だったのである。どのような反対尋問だったか、ひとつだけ具体的なやり取りを紹介しておきたいと思う。

たとえば弁護団は、鳥取県北栄町の海岸における坂口昭夫の不審死事案をめぐり、美由紀に指示されて現場まで車で迎えに行ったとする安西証言を俎上に載せ、長時間の質問を安西に浴びせた。

あらためて振り返れば、この事件に関して安西は、おおむね次のような証言をしている。

《美由紀に呼び出されて北栄町の海岸まで迎えに行った時、美由紀は全身びしょぬれの状態で、「坂口がいなくなった」「寒いからどこかで着替えたい」と言い出した。海岸で坂口を捜してみたが見つからず、車で現場を離れた後、近くにある衣料品量販店「しまむら倉吉店」で美由紀の下着などを購入し、ラブホテルにチェックインして身体を温めた》

弁護団はこの行動の確認にかなりの時間を割き、衣料品量販店に一人で入って美由紀の下着などを購入したという安西を次のような調子で問い質した。

——(現場で)合流した時、被告人はずぶぬれだったと?

「そうです」

——その後、坂口さんを捜したんですか?

「そうです」

——それから「しまむら」に?

「そうです」

——被告人からキャミソールなどを買ってくるよう頼まれ、あなたが一人で入ったと?

「間違いありません」

——店員には、どのようなことを尋ねたんですか?

「婦人物のキャミソールや靴下が欲しいと」

——サイズは？

「太っているから、３Ｌだということは伝えました」

——では、キャミソールは３Ｌを買うつもりだったんですか？

「あれば買うつもりでした」

——ありましたか？

「なかったので、Ｌサイズを買いました」

——どうして？

「（店員が）Ｌサイズで十分に着られるからと。そのコーナーにはそれしかなかったし、それが一番大きいのでしたから」

——どのような状態で売っていたんですか？

「ハンガーに吊るしてあったと思います」

——サイズの色分け表示は？

「はっきり覚えてません」

——Ｍサイズはありましたか？

「はっきり覚えてません」

——Ｓサイズは？

「はっきり覚えてません」

――LLや2Lサイズは？

「あればそれを買っていたので、たぶんなかったと思います」

――しかし、Lサイズはあったと？

「はい。とにかく、（店員に）勧められるままに買いました」

――3Lがあれば、買ったんですか？

「（美由紀に）言われていたので、あれば買ったと思います……」

――商品を選ぶ際に、サイズ確認はどうしたんですか？

「したと思いますが、はっきり覚えていません。（店員に）勧められれば、それが合うんだろうと」

――キャミソールには、裏地の部分にタグがありますね。

「それは見たかもしれませんが、何とも言えません」

弁護団としては、美由紀の体型から考えてLサイズのキャミソールを買ったという安西の話は不自然ではないかと強調し、証言の信憑性に疑義を突きつけたかったのだろうと思われた。だが、こうした枝葉末節のやり取りが延々と続くばかりで、安西証言の矛盾点を明確にあぶり出すことはできず、法廷内には弛緩した空気が漂ってしまっていた。地元の記者たちが休廷中に「弁護団はいったい何が聞きたいんだろう？」と言って盛んに首を傾げていたのは、その何よりの証左であったろう。私も、同じような気分だった。

加えて私は、傍聴席で反対尋問を聞きながら、弁護団への不信感を抱くようになっていた。

当該の「しまむら倉吉店」には私も何度か足を運んでみたのだが、女性用のキャミソールは店内の一角にある専用売り場にハンガーで整然と吊るされ、ＬＬや２Ｌサイズはもちろん、３Ｌサイズも何着か陳列されていた。しかもハンガーはサイズ別に色分けされていて、店員などに頼らずとも容易に目的のサイズを見つけ出すことができた。それが直ちに安西証言の信憑性を根底から覆すわけではないにせよ、こうした点を的確に突いていくことすらないまま、反対尋問は終結してしまったのである。そんなことはないと信じたいが、ひょっとすると弁護団は「しまむら倉吉店」に直接行って検証したことがないのではないか、と疑われるほどだった。

美由紀の弁護団は国選によるものだったから、美由紀には少々気の毒ではあるのだが、結局のところ弁護側は、検察側が最重要の柱と位置づけている安西証言の信頼性を崩し、それを六人の裁判員に印象づけるところまではたどり着くことができなかった。辛辣な物言いをすれば、有罪なら死刑判決が想定される事件として、裁判員裁判が開始されて以降では最重要の事件に数えられた大型刑事裁判の被告弁護にふさわしい技量を備えた弁護団ではなかった、というのが私の率直な印象だった。

第10章 美由紀との対話

1

公判の次なるヤマ場となるのは二〇一二年十月二十九日に開かれる第十九回公判、予定されているのは美由紀本人に対する被告人質問だった。

これまで美由紀は、九月二十五日の初公判での罪状認否で次のような短い言葉を発したきり、完全に沈黙を守っていた。

「二件の強盗殺人について、私は、やっていません。詳しいことは、弁護士に聞いて下さい」

もっとも、証拠調べなどの続く公判では美由紀が口を開く機会そのものがなかったし、他の裁判と比べてもそれは別に特異なことでもなかった。法廷での美由紀は、いつも弁護人席の脇の椅子に肥満体を預け、机上に置いた大学ノートに何やら熱心にメモを書き続けるほかは、細い眼で検察官や証人を時おり睨みつけたり、不満げに口を尖らせたりする程度で、淡々とした態度に終始していた。検察官が冒頭陳述などで美由紀の子どものことに言及した際、常に手元に置いていたタオル地のハンカチで目元を拭う仕草を見せたのが、唯一の感情の発露らしき行動といえば行動だった。

従って美由紀本人が自らの言葉で何を語り、どのような反論を口にするのか、私は被告人質問に強い関心を抱いていた。他のメディアの記者にしても、裁判官や裁判員、検察官にしたって、それは同じ気持ちだったろう。

ところが、その肝心の被告人質問で、またも想定外の事態が巻き起こった。美由紀側が突如として黙秘権を行使すると宣言し、十月二十九日に予定されていた弁護側による被告人質問の公判期日自体が取り消されてしまったのである。

これに対し、検察官は苛立ちと不満を露《あらわ》にしながら、次のように美由紀と弁護団を指弾した。

「そもそも本公判は、長期の公判前整理手続きを経て、被告人質問に計三日を割り当てることで合意していたではありませんか。なのに、被告人質問の期日直近になって突然黙秘すると言い出すのはどういうことですか。もし黙秘するなら、公判前整理手続きの中で、その可能性について言及すべきだったのではないですかっ」

「被告人は、取り調べの時のことを思い出してください。あの時、私（検察官）の取り調べの中で被告人は、『いまここでは話せないが、裁判になったら話す』という趣旨のことを言ったではありませんか。そのことについて、どう考えているんでしょうか。真実から逃げているだけじゃないんですかっ」

以上はいずれも十月三十日、美由紀に対する検察側の質問が予定されていた第二十回公判で、次々と質問を浴びせかけても頑として沈黙を貫く美由紀の態度に苛立った検察官の口から飛び出した発言である。

私にしたって、突然の黙秘は釈然としなかった。しかし、こうした検察官の発言はかなり無茶で筋違いの批判だったし、実際の公判廷では裁判長の野口卓志も美由紀の黙秘に戸惑いの色を浮かべつつ、検察側に自重を促すほどだった。黙秘権は憲法で《何人も、自己に不利益な供述を強要されない》（第三十八条一項）と規定され、被疑者や被告人＝被訴追者に保証された重要かつ決して侵してはならない権利だからである。

なぜ黙秘権が重要かつ決して侵してはならない権利として被訴追者に保証されてい

るのか、黙秘権の存在自体は比較的知られていても、その理由については案外に知られていない。美由紀の公判をめぐっても、裁判員として判決言い渡しにかかわった人々の中からも無知丸出しの言辞が飛び出し、それに一部メディアが無批判に同調するというみっともない出来事が発生した。従って、ここで黙秘権の意味と由来について触れておくのは、決して無駄なことではないと思う。

言うまでもないことだが、国家権力は強大である。その権力の所在が政治家にあるのか行政官僚にあるのかといった議論はともかく、国家権力は途轍《とてつ》もなく強大であり、刑事司法の捜査段階においては検察や警察がその権力を代行する。

したがって検察や警察には強力な捜査権限が付与され、膨大な人員とカネを投じて証拠等を収集し、関係先の捜索や関係者の取り調べを行い、被疑者の身柄を拘束して刑事裁判にかけることができる。それと比べた時、一個人にすぎない被疑者、被告人＝被訴追者の立場はあまりに弱く、その力の差は圧倒的である。

だからこそ刑事裁判においては、被訴追者が有罪であることを証明する責任は全面的に訴追機関の側が負い、合理的な疑いを超える確証を得られるところまで立証することが求められる。それができなければ無罪。あらためて記すまでもない、「疑わしきは被告人の利益に」の原則である。

黙秘権とは、そうした強大な権限を持つ訴追機関と対峙する一個人＝被訴追者が自らを防衛するために付与された数少ない権利であり、自らに不利なことはもちろん、一切の供述を拒むことが保証されている。証拠によって有罪であることを立証するのはあくまでも訴追機関の側であり、訴追される側にそのような責はまったくないからである。

つまり、刑事司法手続きの中で黙秘権を行使したことが不利に扱われるようなことがあってはならないし、それが非難されるようなことを許してしまえば、近代刑事司法の大原則が根幹から覆ってしまう。さらに言うなら、黙秘権を行使すると表明した被告人に対し、検察官が次々と質問を浴びせかけること自体、予断を与えかねないものとして避けるべきだという声も根強い。

従って、「犯罪を犯した者がダンマリを決め込み、真実を語ろうとしないのは卑怯だ」などという俗耳に入りやすい戯言は、飲み屋で酔客が撒き散らす放談としてもレベルが低いが、刑事司法に関わる者やメディア関係者ならば決して口にしてはならない類の禁句である。

ここで法律の素人である私が偉そうに長々と講釈をたれるよりむしろ、刑事司法のプロフェッショナルによる解説を紹介しておきたいと思う。

2

和歌山市で一九九八年七月、いわゆる毒物カレー事件が発生した。和歌山市園部地区の夏祭りでつくられたカレーに砒素《ひそ》が混入され、十歳から六十四歳までの男女四人が死亡、六十人以上が砒素中毒になった事件は、当時三十七歳だった林眞須美が逮捕、起訴され、メディアの狂乱報道が異常なまでに過熱した。眞須美は取り調べ段階から殺人容疑を一貫して否認したものの、一審・和歌山地裁は二〇〇二年十二月に死刑判決を言い渡し、二〇〇五年六月には大阪高裁も一審判決を支持、最高裁も眞須美の上告を退けたため、二〇〇九年五月に死刑判決が確定している。

このうち一審・和歌山地裁（裁判長・小川育央）の公判で眞須美は黙秘権を行使し、被告人質問で検察側が執拗に浴びせかけた問いにも一切口を開こうとしなかった。これに被害者遺族が強く反発し、一部メディアも遺族感情に共鳴する報道を繰り広げ、法廷で眞須美が黙秘したことに猛批判が浴びせられる事態が現出したのである。

近代刑事司法が被訴追者の重要な権利として保証した黙秘権の行使が批判の俎上に載るという異様な状況には裁判所もさすがに危機感を覚えたのであろう。一審・和歌山地裁の判決は黙秘権について相当な分量を割いて異例の言及をし、その意味と重要性を諄々《じゅんじゅん》と説いた。実をいえば和歌山毒物カレー事件については私自身、眞須美の犯行であるという判決そのものに強い疑念を抱いているのだが、それはともかく、一審判決が提示した黙秘権に関する言及は極めて明快で、その重要性を的確にまとめたものといえる。

やや長くなるが、該当部分を以下に紹介したい。ごく一部を略すものの、マルカッコ内も含めて原文のままであり、判決文中に出てくる「本件」とはもちろん和歌山毒物カレー事件のことを指す。

《本件の事実認定にあたり、被告人が黙秘権を行使して本件に関し供述をしなかったことは、一切事実認定の資料とはなっていない。しかしながら、被告人が黙秘権を行使して供述を拒んだことについて非難する論調も一部にあり、弁護人は裁判において事実上不利益に扱われないか懸念していることから、被告人の黙秘権の行使について一言する。

刑事手続は、国家権力が個人に強制力を使ってまで事案を解明することを求めており、訴追機関と被訴追者である個人が真っ向から対立することを予定している。しかし、訴追機関と被訴追者の力のアンバランスは明白であり、それが種々のえん罪を生んできたことは歴史上明らかである。

そこで、法は、力のアンバランスが悲劇を生まないよう双方の力のバランスを保つため、被訴追者たる個人は国家権力の行使者である訴追機関に対して自ら弁解を主張する必要はなく、訴追機関側が考えられるあらゆる弁解をその責任において排斥すべきこととしたのである。そのために設けられた制度が黙秘権である。

ところで、事実上黙秘することは、特に権利とされるまでもなく、誰にでもできることである。したがって、黙秘することを「黙秘権」という権利まで高めた眼目は、まさに、黙秘したことを一切被訴追者（被告人、被疑者）に不利益に扱ってはならないという点にあるといわねばならない。

このことは、民事訴訟において、相手方の主張に対して争うことを明らかにしない場合には、それを自白したとみなされる（民訴法一五九条）ことと極めて対照的である。この規定は、当事者が積極的に争わない限り自白とみなして裁判官の認定を不要とするとともに、当事者に相手方の主張事実について答弁すべき責任を負わせたものである。この規定は訴訟政策的な理由に基づくものであるが、その認定が合理的であるとされる背景には、当事者が争わない限り真実とみなしていいのだという発想があるものと解される。

このようなことを考えると、社会的には、不利な事実に対して黙秘することは、それが真実であって反論出来ないからであるという感覚の方が相当なのかもしれない。したがって、黙秘したことを被告人に不利益に扱ってはならないという黙秘権の制度が、一般世人にとって、納得のいかない印象を与えるのはむしろ当然なのかもしれない。

しかし、刑事裁判においては、被告人が黙秘したことを不利に扱えば、被告人は弁解せざるを得ない立場になり、結果的には弁解するだけでなく、弁解を根拠づけることまで求められ、ひいては、国家権力対個人という力のアンバランスが生む悲劇を防ぐべく、攻撃力と防御力の実質的対等を図ろうとしている刑事訴訟の基本的理念自体を揺るがすことに結び付きかねないのである。

したがって、黙秘権という制度は、むしろ黙秘に関する社会的な感覚を排斥し、それ以外の証拠関係から冷静な理性に従って判断することを要求していると解すべきであり、もし黙秘するのはそれが真実であるからという一般的な経験則があるとするなら、むしろそのような経験則に基づく心証形勢に一種の制約を設けたもの（自由心証主義の例外）ととらえるべきものである》

専門的で分かりにくい部分があるかもしれないが、言わんとするところは明快であろう。

つまり黙秘権とは、圧倒的な力を持つ国家権力＝訴追機関と対峙させられる被訴追者にとって最重要の権利の一つであり、近代刑事司法の根幹を成すものの一つである。一般的な感情から納得しにくい部分があっても、そうした俗情的な反発はむしろ徹底して斥けられ、冷静な理性に依って原則を守り抜かねばならない。だから「無実ならきちんと弁明せよ」とか「後ろめたいところがあるから喋れないに違いない」などという低劣な批判は、近代刑事司法の根幹を腐食させてしまいかねない妄言として排斥される必要がある。

鳥取連続不審死事件公判の被告人質問で美由紀が黙秘したのもまた、至極当然の権利を行使したものにすぎず、これ自体を難じるようなことがあってはならないのだが、当の公判で判決言い渡しに関わった裁判員たちからとんでもない発言が飛び出したことを知り、私は心の底から溜息をついた。後日の話になるが、すべての公判日程が終了した際、地元記者会の要請に応じて会見に臨んだ裁判員や補充裁判員が次のように語ったと各メディアで報じられたからである。

《裁判員と補充裁判員の計十人は閉廷後、会見。補充裁判員の女性会社員は「黙秘は一番残念だった。被告に真実を話してもらえる機会があればいいなと思う」と話し

た》（二〇一二年十二月四日、共同通信の配信記事）
《黙秘した上田被告には、四十代の男性が「やっていないなら、やっていない根拠を語って欲しかった」とし、女性は「いつか真実を話す時が来れば」と望んだ》（同十二月五日付、読売新聞朝刊）
《米子市の男性は「無実なら黙秘は駄目だ」と話した》（同日付、日本海新聞朝刊）
黙秘権の意味と重要性を裁判官がきちんと説明しなかった責任はあるが、この程度の認識の者たちが裁判員を務め、一段高い法壇から判決を宣告したと考える時、私は暗澹たる気持ちになってしまう。その発言に適切な疑義を突きつけず、あたかも真っ当なことを言っているかのように垂れ流したメディアも批判されてしかるべきだろう。

3

さて、美由紀の被告人質問当時に時計の針をふたたびあわせる。

黙秘権を行使した美由紀の態度は決して批判されるべきではないものの、それまでの公判における弁護団の主張を考えれば、ずいぶんと奇異な印象を与えたのも確かであった。

二件の強盗殺人容疑などに問われた美由紀の公判では、二件の強盗殺人と美由紀を結びつける直接的な証拠は存在せず、検察側は脆弱な状況証拠をいくつも積み上げて立証することを狙っていた。そして、二件の強盗殺人を美由紀の犯行だと立証する責はあくまでも検察側が負っているのだから、弁護側としては本来、その立証作業の合理性を一つ一つ検証し、反駁《はんばく》を加え、最大限に突き崩していく作業に専念すればいいはずだった。

ところが弁護団は総括冒頭陳述などで、二件の強盗殺人は美由紀の犯行ではないと否認するにとどまらず、最後の交際相手だった安西義孝こそが「真犯人」であるとまで主張した。だからといって弁護側に立証責任など課されないとはいうものの、そこまで断言するならば安西が「真犯人」であることを指し示す何らかの根拠を持っているのではないか、と目されても仕方ない。

だが、ここまでの公判で弁護団は、安西が「真犯人」であると納得させるほどの根拠を示せていなかった。そして、被告人質問の期日直前になって突如黙秘を宣言したのである。黙秘権の行使自体を批判してはならないとはいえ、いかにも場当たり的で迷走気味の弁護活動だと誹《そし》られてもやむを得ないだろう。

私にしても、腑に落ちなかった。いったいなぜ、美由紀は突如黙秘に転じたのか。安西こそが「真犯人」だという主張は、美由紀が言い出したことによるものだったのか、それとも弁護団のアドバイスによるものだったのか。死刑という究極の刑罰が言い渡されるかもしれぬ公判で弁護方針が迷走しているように見えることを、当の美由紀本人はどう考えているのか。それ以前に美由紀はいま、何を想いながら公判に向き合っているのか。

もっといえば、美由紀がいったいどんな女なのか、関係者の証言に耳を傾けながら想像をめぐらせるのではなく、法廷の傍聴席から遠目に眺めるのでもなく、真正面に対座し、直接会話を交わし、もっと現実感のある形で感じ取ってみたいという欲望が強まっていた。

そのための条件が、ようやく整いつつあるようだった。

再び少し面倒くさい話にお付き合いいただきたいのだが、この国の刑事司法の世界はおそろしく閉鎖的で、逮捕・勾留されている人物に外部から接触するのがきわめて難しい。刑事訴訟法は一部の例外を除いて起訴後の保釈を原則としているにもかかわらず、容疑を否認する被疑者、被告人の場合は検察側が「罪証隠滅の恐れがある」「逃亡の恐れがある」などと難癖をつけて保釈がなかなか受けられず、さらには接見禁止まで請求し、裁判所も安易にこれを認めてしまう傾向が強いからである。接見禁止になれば弁護人以外との面会はおろか、手紙のやり取りなどもできなくなり、取材目的の記者はもちろん、家族との面会すら不可能になってしまう。

こうした悪弊については、各地の弁護士会などを中心に批判の声が上げられてきた。接見禁止によって家族とも会えないような状態が延々と続くことは被疑者、被告人にとって相当な苦痛であり、先に紹介した「人質司法」などと同様、容疑を否認する被疑者、被告人にプレッシャーをかけて虚偽の自白を迫る手段に使われかねないからなのだが、悪弊はなかなかあらたまる気配がない。

二件の強盗殺人について全面否認をし続ける美由紀もまた、長らく接見禁止とされてしまっていて、弁護人以外との接触が叶わぬ状態が続いていた。ところが被告人質問で黙秘する態度を示した前後に接見禁止が解かれたらしく、地元記者の一部が美由紀との面会を試み始めたという情報が耳に入ってきた。

ならば私も、面会を試みてみよう。美由紀が応じるかどうかは分からないが、とりあえずは面会を申し入れてみよう。もし応じれば、私の中に燻っている疑問の数々を一度、美由紀に正面からぶつけてみよう――。

そう考えて私は、鳥取刑務所に向かった。二〇一二年の十月三十一日、美由紀が黙秘に転じたことで被告人質問の公判期日が取り消されてしまってから二日後のことだった。

4

目指す鳥取刑務所は、市の中心部から車で約十五分ほどの距離にあったが、私は宿泊先のビジネスホテルを朝早くに出発した。刑事被告人＝未決勾留者との面会は一日一組しか許されないことが多く、他の面会申込者に先んじられてしまうのを避けたかったからである。

裁判が進行中で刑が確定したわけではない被告人は通常、拘置所に勾留される。しかし、鳥取には専用の拘置施設が存在せず、刑務所の一角に拘置区が備えられていた。美由紀もそこに収容されていたのだが、刑事被告人や服役囚とは過去に何度も取材のため面会してきた私も、鳥取刑務所の佇まいには少々驚かされてしまった。

レンタカーのハンドルを握って鳥取刑務所に向かう幹線道路を走っていくと、刑務所への矢印を記した小さな案内板が突然現れる。それに従って細い道を折れ曲がると、田畑の真ん中を貫く畦道のような隘路《あいろ》に入り込み、それが延々と続く。道を間違えてしまったかと一瞬戸惑うが、数百メートルほど進んで行くと、刑務所の敷地にたどり着く。

高い塀で囲まれた施設は鉄筋コンクリートづくりのようだったが、一目見ただけで分かるほど老朽化していて、おそろしく鄙びた風情を醸し出していた。周囲の田畑は秋の収穫が終わって赤茶色の土肌をさらしていたが、その殺風景な荒涼さが刑務所の枯れ落ちそうな外観とぴったり似合っているように見えた。

壁の外側にある駐車場にレンタカーを停めると、刑務所の正門前にも、まるであばら屋のような建物が立っていた。正門脇にいた老齢の警備員に尋ねると、その小さな建物が面会者用の待合室なのだという。おそるおそる中に足を踏み入れてみれば、八畳ほどの広さのカビ臭い室内に古びた椅子や木製の机が並べられ、机上には小さな藁半紙の束が置かれていた。〈面会申込票〉だった。

藁半紙の最上部には、面会の相手方となる〈被収容者氏名〉を書き込む欄がある。その下には面会申込者の住所、氏名、年齢、続柄、面会理由などを記入する欄。これらを埋め、正門前の警備員に提出し、このあばら屋で面会の可否を待てということらしい。これまで幾度も訪れたことのある東京や大阪、名古屋といった大都市部の拘置所とのあまりの落差に、私はすっかり調子が狂ってしまっていた。

大都市部の拘置所では、まるで要塞のような建物といかめしい刑務官に出迎えられ、面会を申し込む前にすっかり気持ちが重くなってしまうのが常だった。その上、鞄の底をまさぐるような手荷物検査や金属探知機の通過といった煩わしい手続きに辟易させられ、面会待合室にたどり着くころには心底うんざりさせられてしまう。

それに比べれば、鳥取刑務所はずいぶんと長閑で、牧歌的な雰囲気がむしろ好ましく感じられるほどだった。ただ、木製机に備え付けられたエンピツで〈面会申込票〉の空欄を埋めていくうち、私の手はハタと止まってしまった。〈被収容者〉はもちろん〈上田美由紀〉。氏名や住所、年齢は淡々と記し、〈面会の理由〉欄は少し悩んで〈安否伺い〉と書いたのだが、〈続柄〉はどうしたらいいのか、にわかには決めかねたからである。

一般的な面会者なら〈親族〉や〈友人〉ということになるのだろうが、いずれも私には当てはまらない。あえていえば、取材者と被取材者ということになるが、それは〈続柄〉といえないだろう。これまでの面会取材の際は、事前に弁護士などを通じて面会に赴く旨を被告人側に伝えてあったから〈知人〉などと書いてきたのだが、美由紀の弁護団は基本的にメディア取材を拒否しているから、今回は事前連絡もできていない。どうしようかと悩んだ末、〈続柄〉は空欄にしたまま、正門脇に立つ老齢の警備員に藁半紙を手渡した。

「ご面会ですね。何か身分を証明するものはお持ちでいらっしゃいますか？」

「運転免許証でいいですか？」

「はいはい、結構ですよ。それでは、しばらくお待ち下さいませ」

老警備員はずいぶんと物腰が柔らかく、口調もやけに丁寧だった。これも大都市の拘置所とは対照的だから面食らったのだが、私が手渡した〈面会申込票〉をチェックするうち、その顔色がわずかに曇った。

「……あれっ、続柄の欄が記入してありませんね」

「ええ。何て書いたらいいか、分からなかったもので」

「ご住所が東京ですが……、ひょっとして、記者さんですか？」

「そうです」

「なるほど……。しかし、困りましたな。すべての欄を埋めていただくようにって、〝中〟からは強く言われてるんですよ……」

よく見れば、老警備員が身にまとっているジャンパーの胸のあたりには、民間警備会社のものらしきワッペンが縫い付けられていた。物腰が妙に柔らかくて丁寧なのは、彼が刑務官ではなく、民間警備会社から派遣されている人間だからなのだった。ならば、ここで押し問答をして困らせても仕方がない。老警備員の手から〈面会申込票〉を受け取り、一瞬だけ考え、〈続柄〉欄に〈知人〉と書き入れた。美由紀が私のことを知っているはずはないが、私は美由紀を知っているし、法廷で直接見てもいる。やや強引な理屈だとは思ったが、まったくの虚偽ではない。すべての欄が埋まったことを確認した老警備員は安堵の表情を浮かべ、

「では、これで手続きをしますので、待合室でしばらくお待ち下さい」

と言って姿を消した。

カビ臭い待合室には小さな窓もあったが、北側に面しているせいか、ほとんど陽が差し込んでこなかった。まだ晩秋というには少し時期が早く、決して寒いわけではなかったものの、足元からはコンクリートの冷気がしんしんと這い上がってくる。

こんなところで何十分も待たされたらたまらないな……。そう思っていたのだが、それは杞憂に終わった。塀の中の建物から屈強な刑務官が駆け足で姿を現し、私の顔を一瞥すると、ぶっきらぼうな態度で塀の内側へと案内してくれた。

どうやら面会が叶うらしい。ようやく美由紀と対峙できることに私の胸は少々高鳴っていた。

5

塀の内側にある刑務所の屋舎は、間近に見ると一層老朽化が目立つ建物だった。ただ、紺色の制服に身を包んだ刑務官たちが足早に廊下を行き交う光景は、他の拘置所

などとさほど変わらない。私を案内してくれた屈強な刑務官に促されて入った面会室も、壁が黄ばむほど古びてしまっていることを除けば、他の拘置所と似たような構造の部屋だった。

どこの拘置所もそうなのだが、面会室はひどく狭苦しく、そこにいるだけで息苦しいほどの圧迫感を受けてしまう空間である。四畳半ほどの狭い部屋が真っぷたつに区切られ、「こちら側」と「あちら側」の間は透明な強化アクリル板で隔てられている。「こちら側」に置かれたパイプ椅子に腰掛けると、それに向き合う形で「あちら側」にもパイプ椅子が置かれ、背後には大きな鉄製の扉が見える。被告人はそこから面会室へと入ってくるのだが、扉は表面があちこち錆び付き、一部はペンキが剝げ落ちてしまっていた。それは屋舎が建てられてから相当な年月が経過していることを如実に物語っていた。

待たされたのはおそらく、数分程度だったと思う。しかし、ずいぶん待ったように感じたのは、私の気が急《せ》いていたからだろう。手持ち無沙汰な気分だった私は、ポケットから取り出したメモ帳に日付と時間を書き入れ、〈美由紀面会メモ〉とペンを走らせた。金属がこすれ合う際に発するギィーッという嫌な音とともに「あちら側」の扉が開き、紺色の制服姿の女性刑務官に曳かれて美由紀が姿を現したのは、その直後のことだった。

「あちら側」に立った美由紀はやはりずいぶんと肥え、頬も顎も腹もでっぷりと肉をたたえていた。「こちら側」を見て少し首を傾げたのは、この男はいったい何者だろうと品定めをしているのだろう。女性刑務官に促されて美由紀が肥満体をパイプ椅子に預けると、そのまま女性刑務官は背後の椅子に座り、記録用のノートを開いて私たちの会話に監視の眼を光らせはじめた。私はまず、不意の訪問を詫びた。

――突然申し訳ありません。取材でお話をうかがいたいと思ってやってきました。

「記者さん、ですか？」

そう言って美由紀は口を尖らせ、少しだけ眉間に皺を寄せた。

――そうです。フリーランスですが。

「『知人』って書いてあったので、もしかしたらお店で働いていた時のお客さまかと思ってしまいました」

――申し訳ありません。「続柄」の欄に何と書くべきか迷って、最初は空欄にしておいたんですけど、何か書かなくちゃいけないと言われて、「知人」と書いてしまいました。

「それ、刑務所の人が言ったんですか？」

美由紀の声がわずかに大きくなり、明らかに険を帯びた気配が表情に浮かんだ。瞬間、なぜか私は、小学校時代の卒業文集に美由紀が自らの性格を〈たんき〉と書いていたことを思い出し、慌てて否定した。

――いえ、正門前の受付の方ですから、刑務所の職員じゃありません。すべての欄を埋めるのが決まりらしくて、私の勝手な判断で「知人」と書いたんです。申し訳ありません。

「そうですか……。私、ビッグのお客さまかなって思って、(面会室に) 出てきただけなので。私のお客さまと、名前の似ておられるお客さんがいらっしゃったので、それで今日は出てきてしまったので……。すみません」

――こちらこそ、いきなり押し掛けて失礼しました。

「あの……、本当に申し訳ありませんが、(取材に対して) お話しすることは、ないんです。話せないんです。すみません。悪く、悪く思わないでください」

美由紀の表情と声は、一瞬だけ険を帯びて大きくなったものの、あとはその体軀に似合わぬほど小さく、か細く、なんとも自信なさげで、アクリル板越しでは聞き取るのが困難なほどだった。

身にまとっているのは、地味な灰色のトレーナーとジャージ。勾留中だから当たり前なのだが、化粧っけは一切ない。顔をまじまじと眺めると、眼の下に褐色の隈ができていて、長期勾留のせいなのか疲労の色が濃く漂っているようだった。

また、一メートルほどの距離で向かい合った美由紀は、法廷で見る姿とはかなり違った印象を受けた。たしかに太っていることは太っている。ただ、身長が低いせいなのか、背中を丸めてちょこんと座っているせいなのか、それとも美由紀を曳いてきた女性刑務官の体格が美由紀に輪をかけて立派だったせいなのか、意外と小柄な女のようにも感じられる。

それに、礼儀正しいところがあるのは事実のようだった。不意に押し掛けたのはこちら側なのに、「すみません」「申し訳ありません」「悪く思わないでください」と繰り返し謝り、そのたびにペコリペコリと頭を下げる。背を丸めて幾度も頭を下げる様が、ますます美由紀を小柄に見せていた。

ただ、取材には応じられないと言いつつも美由紀は、「あちら側」のパイプ椅子に座ったまま席を立つ気配を見せなかった。どこの刑事収容施設も同じだが、許される面会時間は二十分ほどしかない。私は質問を継いだ。

6

——ひとつ、うかがいたいことがあるんですが。

「……はい」

——なぜ、突然黙秘に転じたんでしょうか。

おどおどと顔を上げ、細い眼で私の眼を見ながら、美由紀の口は頼りなげな声を発した。

「まあ、それは、あの、私の口からは、言えることではないと思います」

——黙秘するというのは、あなたの判断なんでしょうか。それとも……。

「それは、あの、私だけではありません。私だけの判断ではないので……」

——つまり、あなたと弁護士さん双方の判断ということですね？

「はい。なので、仕方ないっていうか、私は話をしないと、弁護士さんと相談した上で決めた結果ですので。すみませんが、いまはそれしか、言えませんので」

——取材には一切答えないと。

「はい。あとは、今後の裁判の流れを見ていただいた結果だと思いますので……。それから、弁護士さんに取材を申し込まれたら……」

——あなたの弁護士さんたちも、取材には一切応じていないんです。

「そうなんですか……」

——なので、メディアではあなたの主張がほとんど伝わらない。

「そうですか……」

——私もメディアに関わる仕事をしてますから、あなたの本心からの訴えや真実を知りたいし、可能ならば伝えたいと思っています。

「（メディアは）どこ、ですか？」

——私はフリーランスですから、特定の組織には所属してません。その時々でいろいろな媒体、たとえば週刊誌や月刊誌などに原稿を発表しています。

「そうですか……。でも、どこが本当のことを書いてくれるのか分からないし、とにかくいまは、話せないんです。すみません」

美由紀はまた謝罪の言葉を口にし、頭を小さくペコリと下げた。私はしつこく質問を継いだ。

——つまり、現時点では何もお話しできないということですか。

「申し訳ありませんが、今日は勘弁して下さい。私もいま、自分のことで、いっぱいいっぱいなので……。（ビッグの）お客さまだと思って（面会室に）来てしまった私も悪いので……」

――そうですか。分かりました。

「あとは弁護士さんに聞いていただくのと、とにかく、今後の裁判を見てください」

――裁判といっても、一審の公判はあと数回しかありません。一週間後の十一月六日には結審ですよ。

「そう、ですね」

――このままで大丈夫なんでしょうか。私の眼には、弁護側の主張が迷走気味に見えます。

「………」

――あなたに不安な気持ちはないんでしょうか。

「でも、いまは何も話せないんです」

相変わらず美由紀は席を立つ気配を見せなかったが、いくら問いかけても何も話せないと繰り返すばかりだった。しかも弁護団と相談した上で決めたことだというのなら、単なる取材者である私が無理に口を開かせることなどできないし、そのような資格も権限もない。質問を継ぐのはあきらめ、面会が叶ったら伝えておきたいと思っていたことを告げた。

――この事件の取材をはじめてから、私もビッグによく行くようになりました。

「あぁ、そうなんですか」

――ええ。もうすっかり常連です。

「そうですか」

――ママもアキちゃんも元気ですが、ママが「サトミは元気だろうか」って言ってますよ。

「そう、ですか。こちらは元気ですって、そう伝えていただければ、結構です」

相変わらず小さな声だったが、少しだけ懐かしそうに表情をやわらげ、美由紀は言った。そろそろ潮時だろう。私がパイプ椅子から腰を浮かした瞬間、今度は逆に美由紀のほうから口を開いた。

「あの……、あの、今後、もしお話しできる時がきたら、あの、お話しします。それだけは、聞いていただいたっていうことで。すみませんが、いまは言えることが、ありませんので」

――分かりました。しかし、話せる時っていうのは、いったいいつですか。判決の後ですか？

「その時の状況によります。今日はご理解いただいて……。あのー、変な意味ではなくて、会いたくないということじゃなくて、すみませんが、いま話せることがないので。本当にすみません」

――分かりました。東京に戻ったら、手紙でも書かせていただきます。

「はい。すみません。待っています。今日は本当に、ありがとうございました」

何度も頭を下げながら立ち上がった美由紀は、再び女性刑務官に曳かれ、錆びた鉄製の扉の奥に姿を消していった。ガッチャーンという耳をつんざくような音をたてて鉄扉が閉まる直前も、扉の向こうで肥満体を折り曲げ、頭を下げるのが見えた。取り残された私は面会室の「こちら側」にしばらく佇み、ついいましがたまで「あちら側」にいた美由紀の残像を反芻していた。

かつて交際していた男たちが語った通り、妙に礼儀正しいところはあるようだった。想像以上に弱々しい印象も受けたが、囚われの身となって三年近くの時が経ち、死刑も予想される裁判に被告として臨んでいることを考えれば、それは当然のことだったろう。

しかし、結局のところは地味で冴えない中年女――それが美由紀に直接会って抱いた印象のすべてだった。

わずか二十分ほどの面会時間にすぎなかったものの、事件のことは話せないと繰り返しつつ、消え入りそうにか細い声で「すみません」「申し訳ありません」「悪く思わないでください」と頭を下げながら詫びてばかりいた美由紀。その貌の裏側に、幾人もの男たちを破滅の底へと引きずり込んでいった別の貌が潜んでいるとは、短時間の面会では感じ取ることができなかった。

ただ、あの尖った口が次々と大ウソを吐き出し、男たちを翻弄し、混乱の淵へと追い込んでいったのは、間違いのない事実のようだった。少なくとも、美由紀と交際したことのある男たちはそう言って口を揃えたのだが、眼の前に現れた美由紀の残像と裏の貌がまっすぐに結びついていかない。逆に言うなら、あれほど地味で冴えない中年女に次々惹き寄せられていった男たちの心情も、また分からなくなってくる。私は、出口のない隘路に迷い込んでしまったような気分だった。

第11章

「みちづれ」

1

「青ちゃん、サトミに会うてきたのか!?」

鳥取刑務所で美由紀と面会した日の夜、カラオケスナック・ビッグに足を運ぶと、いつものようにカウンター奥の定位置に陣取っていたママが小さな眼を丸くしながら巨体をにじり寄せてきた。

「うん。今朝、鳥取刑務所に行って会ってきた」

「会えるようになったんか?」

「うん」

「で、どうやった？　サトミ、何て言うてた？　元気そうだったか？」

「まあ、あまり元気そうじゃなかったけど……。そういえば、ママが心配してるよって言ったら、元気ですって伝えといてくれって」

「サトミが、そう言うてたのか!?」

「うん」

「元気ですってワタシに伝えてくれって、そう言うてたのか!?」

「うん」

「そうかぁ……。で、事件のことは何て言うてた？　やっぱり、やってないってか？」

「事件のことは、何も話せないってさ。弁護士さんたちとも相談して、何も話さないことに決めたんだって」

「そうかぁ……。でも、元気だってワタシに伝えてくれって、サトミが、そう言うてたんか？」

「うん」

「そうかぁ……。サトミがなぁ……」

いつもなら「青ちゃん、メンチャしとんのかぁ」と言って股間を撫で上げる仕草をしたり、「ワタシと浮気するか?」と言って自分の胸を揉んで見せたり、「ほれ、飲みぃな。それともカラオケでデュエットするか」と言ってけたたましい塩辛声を次々浴びせてくるのに、面会の話を聞いたママは、なにやら普段とは様子が違ってしまっていた。美由紀のことを思い出しているのか、何かほかのことを考えはじめたのか、派手な色に染めて両脇を三つ編みにした髪の先を震え気味の指でクルクルと弄《もてあそ》びながら、物思いに耽って黙り込んでしまう。

代わりに口を開いたのは、カウンターの中のアキちゃんだった。

「青ちゃん、サトミに会ってきなすったんだって?」

「うん」

「どうだった? 元気そうだったか?」

「捕まって独房に閉じ込められてるんだから、まあ、元気なわけはないよ」

「そりゃそうやなぁ」

そう言ってアキちゃんはいつものようにケタケタケタと乾いた笑い声を上げたが、アキちゃんにしても落ちついて話をできるような状況ではなかった。珍しいことに、この日のビッグには複数の客がいたからである。

一人は地味な身なりをした白髪の老人。もう一人はスーツ姿の中年男。白髪の老人は、私も店で何度か見かけたことのある常連客で、現在は年金暮らしの元教師だった。スーツ姿の男は見たことのない客で素性は不明だが、二人とも気分良く呑んでいるらしく、カラオケの曲を交互にリクエストし、歌い終わると拍手で互いの歌を褒め合い、水割りにした焼酎のグラスを幾杯も重ねていた。

私が知る限り、別々にきた複数の客がビッグにいるのは珍しい光景だった。しかも今夜はマミちゃんが早めに帰ってしまったから、アキちゃんは一人でカウンターの中を捌くのに忙しそうだった。

マミちゃんが帰ってしまったのは、私がビッグに到着した直後のことだった。私と次のような会話を交わした途端、眼鏡の奥の細い目を光らせ、あたふたと帰ってしまったのである。

「青木さん、美由紀と面会してきたのか？」

「うん」

「刑務所におるんだろ？　なのに会えるのか？」

「これまでは接見禁止っていって、弁護士以外とは誰も面会できなかったんだけど、少し前に解除されたみたいだね」

「じゃあ、誰でも面会、できるのか？」

「基本的にはできると思うよ」

「そうなのか？」

「もちろん美由紀がオッケーしないとダメだけどね」

「そうか……」

そしてマミちゃんはいなくなってしまったのだが、その理由が分かったのは、後日になってからのことだった。

2

マミちゃんが早退し、ママが黙り込んだ後も、ビッグの店内は変わりなく騒々しかった。

ピピ、ピピピピ、ピロピピピ、ピロピロピピピピピピ……。

二人の客がカラオケを歌い終わるたび、店内に電子音が響き、液晶画面の女体にかけられたモザイクが次々に消えていく。

「やぁっ、九十点！　すごいわぁっ、お上手っ！」

焼酎の水割りをつくりながら、アキちゃんが塩辛声でお追従《ついしょう》を言う。満足げな表情で白髪の老人がマイクを置き、今度は赤ら顔をしたスーツ姿の男が分厚い歌本をめくりながら告げる。

「じゃあ、オレは……、『有楽町で逢いましょう』をいってみようかなぁ」

男のリクエストに、すかさずアキちゃんが返す。

「フランク永井っ！　いや～ん、ワタシ、大好きな唄やないのぉっ」

大袈裟に身体をくねらせながらアキちゃんが濡れた手を拭き、リモコンを器用に操ってカラオケ装置に曲を入力する。

鳥取の寂れた歓楽街で「有楽町」。ずいぶん不釣り合いだなと思ったが、それは他所者である私の勝手な感傷に過ぎない。液晶画面が女体から安物ドラマ風の歌詞画面に切り替わり、赤ら顔の男が小指を立ててコードレスマイクを握ると、店内のスピーカーからはふたたび大音量の伴奏が流れはじめた。

そんな様子を横目に眺めながら、ママがようやく口を開いた。

「そういえば青ちゃん、サトミの裁判って、もうすぐオシマイやろ？」

「今日が十月三十一日で、十一月六日には結審しちゃうから、もう一週間ほどしかないね」

「その日に判決も言われるのか？」

「いや、判決公判は一ヵ月後の十二月四日だったかな。『評議』って言って、裁判官と裁判員が判決内容をどうするか話し合う時間が必要だからね」

「やっぱり、死刑になるんか？」

「そりゃ、分かんないよ。でも、二人の強盗殺人だから、有罪っていうことになれば死刑判決の可能性が高いと思う」

「有罪になればって、無罪になる可能性もあるのか？」

「まあ……、ほとんどないだろう、ね」

「そうかぁ。じゃあ、死刑かぁ。それにしても、ワタシの身の回りのもんで死刑になるのが出るなんて、考えもしなかったなぁ……。考えてみれば、大変なことやなぁ……」

まだ審理が終わったわけではないし、仮に一審で死刑判決が出たとしても、おそらく美由紀側は控訴するから、すぐに確定してしまうわけでもない。しかし、ママはすでに死刑が確定したものだと決めつけてしまったらしく、同じ言葉を繰り返して大きな溜息をついた。

「ホンマ、死刑になるなんて、大変なことやなぁ……」

ママはふたたび黙り込んでしまったが、入り口近くのカウンター席ではスーツ姿の男が陶酔気味の表情でマイクを口に押し当ててフランク永井を熱唱し、白髪の元教師とアキちゃんは液晶画面の映像と歌詞を眺めながら手拍子を送っていた。一人取り残された私は、焼酎の水割りを舐めて喉を潤しながら、少し前にママとアキちゃんが明かしてくれた話を思い出していた。

3

それは鳥取県警が美由紀と安西義孝を詐欺容疑で同時逮捕した二〇〇九年十一月二日の二日前にあたる十月三十一日夜のことだったという。美由紀は安西らと連れ立ってビッグを訪れ、私もいま座っているカウンターに並んで腰掛けていた。ホステスとしてではなく客として、である。

「呑みはじめるとワタシ、止まらなくなっちゃうからな」

酒は強いほうなのに、そう言って普段はあまり店で呑もうとしなかったという美由紀が、この日は珍しく多量の酒を呑んで大はしゃぎし、安西や連れの客らと〝ゲーム〟に興じていた。参加者全員が五百円ずつ出し合い、それぞれが得意な曲をリクエストして順番に歌い、カラオケ装置のはじき出す得点の最も高かった者がカネを総取りするという〝賭けカラオケ〟だった。

「ずいぶん楽しそうにしてたなぁ。遅い時間まで大騒ぎして、ホントにはしゃいでいたで。あんなこと、珍しかったもんなぁ」とママ。

「そうそう、お酒もたーくさん呑んでなぁ。あん時、焼酎のボトル、いったい何本空いたんかなぁ。二、三本ぐらいは空いちゃったんじゃなかったかなぁ」とアキちゃん。

最後の晩餐のようなつもりだったのだろうか、気分良さげに酒を飲み、酔っぱらい、大はしゃぎしながらたわいもない〝賭けカラオケ〟に興じつつ、美由紀たちは自らの周辺にひたひたと迫りくる捜査の影に気づいていて、怯えていたようでもあったらしい。カラオケの最中、美由紀と安西は何度か店の外を窺い、周囲に警察車両が待機していないかどうか確認していた、とアキちゃんは振り返ってくれた。

その翌日――つまり同時逮捕の前日にあたる十一月一日には、美由紀がかつて交際していた松島忠信に電話をかけ、こんな〝相談〟をしていたのは前述した通りである。

「友だちの話なんだけど、詐欺で捕まったら、どれくらいの刑になるのかな」

今夜が二〇一二年の十月三十一日ということは、美由紀が安西とともにビッグを最後に訪れ、〝賭けカラオケ〟に興じて大はしゃぎした日の夜から、ちょうど三年の歳月が流れた計算になる。私とママはビッグのカウンターに座って安焼酎のグラスを傾けながら美由紀と事件のことを想い、一方の美由紀は鳥取刑務所の独房に繋がれ、一週間後に迫った結審の時を待っている。カウンターの上に積まれた分厚いカラオケの歌本の間には、美由紀が自分と常連客の得意曲を書き出したという大学ノートがいまも置かれているが、それを開く者は、もういない。

ふと気がつくと、白髪の元教師と順繰りにカラオケに興じていたスーツ姿の中年男は、明日の仕事があるからといって引き上げてしまい、店に残った客は元教師と私だけになってしまっていた。

気分よく互いの歌を褒め合う相手を失った元教師は、一人で所在なげにカラオケの歌本をめくっていた。私の素性を知っているのか、それともママと話し込んでいたのを見て遠慮しているのか、こちらに向かって声をかけてくることはない。しばらくすると、洗い物をはじめたアキちゃんに遠慮したのか自分でリモコンを操作して新しい曲をリクエストし、左手にグラスを持ったまま右手でワイヤレスマイクを握りしめた。

液晶画面に映し出された曲名は『みちづれ』。たしか一九七〇年代に牧村三枝子が唄ってヒットし、のちにテレサ・テンも中国語でカバーした曲である。

店内のスピーカーからは、エレキギターをつま弾く前奏が流れはじめた。その音色を聞きながら、私は突然思い出した。そういえば、美由紀専用の歌本ノートにも『みちづれ』が入っていたのではなかったか。

カウンターの隅に無造作に置かれていた大学ノートを手に取ってページを繰ってみると、やはりそうだった。何ページにもわたって曲名が書き連ねられたノートの一番最初のページの八曲目に、《みちづれ　３５６８—３２》と手書き文字で記されている。

ひょっとすると、ちょうど三年前の今夜、酔ってはしゃいで〝賭けカラオケ〟に興じた際、美由紀もこのカウンターで唄ったのだろうか。『みちづれ』などという意味深なタイトルの曲を、最後の男となった安西義孝とともに……。

しかし、これも私の勝手な想像に基づく感傷にすぎなかった。白髪の元教師にとっては得意曲の一つらしく、アキちゃんが洗い物の手を休めて塩辛声で合いの手を入れた。

「いぇえ〜い、待ってましたぁ！」

元教師は少し得意げな笑顔を見せ、左手にグラスを持ったままマイクの先を高く上げて調子外れの声で歌い出した。互いに歌を褒め合う相手を失った常連客を気遣っているのか、考えても答えの出ないようなことを考えるのは諦めてしまったのか、ママもアキちゃんと一緒になって手拍子と塩辛声で声援を送りはじめる。

「待ってました〜っ」

「いぇーいっ」

ふたたび一人取り残された私がグラスを手に取ると、そこにドバドバと焼酎を注ぎたしながらママが言った。

「ほれぇ、青ちゃんも暗い顔せんと、呑みぃや。ムズかしいこと、いつまでも考えても仕方ないがなっ。久しぶりにワタシとデュエットするか？　青ちゃんと『三年目の浮気』、歌いたいなぁ」

なんだか無理矢理に元気を取り戻そうとしているようにも見えるママは、ケタケタケタとしわがれた笑い声をあげ、震え気味の手の指先を舐めて歌本をめくり始めた。

だが、私はカラオケに興じるような気分にはなれなかった。

4

それから五日後の十一月五日。

鳥取地裁三階の三十二号法廷では、検察側にとって公判最後のヤマ場ともいうべき論告求刑公判が開かれた。この日も整髪料で頭をテカテカと光らせた検察官は、二件の強盗殺人を含むすべての事件は美由紀によって決行されたものだとあらためて断じ、三人の裁判官と六人の裁判員に向け、ありとあらゆる言葉を連ねて「極悪女の犯罪」を指弾した。

「被告は、事前に入手した睡眠薬を飲ませ、朦朧とした二人を海や川に誘導し、溺れさせて殺したのは疑いの余地がありません」

「いずれも債務を免れる目的で殺害しており、人命を軽視した自己中心的な犯行で、反省の言葉もありません」

「私利私欲のために二人の命が奪われた結果は重大であり、卑劣極まりないのです」

若き検察官は次第に声のトーンを強め、過剰とも思える言い回しも交えて裁判官と裁判員にアピールした。

「事件の背後には冷酷、残酷な被告の人格があり、まさに悪魔の所業にほかなりませんっ」

「罪責は重大で、被告には更生意欲も更生の可能性も、まったく認められませんっ」

そして、こう締めくくった。

「被告には命をもって償わせる以外に選択肢はありません。死刑に処するのが相当と考えますっ」

死刑――。予想されていたとはいえ、それが検察側の求刑だった。

一方、弁護団の脇に座って検察側の論告に耳を傾けていた美由紀は、自らに向けられた苛烈な指弾の言葉にも、検察官が死の刑罰を求めた瞬間も、口を尖らせながら細い眼で検察官席を睨みつける程度で、ほとんど表情を変えることがなかった。検察官の求刑後に被害者遺族の弁護人が発言に立ち、「被害者の子どもが不憫だ」と訴えた際は美由紀の眼から一瞬だけ涙が流れたものの、死刑求刑そのものについてはあらかじめ想定されていたことだといったような態度で受け流しているように見えるだけだった。

その翌日の十一月六日。

長きにわたった審理の最終日となる公判では、美由紀の弁護団による最終弁論が行われた。前日と同じように弁護団席の脇に座った美由紀本人も見つめる中、神経質そうな印象の主任弁護人は、弁護人席から勢い良く立ち上がり、裁判官や裁判員に向かってまず次のように切り出した。

「それでは、弁護人からの最終弁論をはじめたいと思います。まず申し上げておきますが、本日の最終弁論は、冒頭陳述とはまったく違うものになります。当たり前です。被告人質問をやっていないんですから」

何度でも繰り返しておくが、黙秘権は被告人に与えられた重要かつ決して侵してはならぬ権利であり、被告人質問において美由紀が口を閉ざしたことには何らの問題も瑕疵《かし》もない。

ただ、公判前整理手続きでは事件性そのものを争う姿勢を表明し、公判当初の冒頭陳述では安西こそが「真犯人」だとまで名指ししたにもかかわらず、公判の中でその根拠をほとんど示しもせず、最終的な主張は「まったく違うものになる」「当たり前だ」と言い放つのは、やはり迷走という表現がピッタリくるように思われても仕方ない。

事実、傍聴人席にも明らかに戸惑いの気配が広がったが、主任弁護人はその気配を必死で打ち消そうとするかのように、ひときわ声を張り上げてこう続けた。

「さて、今日、ここで弁護人から指摘したいことは、この公判の中で明らかにウソをついた人物がいる、ということであります っ」

検察側の証人として出廷した安西と鳥取県警の警察官――それが弁護人の言う「公判の中で明らかにウソをついた人物」だった。弁護人は続けて訴えた。

「つまり、安西と警察官が協力してウソを作り上げ、ひとり上田美由紀だけを犯人に仕立て上げたのでありますっ」

主任弁護人は、ずり落ちそうになる眼鏡を指で整え、さも自信ありげな表情をつくってひと呼吸置いた。だが、以降の主張はいかにも根拠が薄く、失礼ながらここで紙幅を割いて詳述すべきようなものではなかった。

それでも弁護団に敬意を表し、ごく一部のみは紹介しておこうと思う。

たとえば、北栄町の海岸で坂口昭夫を殺害したとされる事件をめぐる安西証言には、次のような「ウソ」が含まれていると弁護団は論陣を張った。安西に対する反対尋問で弁護団が繰り出した質問を土台とし、安西証言の矛盾を突いて信憑性に疑義を唱えようとする腹づもりのようだった。

5

北栄町事件に関する安西の証言を、あらためて振り返っておく。

（1）安西は事件当日の午前、美由紀に携帯電話で呼び出されて現場の海岸近くまで自分の車で迎えに行った。その際、美由紀は全身ずぶ濡れの状態で、「坂口がおらんようになった」「寒いからどこかで着替えたい」などと語っていた。

（2）美由紀と現場近くで合流した安西は、着替えや下着などを購入するために近隣の衣料品量販店「しまむら倉吉店」まで車で赴き、美由紀を車内に残したまま女性用のキャミソールなどの着替えを購入した。

（3）安西は、美由紀から3Lサイズの下着を買うよう命じられていたものの、店内には3Lの下着が見当たらず、店員の言う通りにLサイズのキャミソールなどを買った。
（4）その後、付近のラブホテルにチェックインし、美由紀は浴槽に湯を張って身体を温めた。
これらの点について主任弁護人は、最終弁論の中で次のように指摘した。

「いいですか。客から『3Lが欲しい』と言われたのに、『Lで大丈夫』などという店員が、いったいどこにいるんでしょうか。そもそも『しまむら』のような全国チェーン店にLサイズしかないなどということは、考えられないんじゃありませんか。それに、キャミソール以外の下着を勧めてもいいじゃありませんか。

なのに店員が『Lサイズでも大丈夫』などと勧めるのは、明らかにおかしいんじゃないですか。それに、3Lを探しているのにLサイズでも大丈夫などと納得し、買う安西のほうもおかしくはないでしょうか。普通は怒るでしょう。なぜ、怒らないんですか。なぜ、せめて『2Lはないのか』と問いただささないのでしょうかっ」

目的のサイズがないと店員に言われただけで怒り出すのが「普通」などという感覚は、私には到底同意できるものではなかったが、それはとりあえずどうでもいい。最終弁論用に準備したとみられる資料を手に持ちながら声を張り上げた主任弁護人は、さらに興奮気味にこんなことを訴えた。

「この映像をご覧ください。これは、現場近くのファミリーマートの防犯カメラに撮られた上田さんの映像ですっ」

六人の裁判員が、眼前の机上に置かれたモニター画面へと一斉に目をやり、法廷内の大型液晶画面にも同じ画像が映し出された。コンビニエンスストアの天井付近に設置されていたとみられる防犯カメラが捉えた静止画像には、やや不鮮明なところがあるものの、ひと目で美由紀と分かる女が映っていた。

「見てください、この上田さんをっ。胸回りよりも腹回りのほうが出ているくらいなんですよっ。胸の下にも、肉みたいなものが見えませんか？　後ろから見ても、（腹回りのほうが）出っ張っていませんか？　上田さんの身体は、こーんなに大きい。こーんな体型だったんですよっ」

美由紀の表情に変化はなかった。隣に座った別の弁護人の手元にある資料と液晶画面を交互に眺め、淡々とした様子で最終弁論に聞き入っているだけだ。主任弁護人はさらに声を張り上げた。

「いいですか？　キャミソールの素材というのは普通、そんなに伸びるものじゃありませんよね。それなのにLサイズで、この映像に映っている上田さんの身体に、入ると思いますか？ 仮に入ったとしても、もうピッチピチになってしまうんじゃありませんか？ ピッチピチで、体中のあちこちが、痛くなってしまうんじゃないですかっ？ だいたい、キャミソールを買うよう（美由紀が安西に）頼んだというのもおかしいんじゃありませんか？ ずぶ濡れで身体が冷えていたというなら、もっと温かい下着だってあるじゃないですか。それに安西は、美由紀がホテルで浴槽に湯を張る音が聞こえたと言っています。しかし、なぜ浴槽に湯を張るんですか。そんなことをしてたら時間がかかるでしょう。シャワーなら温かい湯がすぐに出ますよ。ふつうはシャワーで少しでも早く温まろうとするんじゃないですか？ もう、おかしなことだらけじゃないですかっ！」

以上のような理由から北栄町事件をめぐる安西証言は信用できず、法廷で明らかなウソをついている――そう訴えたかったらしき主任弁護人は、「しまむら倉吉店」で着替え用の下着などを買ったという事実自体がそもそもなかったのではないかと主張し、次のような文句をがなり立てた。

「しまむらなくして、ずぶ濡れなしっ。ずぶ濡れなくして、殺害なしっ」

手に持った資料を上下に大きく振りながら弁護人は必死の様子でそう訴え、傍聴人席からはかすかに失笑の声が漏れた。

「しまむらなくして、ずぶ濡れなしっ。ずぶ濡れなくして、殺害なしっ」

不謹慎だが、私も思わず笑いそうになっていた。懸命になって安西証言の信憑性に疑義を突きつけたい弁護人の気持ちは分かるが、論理はいかにも脆弱であるし、具体的な根拠があまりに乏しい。しかも弁護団の主張からは、相変わらず「しまむら倉吉店」に直接赴いて現場を調べ上げた形跡が感じ取れなかった。だからこそ、主任弁護人が大声でがなり立てた文句も説得力がなく、傍聴席の失笑を誘ってしまう陳腐で滑稽な〝標語〟のようなものにしか聞こえない。

ただ、弁護方針としてはこれが本来あるべき姿だったのではないか、とも私は考えていた。美由紀の弁護団は、最初から安西証言の信憑性を突き崩す活動に注力すべきだったのである。中でも主任弁護人が最終弁論の後半段階で口にした次のような指摘は、この公判の中で唯一、検察側立証活動の本質的問題点に斬り込んだものだったように思う。

「いいですか？　北栄町の事件にしても、摩尼川の事件にしても、安西は二件とも現場に行っているんですよ。なのに、（警察や検察は）どうして追及しないんですか？『お前がやったんじゃないのか』と聞くとか、せめて殺人幇助の可能性を疑うのが、当然ではないんでしょうか。

ところが警察は、殺人幇助でもまったく追及していないんですよ。つまり、安西を一切疑わなかったということになるんです。いったいこれをどう理解すればいいんでしょうか。要するに警察は、はじめから安西を追及する気がなかったということじゃないですか？　それは、警察と安西が協力して、上田美由紀が犯人だという筋書をつくりあげるためだったんじゃないんですか？　警察と安西が共謀し、安西を助ける一方、上田美由紀が犯人だとつくりあげるためだったんじゃないでしょうかっ？」

真実は分からない。だが、私も同じようなことを感じていた。

幾度か記してきた通り、現場の状況などから、二件の犯行が美由紀一人によるものだと考えるのは相当に無理がある。また、もし美由紀が二件の強盗殺人を犯したのだと仮定しても、安西がそれをまったく知らなかったとはどうしても信じがたい。逆に知っていたとするならば、共犯だった疑いすら浮上してくる。

しかし、二件の強盗殺人が美由紀の犯行だと立証する証拠に乏しかった警察と検察は、安西を追及することをせずに利用し、自らに有利な証言をする重要証人に仕立て上げた疑いは十分にある。いわば、水面下での非公式的な〝司法取引〟である。一般には信じがたいかもしれないが、そのようなケースは、この国の刑事司法の世界ではゴロゴロと転がっている。

だからこそ、当初から弁護側はこの点に絞って反証活動を展開するべきだった。美由紀が主張したことによるものか、弁護団が何らかの成算を抱いたことによるものなのかは分からないが、たいした根拠も持たぬまま安西こそが「真犯人」だなどという大胆な主張をぶち上げるのではなく、検察側にとって最重要の柱である安西証言の信用性を突き崩す作業に当初から腰を据えて専念するべきだった。

しかし、すでに時は遅きに失した。脆弱な間接証拠を積み上げた砂上の楼閣の如き検察側の立証活動も相当にお粗末な代物だったが、美由紀の弁護団による活動も相当にレベルの低いものだった。「検察もヘボなら、弁護側もヘボ」。こんな〝標語〟の方がよほど事件と公判の本質を表している――それが私の率直な感想だった。

6

それでも公判はすでに全日程を消化し、結審の時を迎えつつあった。空回り気味の熱弁を長々と振るった主任弁護人の最終弁論がようやく終わった午後三時過ぎ、裁判長の野口卓志に促された美由紀は、被告本人による最終意見陳述のために法廷中央の証言台へと歩み出た。

「それでは、これで終わりますが、最後に何か訴えたいことはありますか？」

野口に尋ねられた美由紀は、例のか細い声で、しかし傍聴人席からもはっきりと聞き取れる声で、こう言った。

「二件の強盗殺人については、私は、やっていません」

言い終わった直後、美由紀はペコリと一礼し、ちょこちょことした足取りで弁護人のもとにもどっていった。

結局、美由紀が法廷で直接言葉を発したのは公判初日における罪状認否と公判最終日における意見陳述の二回のみだった。しかも、いずれもほぼ同じ台詞である。

二件の強盗殺人は、やっていない――と。

美由紀が最終意見陳述を終えると、野口は判決言い渡しの日時を告げ、二人の若い裁判官と六人の裁判員を引き連れて正面の扉の向こう側へと退廷していった。

これで審理はすべて終わった。手錠と腰縄を打たれた美由紀が弁護人席の後ろにある専用通路から退廷し、傍聴人席の記者たちも慌ただしく席を立っていく。判決公判は約一ヵ月後の十二月四日。開廷予定時刻は午前十一時。私はいったん東京に戻り、判決前日の深夜、再び鉄路で鳥取入りした。十二月に入った鳥取は、また底冷えのする季節を迎えていた。

第12章 ラブ・レター

1

二〇一二年の十二月四日、鳥取市は早朝から厳しい冷え込みに襲われ、鳥取地裁の上空からは粉雪がちらりちらりと舞い落ちていた。判決公判の開始予定時刻は午前十一時だったが、わずか二十三席の一般傍聴券を求める人垣が午前七時過ぎからできはじめ、抽選が行われる午前十時すぎには、さほど広くない地裁の前庭が溢れんばかりの人波に埋め尽くされていた。

鳥取地裁によれば、傍聴券を求めて並んだ人々は最終的に計千二百六人に上った。初公判を上回る人数が詰めかけたのは、事件そのものへの注目度が高いことに加え、死刑判決が言い渡される公算が大きいためでもあったろう。

前述したように、鳥取地裁は過去にこれほどの大型事件を扱った例がなく、公判記録が残る限りで死刑判決が言い渡されたことは一度もない。地裁敷地内の駐車場にはテレビ各局の中継車がずらりと並び、上空にはメディアのものらしきヘリコプターも舞い、普段は長閑な人口最少県の官庁街は、文字通り騒然とした雰囲気に包まれていた。

私も例によって抽選の列に加わったのだが、またもや傍聴券を引き当てることはできなかった。地裁職員が手首に巻き付けてくれた黄色いタグの四桁の数字は今回もハズレ。当選倍率は実に五十倍を超えているのだから、冷静に考えれば当然ではあった。残念だが、今回も日本雑誌協会の〝共用席〟を他の雑誌記者らと分け合って傍聴するしかない。

少し気落ちして地裁三階の三十二号法廷へと続く階段を上りながら、そういえばマミちゃんは一発で傍聴券を引き当てていたなと思い出していた。対する私は、二十回を超える美由紀の公判に通い詰めたのに、一度も傍聴券を引き当てることができなかった。自分のくじ運の弱さを呪いたくもなったが、しかしそれは、完全なる思い違いというものだろう。

私とマミちゃんとではおそらく、身辺に何かを引き寄せてしまう力が、まったく違う。その何かが良いものなのか悪いものなのかはともかく、いつの間にか周囲で予想外の事態を引き起こしてしまう力――生まれ持った強運というか凶運というようなもの――の強さが、根本から違う。マミちゃんとは、そういう女なのだろう。そして、美由紀もきっとそうに違いない。根拠などないのだが、あの二人はどこか同じ臭いを身体にまとっているのではないかと、私は勝手に思いはじめていた。

地裁三階への階段を上り切ると、三十二号法廷前の廊下ではメモ帳を手にした記者たちが開廷を待ち構えていた。外は風が強くなってきたのか、窓から見える粉雪は横方向に流れている。私たちの脇を通り過ぎてエリート然とした検察官たちが最初に入廷し、続いて弁護団も入廷していく。刑務官に曳かれた美由紀も開廷時刻の五分前には弁護人席の背後のドアから法廷に入り、判決公判は予定通り、午前十一時ちょうどにはじまった。

二人の裁判官と六人の裁判員を両脇に従えた裁判長の野口卓志は、法廷正面にある大きな扉から姿を現して中央の裁判長席に腰掛けると、落ち着いた声で開廷を宣言し、美由紀のほうを一瞥して告げた。

「それでは開廷します。被告人は、前へ出て下さい」

野口の声に促され、美由紀が肥満体を揺らしながらちょこちょことした足取りで法廷中央の証言席に歩み出た。手にはいつも持参しているタオル地のハンカチを握りしめ、表情や態度は今日も飄々としていて特に変化はみられない。上半身は白色シャツの上に灰色のカーディガン、下半身は茶色のロングスカートを身にまとっていて、いずれも公判中に何度か見たことのある服だった。勾留中に鳥取刑務所で面会した際はトレーナーとジャージ姿だったことを考えれば、美由紀なりに服装を整えて出廷しているのだろうが、それでも地味な身なりには違いなく、華やかさのようなものは欠片もない。地味な容姿を地味な服で包んだ美由紀は、最後まで華美とか豪奢という形容とは無縁な女だった。

証言席に立った美由紀に、裁判長の野口ははっきりとした口調で伝えた。

「主文は最後とし、判決理由から述べることにします。被告人は、着席して聞いてください」

通常は冒頭に言い渡す判決の主文を後回しにするのは、死刑判決を宣告する際にしばしば行われる日本司法界の〝慣例〟である。国家の名の下に命を強制剝奪する刑罰――もっと直截に記せば、国家の名の下に人間をくびり殺す究極の刑罰を冒頭で告げてしまえば、被告は動転して判決理由の朗読など耳に入らなくなってしまいかねない

——そんな〝配慮〟から生まれた〝慣例〟だとされている。

被告人にできるだけ冷静な精神状態で判決文の朗読を聞かせたいというのは、判決理由への納得や内省を促すためなのだろうが、死の刑罰を与える相手にそのようなことを求めるのはずいぶんと倒錯した論理ではないかと私などは思ってしまう。ただ、主文の読み上げを後回しにした際は死刑判決が言い渡されるという〝慣例〟については、過去に例外もないわけではない。

たとえば、一九九三年八月に山梨県甲府市で地元信用金庫の女性社員が誘拐され、他殺体となって見つかった事件はその一つである。

あまり好きな言葉ではないが、これも刑事司法に関わる者たちの間で主に使われるジャーゴンに「量刑相場」という言い回しがある。この程度の犯罪ならばこの程度の刑罰だろうという相場観のことだが、それに従うなら、死亡した被害者が一人の事件で死刑判決が言い渡されることはあまり多くない。

山梨の事件も被害者は女性社員一人だったものの、この女性は誘拐当日に殺害されていた上、殺害後も身代金を要求し続けるという執拗な犯行だったことなどから、被告となった男の判決は死刑と無期懲役刑のボーダーライン上にあると見込まれていた。そして甲府地裁での一審公判では検察側が死刑を求刑し、判決公判で裁判長は主文の読み上げを後回しとしたにもかかわらず、最終的に無期懲役刑を言い渡したのである。

当時の裁判長は、後に読売新聞の取材に応じて次のように明かしている。

《冒頭で「無期懲役に処する」と告げると、被告は死刑を逃れられたと思ってほっとしてしまい、判決理由をきちんと聞いてくれないかもしれない》（二〇〇九年三月一日付・読売朝刊）

こんなケースもあるにはあるのだが、美由紀の公判でそうした〝配慮〟がなされる可能性は皆無に近いと思われた。脆弱な間接証拠ばかりとはいえ、検察側が立証を試みたのは、別々に起きた二件の殺人——しかも、借金などの返済を逃れるのが目的の強盗殺人罪である。これも昨今の「量刑相場」に従えば、有罪ならほぼ確実に死刑。そうでなければ、無罪である。

とはいえ、検察が起訴した事件の九九％超が有罪とされる現下日本の刑事司法で美由紀に無罪が言い渡される可能性は限りなくゼロに近く、国選弁護団による弁護活動もそれに相応しい説得力を備えたものとはいえなかった。

残る可能性としては、二件の強盗殺人のうち一件を有罪、もう一件を無罪として無期懲役刑を言い渡すケースが考えられなくもないが、公判を傍聴し続けた私には、これも想定する必要のない絵空事と思われた。検察による立証活動と、弁護側による反証活動を振り返る時、二つの事件の間にそれほどの差異があるとはいえないような状況だったからである。

ならば、死刑判決が言い渡されるのは間違いない。実際、判決主文を後回しにすると裁判長の野口が告げた途端、傍聴席にいた記者たちが慌ただしく席を立ち、必死の形相で法廷外へと飛び出して行った。極刑が言い渡される見通し――そんな一報を本社やデスクに伝えるためだろう。かつて通信社の記者だった私は、その必死な気持ちがよく分かったが、いまは一介のフリーランスに過ぎない。次々と席を立って行く記者たちを横目に、法廷の中央に座る美由紀をじっと見つめていた。

主文を後回しにすることの意味を知っているのか知らないのか、美由紀の態度には相変わらずさほどの変化がなかった。いや、正確に記せば、こちらに背を向けて法廷中央の証言席に座っている美由紀の表情は、傍聴席から窺い見ることができなかった。ただ、少し猫背気味の丸い背中はほとんど動かず、野口が朗読を開始した判決文に、じっと耳を傾けているようだった。

計十三件の詐欺と、一件の住居侵入窃盗と、そして二件の強盗殺人。警察と検察が美由紀に突きつけた罪は数多いが、美由紀は二件の強盗殺人について全面否認し、被告人質問では黙秘を貫いた。しかも決定的な証拠はまったく存在しない。裁判長の野口による判決理由の朗読は、そんな闇の隙間を懸命に埋めようとするかのように延々と続けられた。

2

午前十一時にはじまった公判は、昼の休憩を挟んで午後一時に再開され、午後二時すぎに再び休廷に入った。そして十分後にまた再開——。

この間、時おりミネラルウォーターを口に含みながら判決理由をひたすら読み上げた野口がようやく結論を告げる準備に入ったのは、開廷から四時間以上も経過した午後三時すぎのことだった。

事前に予想した通り、判決は検察側の主張をほぼ追認し、詐欺や住居侵入窃盗はもちろん、二件の強盗殺人についてもすべて美由紀による単独犯行だと断ずる内容だった。判決文を精読してみれば、安西証言の一部については信憑性を否定し、美由紀の犯行を安西が知っていた可能性を示唆するかのような一文も盛り込まれてはいるが、基本的には検察側の主張を丸呑みするものだった。

そして最後に野口が読み上げたのは「量刑の理由」である。その中身は、おおむね次のようなものだった。

《二件の強盗殺人で被告は、被害者から金銭支払いを強く求められて対応に困ると、安易に殺害を決意し、実行に及んでいる。都合の悪い存在をこの世から消し去ろうという冷酷かつ身勝手な犯行である。

このうち摩尼川事件の被害者である丸山さんは、被告と顔見知りだったために家電製品の取り引きをし、騙された挙げ句に被害に遭っており、理不尽この上ない。北栄町事件の被害者である坂口さんにも何の落ち度もない。

特に強調されるべきは、二件の殺害行為をまったく別の機会に行ったという点である。被告は、北栄町事件で坂口さんを殺害し、反省や自責の念を抱くどころか、味をしめたように摩尼川事件を敢行し、丸山さん殺害に至っている。人命の重さを顧みない姿勢が顕著で、同一機会に二人を殺害したような場合と比べ、より強く非難されるべきだろう。

また、各事件とも事前に入手した睡眠導入剤を被害者に服用させ、抵抗できないようにした上で溺れさせて殺害したものであって、強固な殺意に基づく計画的な犯行であり、人命軽視の姿勢が見て取れる。

被告は罪状認否や最終陳述で犯人性を否認しており、それ自体は不合理な弁解を述べたものではないが、反省や被害者への謝罪の念は示していないと評価せざるを得ない。二件の強盗殺人は同種事案に比べても悪質さが顕著と言わざるを得ず、死刑が真にやむを得ない場合にのみ科する究極の刑罰だとしても、被告に対しては極刑をもって臨むほかない》

ここまで一挙に読み上げた野口は、一瞬だけ間を置くと顔を上げ、正面の美由紀を見据えて起立を促した。それに応じて肥満体を持ち上げ、証言台の前にふたたび立った美由紀に対し、少し上ずり気味の声で野口が結論を告げた。法廷の高い壁にかけられた時計の針は午後三時三十二分を指し示していた。

「それでは主文を読み上げます。主文。被告人を死刑に処する」

そしてこう付け加えた。

「これは裁判官と裁判員、全員で評議を尽くした結果です」

約二ヵ月半前の九月二十五日に始まり、裁判員選任から判決までの日数ではこれまでの裁判員裁判で二番目の七十五日、結審から判決までの間に裁判員が行った評議日数では過去最多の十一日に及んだ長期裁判の末に導き出された結論は、やはり死刑だった。

野口の宣告を聞くやいなや、記者たちは再び慌ただしく立ち上がり、次々に法廷から飛び出していった。傍聴席からは相変わらず美由紀の表情を窺えなかったが、その直後に美由紀が取った態度と発した言葉に私は眼と耳を疑った。裁判官と裁判員に向かって礼儀正しくペコリと頭を下げ、か細くて微かな声で、しかし、私の耳にも確かに届く声で、こう言ったのである。

「ありがとう、ございました」

判決は美由紀の訴えを一顧だにせず、検察の主張をほぼ丸呑みする内容だった。しかも、死刑である。なのに、それを言い渡した裁判官や裁判員に向けて「ありがとう」と言って礼を尽くす被告人。その上に美由紀は、法廷中央の証言台を離れて弁護人席のほうへと戻る途中、ちらりと目の合った私にまでペコリと頭を下げた。おそらくは面会したことを記憶していたのだろうが、その表情には動揺の色も狼狽の気配もほとんど感じ取ることができなかった。

その殊勝で冷静な振る舞いまでがウソなのか、これも私には判断がつかなかった。ひょっとして自分の置かれている状況がよく分かっていないのではないかと訝《いぶか》ってしまったのだが、おそらくそんなことはあるまい。美由紀の表層的な礼儀正しさや殊勝さの裏には、次々と大ウソを吐き出して男たちを混乱の淵に引きずり込んだ別の貌が潜んでいるはずなのだ。いや、もしかすると、ほとんど無意識のうちに自分自身すら騙し切ってしまうほど病的な二重人格者なのか——。

そんなことを考えているうち、眼前の美由紀は女性刑務官に手錠と腰縄を打たれ、弁護人席の背後にある専用出口から静かに立ち去っていった。その後ろ姿を私は、傍聴席に立ったまま呆然と見送るしかなかった。

3

その日の夜、カラオケスナック・ビッグにも、何やらしんみりとした空気が漂っていた。

「あーらぁ、青ちゃん、いらっしゃーい」とアキちゃん。

「あぁ、青ちゃん、遅かったなぁ」とママ。

かつて〝同僚〟だった女に死の刑罰が宣告されたのだから当然といえば当然なのだが、いつものかしましい塩辛声とは一転し、ママもアキちゃんもなんだか大人しい。先日訪れた際は早退してしまったマミちゃんも、肥満体を白色のスーツに包んで静かにカウンターの中に立っていた。

判決公判後に開かれた被害者遺族の会見などに参加していたため、私がビッグにたどり着いたのは午後十時近い時刻だった。店内が閑散としているのは毎度のことなのだが、この日も客は少なく、入り口近くのカウンター席に老齢の男女が一組いるだけだった。

その客の邪魔にならぬよう一番奥に近いカウンター席に腰掛けると、

「おつかれさまぁ。青木さん、いつもの焼酎でいいか？」

と言ってママちゃんが焼酎の水割りをつくってくれ、同時にママが隣の席に巨体を寄せてきた。

「青ちゃん、今日、見てきたんか？」

「裁判？　うん、取材してきた」

「で、どうやったん？」

「どうって、死刑だよ」

「そんなことは夕方のニュースでもやっとったから知っとるがなっ。そうじゃなくて、サトミの様子よ。どんなだった？」

「どうって、黙ってじっと判決を聞いてた。動揺した様子も、狼狽した様子もなかった」

「そんだけか？」

「そんだけかって……。そういえば、最後に小さな声で『ありがとうございました』って言って、頭を下げてた」

「『ありがとう』って、サトミがか⁉ それ、どういう意味や？」

「分かんないよ」

「死刑いわれて『ありがとう』って、いったいどういうことや？」

「だから、分からないって。まあ、一応は裁判官と裁判員に礼を尽くしたんだと思うけど」

「それにしたって、『ありがとう』はおかしいやろが……。でもまあ、あれでもサトミ、意外に礼儀正しいとこ、あったからなぁ……」

そう言ったきり、ママは今日も黙り込んでしまった。いつものような下卑た冗談も口にせず、カラオケを歌おうとも誘わず、ケタケタケタという乾いた笑い声も発しない。

だが、カウンターの中のアキちゃんはいつになくキツい調子で言った。

「ワタシは死刑で当然やと思うで。だって、この店のお客さん、いったい何人死んじやった？ いい人ばっかりやったのに、みーんなサトミが殺してしまったがな」

美由紀が全員を殺害したなどという証拠はどこにもない。だが、ママは少し俯《うつむ》いたまま口を開かず、アキちゃんの隣に立っていたマミちゃんも黙っている。

とはいえ、内心ではやはりマミちゃんも興味津々なのだった。

実を言えばマミちゃんが先日、突然帰ってしまったのは、私が美由紀と面会してきたことを話したのが原因だった。接見禁止が解かれて基本的には誰でも面会できるようになった――そう知ったマミちゃんは、翌日の朝一番に鳥取刑務所へ行こうと思い定め、慌ただしく店を後にしたのである。

しかし、マミちゃんは美由紀に会えなかった。面会を申し入れたものの、美由紀に拒否されたからだった。直後にマミちゃんからは、私の携帯電話にこんな連絡があった。

「青木さん、誰でも会えるんじゃないのか？」

「本人が拒否すれば仕方ないよ」

「そうか……」

電話越しに聞いたマミちゃんの口調には、悔しさと同時に憎悪のような気配すら漂っているように感じられた。

実際に美由紀と会ってマミちゃんが何を話すつもりだったのかは分からない。ただ、かつて美由紀と深く交際した男――大田隆之と現在交際するようになったマミちゃんは、美由紀という女に強烈な嫉妬とライバル心のようなものを抱いている。だからこそ、わざわざ法廷にも足を運び、食い入るような眼で美由紀を睨みつけていた。だが、傍聴席から姿を見るだけでは満足できず、直接話ができるかもしれないと聞かされて衝動的に行動を起こした。

かなり突飛な振る舞いだが、猪突猛進ともいえる行動力には驚嘆すべきものがある。逆に言えば、二十代でバツ五などという凄まじい経歴を持つことになった理由もそのあたりにあるのだろう。

そんなマミちゃんが、美由紀の話に興味を抱かぬわけがない。言葉は発しないが、地味な眼鏡の奥の眼を妖しく光らせながら、ママとアキちゃんの会話に耳をそばだてていた。

「死刑で当然なんかいなぁ……。でもなぁ、ワタシ、いまでも信じられんとこあるで。サトミがそんなこと、ホントにしたんかなぁ」

「でも、ママさん、サトミが殺したんかどうかはともかく、実際に店のお客さん、何人も亡くなってしまったじゃないの」

「そうやなぁ……」

「ママさんかて、あーんなに可愛がって面倒みなすったのに。そのママさんちにまでドロボウに入るなんて、まーったくとんでもない女だがぁ」

「そうやなぁ……。なぁ。旅行も連れてったし、アパートも貸したし、娘みたいに可愛がったのになぁ……。なぁ、青ちゃん、そいでサトミは、いつごろ死刑になるん？」

別に判決が確定してしまったわけではない。まだ一審の判決が出ただけで、美由紀の弁護団は即日控訴した。これから控訴審もあるし、上告審だってある。それに……。そんな話をしようと思って、やめた。小難しい刑事司法の手続きなどに興味はないだろうし、結局のところ同じような話の堂々巡りになるだけだ。私は無理矢理に話を元に戻した。

「でも、美由紀って意外に礼儀正しいし、甘え上手なとこもあったんでしょ？」

そう水を向けても、アキちゃんは心底から苦々しげな顔でこう言うだけだった。

「ママさんは優しい言い方なさるけど、甘え上手っていうより、あれはヒトたらしなんだわ。ママさんな、ワタシ、店ではサトミと一応仲良くやってたけど、店の外では一切付き合わんようにしてたもん。オトコのヒトだったらすぐヤッちゃうし、それをつなぎ止めるためにいろんなウソついたり、熱烈なラブ・レターなんかもいーっぱい渡すって、そんな話を何度も聞いたことあったわ」

交際相手に熱烈な愛の手紙やメールを美由紀が盛んに送っていたという話は、当の交際相手だった男たちの証言としてもすでに紹介した。そして鳥取での取材を続けるうちに私は、美由紀がしたためたという手紙そのものも事件関係者から手に入れていた。

4

私の手元に、幾通もの封書が置かれている。ピンク、ベージュ、薄緑、花柄……。カラフルで可愛らしいデザインの封筒の中には、きれいに折り畳まれた便箋が入れられている。その便箋は、封筒とは対照的に落ち着いた単色のものが多く、広げてみるとあちこちに今風の絵文字も交えつつ、意外に端正な筆跡で横書の字が綴られている。

これが美由紀の綴ったというラブ・レターだった。受取人は、最後の同棲相手となった安西義孝である。

二人の間で直接やり取りされたものらしく、封筒に切手や消印といった郵送の痕跡はない。文面に日付も記されていないから、いつしたためられたものなのか正確には分からない。ただ、いずれの手紙も当時一緒に暮らしていた「ヨシ君」こと安西義孝に向け、こちらが赤面してしまうほど熱烈な愛の文句が数々連ねられている。また、公判廷での安西の証言などを振り返りながら読み進めると、どのようなシチュエーションで書かれたものなのかも、おぼろに浮かび上がってくる。

そんな手紙のいくつかを紹介してみようと思う。活字では再現不可能な絵文字や記号らしきものは一部省略するが、その他の部分については改行なども含めてすべて原文のままである。

《ヨシ君、今までの事、思い出した時は、一緒に笑い話にかえて思いっきり思いっきり笑おうな!!
泣く時は一緒にギュッってしながら泣こうね。
怒る時は別々がいいな。二人で怒ったら仲直りが出来ないもん
これからは、何でも二人でしようね。何でも二人だで
大好きだよ、ヨシ君……　あ〜恥ずかしいよー
でも、大好きなんだもん。本当に大好きなんだもん。
美由紀は、ヨシ君の前では、正直になるの
って言うか、もうなってるよ

これからも　ヨロシクね　ヨシ君

美由紀

P．S．美由紀は、ず〜っと若くいるから、ヨシ君は、ず〜っとず〜っとかっこいいおじさんでいてください。

えへへ》

《ヨシ君、今回はもうダメだと思ってた。

毎日が不安で不安で、どうしようもなく不安で、どうやって戻ったらいいのか、本当に戻れないと思ってた。

ヨシ君、いつも　どんな時も美由紀のそばにいてくれてありがとう。

ヨシ君、しんどかったな〜。よく頑張ってくれました!!

その間に何度、ヨシ君の涙と泣き顔をみた事でしょうね!!

ごめんなさい

ヨシ君にわがままばっかり言ってたよね　本当に自分でもビックリするぐらいに。

でも、このわがままは治らんぞ　多分病気だから……生まれつきの病気だから……

ヨシ君がいつも美由紀のそばにいてくれたから、今日の美由紀がここに居るんだよ

ね。本当に美由紀は生きてるんだよね
今日まで生きていて良かった!!　昨日までの美由紀は、生きる希望も夢も何もかも失っていました!!

でも、最後までヨシ君を信じて良かった。

本当に途方にくれていました!!　何をしているのか自分でも分からなかった!!

ヨシ君だけは、全々かわらなかったよね。何故なの？　こんな美由紀なのにごめんな。

これからも受け止めてな、美由紀の全てを……

大好きなヨシ君へ
美由紀》

男にせよ、女にせよ、交際相手に歯の浮くような文句を投げかけてしまうのは、程度の差こそあれ、誰にでも多少は身に覚えのあることだろう。このラブ・レターもその類のものと見ることもできるが、それにしても尻が痒くなってしまうほど過剰な文面であるし、だからこそウソくさい臭いがぷんぷん漂っているように感じられて仕方ない。また、公判廷における安西の証言などを思い返しながら読み進めば、なにやら意味深な記述もいくつかある。

安西が何度も「泣き顔」になってしまったほどの「わがまま」とはいったい何だったのか。さまざまな大ウソを吐き出し、次々に貢がせたカネのことか。それとも妊娠や自殺、自傷をちらつかせ、妻子も仕事も捨てて自らへの誠意を示すよう迫ったことか。「今日まで生きていて良かった」「最後までヨシ君を信じて良かった」というのは、結局はすべて美由紀の思い通りになったことを意味しているのか。

手紙には、ほかにもこんなものがあった。

《ヨシ君　美由紀は落ちついて生活が出来ています。昨日から大丈夫だよ。

自分でもウソのように明るくなったのが分かる!!

ヨシ君がず〜っと　ず〜っと　心の手をつないでいてくれたからだよね!!

ありがとう　心からありがとう　言えるよ今なら　本当にありがとう

これからも、この毎日が続くと二人のためにも嬉しいな

それと、〝瞳を閉じて〟上手になったよね

ありがとう

ヨシ君に何度ありがとうとごめんなさいを何度言えばいいのかな？
まあ、何回でも何度でもいいや
今、はっきり言えるのは、美由紀は幸わせですって事かな～ヨシ君を好きになって良かったたって事かな、本当に……
こんなに幸わせでいいんだろうか　本当にいいの？　かな？？？
やっぱり神様はおったんだな!!
あ～あ～あ～神様ありがとうって感じです
これから先、色々な事があると思う　また又　泣き笑いの日々が来ると思うだけど美由紀は、出来るだけヨシ君について行こうと思う
ヨシ君、いっぱい思い出作ろうね
作ってね。
後、いつもお仕事、お疲れ様様です
血圧は、大丈夫ですか。もう一人だけの身体ではないんです。体を、大切にしてよ。

ヨシ君へ

美由紀》

5

警察や検察が脆弱な証拠をもとに描き出し、裁判が丸呑みしてしまったシナリオ――つまりは美由紀が二人の男を殺害した犯人であるのかどうか、私はいまも判断を留保したままでいる。ただ、美由紀がさまざまなウソを平然と吐き出し続ける「超」のつくウソツキであったことは、もはや疑いがない。妊娠や自殺、自傷、あるいは架空の妹といった十八番のウソを次々弄して脅迫し、混乱させ、深い仲になった男たちから次々に多額のカネを毟り取っていった美由紀にはしかし、当の男たちが「可愛いところもある」「居心地のいい空間をつくってくれる」「癒される」などと言って愛おしげに回顧する一面もあった。

私の手元にあるラブ・レターもその一つだったのだろう。ここに連ねられた熱烈な愛の文句まで真っ赤なウソなのか、それとも本心の一端でも盛り込まれていたのか、これもまた真実は判然としない。正直に記してしまえば、私には二流作詞家が手がけた駄作歌謡曲の歌詞以下のようにしか読めなかったし、鳥取刑務所で面会した美由紀にしたって、でっぷりと肥えた冴えない中年女としか感じられなかったのだが、可愛らしい手紙に情熱的で饒舌な愛の文句らしきものを綴り、何通も何通も送るまめまめしさも美由紀には確かにあった。
私が手に入れた手紙の中には、次のようなものも含まれていた。美由紀の五人の子どもたちがエンピツを取り、たどたどしい文字で安西に宛てて書いたものである。これも原文のまま紹介する。

《おちゃんへ
皆からのプレゼントです。
体を大切にしてください。
赤ちゃんのこともよろしくお願いします。
赤ちゃんが産まれるの　皆がたのしみにしています。
おちゃん　大好きです》

子どもたちが「おちゃん」と呼んでいたらしき安西に宛て、何かのプレゼントとともに渡されたとみられる手紙の末尾には、五人の子ども全員の名前がずらりと並べて記されている。拙い筆跡から見る限り子どもたち自身がエンピツを持ったのは間違いないが、内容は美由紀が指示して無理矢理に書かせたものであろう。手紙の中に登場する「赤ちゃん」など美由紀の吐いた嘘っぱちであり、実際には生まれなかったのだから。

そう、五人の子どもすら利用し、情に訴えかけてくるのも美由紀お得意の手口だった。要するに、考えうるありとあらゆる手段を駆使して大ウソを信じ込ませ、同時に脅迫し、恫喝し、混迷の渦の中に叩き込み、時には表面的な礼節と熱烈な愛の文句を弄して懐柔する。押して引き、引いて押す。いや、そうじゃない。むしろ、押して押して押しまくる。セックス、妊娠、双子、三つ子、五人の子ども、ウソ、自傷、自殺、泣き落とし、気遣い、癒し、甘言、熱烈なラブ・レター。世間では〝女の武器〟と評されるようなものまでをも総動員し、押して押して押しまくる。こんな女に惹かれ、翻弄され、訳が分からぬほどに混乱し、ノイローゼになるほど追いつめられ、破滅の淵へと堕ちていってしまったとするなら、男たちの心情が多少は分からなくもない気分になってくる。

再びカラオケスナック・ビッグのカウンター。

ママが言う。

「熱烈なラブ・レターなぁ……。そんなのもらったら、やっぱしオトコのヒトは喜ぶんかいなぁ」

アキちゃんが言う。

「そりゃぁママさん、いくつになったって、好き好きぃ～なんていうラブ・レターもらったら、オトコのヒトは嬉しいやろ。青ちゃんだって、そうなん違うか？」

私は答えに窮したが、確かにそうかもしれないと思った。少なくとも、悪い気はしないだろう。

ママが言う。

「そうなんかなぁ。だからみんな、騙されちゃったのかなぁ……」

ママが座るカウンターの上には、いつも使っているアニメ柄の小さな専用グラスが置かれていて、中にはウーロン茶らしき液体が満たされていた。そのグラスをしわしわの唇に当てて喉を潤したママは、何やら意を決したように口を開いた。

「あの娘《こ》、ワタシが会いに行ったら、どんな顔するやろか？」

「えっ？」

「いや、ワタシがサトミんとこに面会しにいったら、出てくるかいなぁと思ってなぁ」

カウンターの中にいるマミちゃんの目が光った。それを横目に見ながら私が「美由紀に会いたいの？」と尋ねると、ママは珍しく真剣な表情になって頭《かぶり》を振り、強い口調で言い切った。

「ワタシんちにドロボウに入って、ヘンなクスリまで飲ませて、ホンマにヒドい目に遭わせたんだからなぁ。アパートの片付けだって大金がかかったし、いまさらあの娘、ワタシに合わせる顔、ないわなぁ」

グラスの液体を一気に飲み干したママは、フーッとひとつ、大きな溜息をついた。

6

美由紀に死刑判決が言い渡された日の夜のビッグは、閉店間際までしんみりとした空気に支配されていた。黒ずんだ裸婦画の脇に掛けられた時計の針は午前零時近くを指している。私が店に来てからすでに二時間以上経ってしまっていたが、カラオケのリクエストは一曲も入らなかった。それほど長い時間、ビッグのカラオケ装置がまったく作動しなかったのは、私が知る限りでは初めてのことだった。

カウンターの中では、アキちゃんとマミちゃんが洗い物をはじめていた。そろそろ店じまいだな――そう思いはじめた時、入り口近くのカウンター席に陣取ってボソボソと話をしていた老齢の男女の様子が急激におかしくなった。

顔と顔を近づけ、どうやら唇を吸い合っている。はっきりとは分からないが、男の右手が女の左胸のあたりをまさぐり、次第に下半身のほうへと降りていっているように見える。

　こちらに背を向けたままの男は薄汚れたジャンパー姿。女もあちこちに染みのあるセーターを身にまとい、白髪まじりの頭は乾き切ってボサボサだった。年の頃で言えば、二人とも六十代の後半か、ひょっとすれば七十歳を超えているかもしれない。

　なのに熱烈に唇を吸い合い、その音までこちらの耳に届きはじめた。さすがにママが大きな声で怒鳴った。

「ちょっとあんたらっ、いちゃいちゃすんなら、出てってやれっ！」

　ママがそんなふうに怒鳴るのは珍しい。それまでほとんど喋らなかったマミちゃんも、カウンターの中から追いかけるように大声を発した。

「ハマムラっ！　いい歳してみっともないから、もう帰れっ！」

　ハマムラ？　なんだ、ハマムラさんだったのか。ようやく男の素性に気づいた私が「どうも」と会釈すると、口の周りに紅をべったりとつけたハマムラさんは、照れたような顔で「ああ」といって頷いた。

　前述した通り、ハマムラさんは少し前までマミちゃんの夫だった人物である。二十九歳なのにバツ五のマミちゃんが最後に入籍したのがハマムラさん。あんな老人となぜ結婚したの？――そう尋ねると、マミちゃんはこう言い放った。

「あの人、生活保護を受けてたからな。決まった収入があるわけでしょ。ワタシは当時、仕事なかったけぇ、仕事が見つかるまで半分もらおうと思ってな」

私は唖然としたが、仕事にありついたマミちゃんに捨てられたハマムラさんは、未練たらたらのようだった。いつも一人でビッグにやってきてはカウンターの隅で安焼酎の水割りをちびちびと舐める。しかし、ほとんど飲み代のないハマムラさんをママもアキちゃんも冷たくあしらっていた。

「ハマムラさんにも彼女ができたのか……」

小さな声で私が独りごちると、ママが苦々しげな顔で言った。

「カノジョ？　あぁ、あのバアさんか？　あれも生活保護や。なんだか最近は、一緒に暮らしてるらしいけどなぁ」

「でも、ハマムラさんって確か、ママのアパートに住んでるんじゃなかったっけ。美由紀が住んでたとこの隣の二階建てでしょ？」

「いまだって借りてくれてるで。でも、あそこは遠いからなぁ。だから最近、あのバアさんのとこに転がり込んだんよ」

かつて美由紀が幾人もの男たちと暮らし、ハマムラさんが現在も借りているというママ所有のアパート群は、かつて「福部村」だった鳥取市郊外の福部町に位置し、ビッグなどのある歓楽街・弥生町からは優に五キロ以上も離れている。言うまでもないが、東京や大阪といった大都市部と異なり、鳥取は鉄道網をはじめとする公共交通機関が充実しているわけではないし、路線バスの本数も少なく、深夜になればほとんど走っていない。全国の地方都市に共通することとはいえ、一世帯あたりの軽自動車保有率が四十七都道府県のうちで鳥取県がトップなのは、特に公共交通網が貧弱なことを示しており、自家用車が日常の足として欠かせないことを物語っている。

しかし、ハマムラさんは酔っていて運転などできないし、そもそも自家用車を所有していないだろう。ましてやタクシー代があるとは思えない。ならば、これまではどうやって五キロ以上も離れたアパートまで帰っていたのか。

ママに尋ねると、さも当然と言うような表情で、こう教えてくれた。

「自転車で帰っとったが」

「自転車⁉」

「うん。いーっつも自転車やで。でも、途中で疲れ果てちゃうこともあるらしくてなあ。そんな時は、途中のトンネルん中で一休みして、寝ちゃうこともあるらしいな」

「トンネルの中で⁉」

「ほれ、トンネルん中って、夏は涼しいし、冬は暖かいやろが」

二の句が継げないでいると、ママがまた苦々しい顔になり、震える手で唇を拭いながら言った。

「だからハマムラは最近、あのバアさんのところに転がり込んだんよ。バアさんは、この近くにアパートがあって、そこに一人で住んどるけぇなぁ」

7

口の周りをベッタリと紅くしたハマムラさんは、何やら居心地が悪くなってしまったのか、マミちゃんではなくアキちゃんに声をかけ、よれよれのズボンのポケットをまさぐってかき集めた小銭で勘定を済ませると、バアさんと呼ばれる老女の肩を抱きながら店を出ていった。その後ろ姿をカウンターの中から見送ったアキちゃんが言った。

「あれ、マミちゃんに見せつけにきたんちがうか？」

だが、マミちゃんは一向に意に介さず、吐き捨てるように言った。

「まったく、みっともないったら、ありゃしないがっ！」

たしかにみっともない。だが、そう言うマミちゃんだって、一回り以上も歳の離れた彼氏が間もなく車で迎えにやってくる。しかも、かつて美由紀と同棲生活を送っていた男——大田隆之が。

マミちゃんと大田を引き合わせたのはママだった。そのママは「大田さんもサミしそうだったからな」と言い放ち、マミちゃんにしても「ママさんが紹介してくれて、美由紀が捕まった後、ワタシが付き合うことになった」と言って悪びれる様子はない。

その上、マミちゃんの心中には美由紀へのライバル心と嫉妬、そして憎悪のような情念が燃えたぎっている。

「アイツ、モノが太いんだっ。だから、美由紀も離さなかったんだ。そうにちがいないがっ」

苛立たしげにそう口走ったこともあるマミちゃん。そんなビッグのカウンターに座りながら私は、近くのこぎれいなビルでバーを営む女性店主と少し前に交わした会話を思い出していた。

「ほかの店のこと、あんまり悪く言いたくないけど、あそこ（ビッグ）はちょっとね……」

「どうして？」

「だって、人間関係はメチャクチャだし、生活保護のヒトまで常連客にして、アパート貸したりしてるんでしょ」

「そうらしいね」

「ちょっとひどくない？　最近、貧困ビジネスっていう言葉、あるでしょ。なんか、そんな感じがしちゃうのよね……」

ずいぶん辛辣だが、女性店主の言うことにも一理あると思った。

ビッグを取り巻く人間関係は、どう考えてもメチャクチャである。店に出入りする生活保護受給者にしたって、私が知るだけで幾人もの顔が浮かんでくる。ついさっきまで店にいたハマムラさん。そのハマムラさんと唇を吸い合っていたバアさん。ハマムラさんと同じくママのアパートに一人で住み、第六の不審死者となってしまった山口英夫。美由紀から奴隷のように扱われた挙げ句に第二の不審死者となった伊藤竜一の母・真紀子。かつて美由紀と深く交際し、いまは市内で一人暮らす松島忠信。そしてマミちゃんに至っては、ハマムラさんの生活保護費を目当てに五回目の結婚をしたと公言している。

断っておくが、生活保護制度は憲法が〈健康で文化的な最低限度の生活〉を全国民に保証すると定めていることに基づく重要な社会的セーフティネットであり、昨今一部で吹聴されるような受給者バッシングの如き風潮に私は断じて与《くみ》しない。全国で生活保護受給者の数が戦後最高水準となっている現状は、都市と地方や富者と貧者の格差が急拡大していることの証左でもあり、受給のハードルを上げて受給額を下げることに躍起となるような施策は、眼の前の綻《ほころ》びを表面的に糊塗するだけの弥縫策《びほうさく》に過ぎない。

ただ、ビッグの周辺に生活困窮者が多数登場し、「貧困ビジネス」と揶揄されても仕方のないような臭いが漂っているのもまた、まぎれもない事実だった。おそらくそれは現代日本が抱える病の縮図であり、ひょっとすると近未来に急拡散する風景なのかもしれないとすら感じつつ、少し分かったつもりになっていた私の思考が再び混乱し、迷路の中に落ち込んだような気分が蘇ってくる。

全国最少人口県の寂れ切った歓楽街の片隅で細々と営業するスナックは、「デブ専」「貧困ビジネス」などと称されるドン底の店である。なのに、いい歳をした妻子ある男たちが、しかも刑事や新聞記者といった職の男たちまでもが、こんなドン底の店に吸い寄せられ、そこに漂っていた冴えない肥満体の女に魅せられ、ついには地獄の底へと堕ちていってしまった。

読売新聞の記者だった新藤武。鳥取県警の刑事だった堀田正。大手自動車販売会社のヤリ手セールスマンだった安西義孝。そして、他にも四人の男たちが……。

彼らを欺き、混乱させ、手玉に取ったといって美由紀を難ずるのは容易《たやす》い。だが、取り込み詐欺の被害者だった第五の不審死者——丸山五郎のようなケースを除けば、呆れるほど奇天烈な大ボラを信じ込んで一方的に振り回されたという男たちの甘さに苦言を呈することだってできる。美由紀と長く交際していた大田は、こんなふうに述懐していた。

「騙すほうは悪いけど、騙されるほうも悪い。五分五分や」

ならば、男たちはいったいなぜ、堕ちていってしまったというのか。

鳥取での長期の取材を続けるうち、彼らの心象風景について私は、こんなふうにも考えるようになっていた。

男たちが吸い寄せられたのは、美由紀という女の魅力によるものでもなければ、美由紀が弄したという大ウソの数々によるものでもなかったのではないか。むしろ、それぞれが自身の内部に密やかに育て上げていた業や宿痾のようなもの——それは仕事や人間関係の中にあったのかもしれないし、一見充実しているように見えても空疎なものを内包した家庭の中にあったのかもしれないし、もっとプライベートな性癖や嗜好の中にあったのかもしれない——に耐えかねた男たちが、寂れ切った歓楽街で妖しく口を開く底なし沼に吸い寄せられ、自ら進んで堕ちていってしまったのではなかったか。だとすれば美由紀は、沼の入り口で青白く瞬く誘蛾灯のような存在に過ぎなかったのかもしれない、と。

私が最初にカラオケスナック・ビッグを訪れたのは、美由紀が強盗殺人容疑で逮捕されて間もない二〇一〇年の二月だった。真冬の鳥取は凍えるような風が舞い、身体ばかりか心までかじかんでしまうほど寒く、鈍色の曇天からは粉雪が舞い落ちていた。あれから季節は三度めぐり、美由紀には死刑判決が言い渡され、私はまたビッグのカウンターにいる。

時計の針は午前零時を回っていた。もう帰ろう。そう思い定めた時、気配を察したらしきママがしわしわの手を私の手の上に置きながらしおらしい声を出した。

「青ちゃん、帰っちゃうのか？」

「うん」

「こんどはいつ来てくれる？」

私は思う。多分、もう来ない。来たくない。だが、美由紀に吸い寄せられた男たちの心情をもっと知りたくて、また来てしまうかもしれない。それに、決して嫌いな店ではなかったように感じている自分もいた。もしかすると、私もどこかでドン底の青白い灯に魅せられてしまっているのかもしれなかった。

「分かんないけど……。まあ、もしまた来たら、その時はよろしくね」

「うん。また来てなぁ。待っとるけぇなぁ」

ママのしわくちゃな手をゆっくりと外し、座り慣れてきたビロード地の椅子から立ち上がって古びた木製のドアを開けると、暗闇から冷気が一挙に押し寄せてきた。

十二月に入った鳥取は、やはり寒い。自然と早足になりながら、私は弥生町を後にした。まばらなネオンの合間を埋める漆黒の空からは、またも粉雪がちらちらと舞い落ちはじめていた。

第13章 松江にて――美由紀との対話2

1

東京都内にある私の仕事場に一通の手紙が送られてきたのは、鳥取を離れてからしばらくの時が経ち、徐々に日常を取り戻しはじめていたころのことだった。

封書の裏面に記された差出人の名は上田美由紀。中を開けてみると、鳥取刑務所で面会した直後に私が手紙とともに差し入れた二冊の本への礼がしたためられていた。二冊の本は、いずれも私の過去の著作だった。

美由紀に著作などを差し入れたのは、突然面会に押し掛けた私の素性や立ち位置を知らせるために一番手っ取り早い方法だと考えたのが最大の理由だったが、二冊の本がいずれも刑事司法に直接関わる内容だったから、多少なりとも美由紀の参考になるのではないかという想いもあった。

一冊は、死刑制度を取り巻く人々の心象風景を追跡したルポルタージュ集『絞首刑』(講談社文庫)。もう一冊は、検察や警察の歪んだ捜査のターゲットとされた人々や冤罪被害者らを囲んで有志が開いてきたワークショップ(勉強会)の内容を記録した『国策捜査』(金曜日、のちに角川文庫)。このうち『絞首刑』は、刑務所当局によって差し入れが不許可とされ、『国策捜査』のみが美由紀のもとに届いたらしかった。

死刑執行にまつわる情景とその実態を赤裸々に描写した『絞首刑』に関しては、かつて取材したことのある幾人かの確定死刑囚から「差し入れが不許可にされた」「何ページも裁断され、一部は黒塗りにされて、ようやく差し入れが許された」といった話を伝えられてきたことがあった。

しかし、未決の被告人に書籍類の差し入れが認められないなどという話は聞いたことがない。未決の被告人とはあくまでも無罪推定の原則が利いている状態であり、証拠隠滅の恐れがあるといった限定的な場合を除けば、あらゆる資料や書籍に眼を通すことができねばならず、それは決して侵してはいけない権利のはずなのだが、このような蛮行が平然とまかり通っているのも、この国の刑事司法の薄暗き現状である。

それはともかく、美由紀からの礼状には、こんなことが書かれていた。

《本の差し入れ、ありがとうございました。国策捜査は許可になりましたが、もう一つの本については、不許可になりました。

青木さんの書かれた国策捜査、読ませていただきました。参考になりました。皆様有名な方々ばかりで、ワークショップに私も出席したいと思うような場面もありました。

本当にありがとうございました。

鳥取は、雪がふっています。

青木様、くれぐれもお身体にご自愛くださいませ。乱筆で申し訳ありません。

かしこ

上田美由紀》

内容は簡潔だったが、安西義孝に宛てたラブ・レターと同じく、意外に端正な文字で綴られた丁寧な礼状だった。その文面を仕事場の机でぼんやりと眺めているうち、記憶の奥に薄れかけていた鳥取刑務所の荒涼とした風景が思い出され、面会室のアクリル板越しに美由紀が発した一言が脳裏に蘇った。

今後、もしお話しできる時がきたら、お話しします——。

確かに美由紀はそう言っていた。あの面会のしばらく後に一審公判が終結し、美由紀に死刑判決が言い渡された。それからさらに時間が経過し、ある程度は気持ちの整理がついただろう。しかも、冷酷極まりない刑罰を突きつけられ、控訴審を前にさまざまなことを考えているに違いない。ならば、美由紀の言う「お話しできる時」は、そろそろ来ているのではないか。

もう一度だけ、美由紀に会ってみよう。そう思い立って私は、スケジュールの調整がついた二〇一三年の四月九日、ふたたび山陰へと向かった。といっても、目的地は鳥取市ではなく、島根県の県庁所在地である松江市だった。

2

二〇一二年十二月四日に一審判決が言い渡された美由紀は、翌二〇一三年の二月上旬、松江市にある松江刑務所に身柄を移監されていた。美由紀の弁護団は一審判決を不服として控訴したわけだが、これを受けた二審＝控訴審は広島高等裁判所の松江支部で行われるためだった。鳥取と同じく松江にも専用の拘置施設はなく、美由紀は松江刑務所の拘置区に収容されていた。

松江を目指して朝早くに東京を発った飛行機嫌いの私は、新幹線と在来線を乗り継ぎ、午後二時過ぎにJR松江駅へと到着した。鳥取と同じ山陰の松江も四月に入って春の暖かな陽光が降り注ぎ、爽やかな風が頬に心地よい季節を迎えていた。

鳥取刑務所での前回の面会時と同様、美由紀には面会に訪れることをあらかじめ伝えてはいなかった。美由紀に面会を拒否されれば、それまでのこととして諦めるしかない。翌日の午後には広島で別の取材予定を入れてあったから、面会が叶わなければそのまま広島へ移動するつもりだった。

ただ、もし美由紀が面会に応じてくれるなら、松江に一泊して翌日の午前中にもう一度、面会することもできる。未決の被告人とはいっても面会は一日に一回、しかも一回あたりの時間は二十〜三十分ほどしか許されない。それでも二回面会すれば、合計で一時間弱ほどは話ができるだろうという算段だった。

松江刑務所は、松江市郊外の辺鄙な場所にあったが、ひどく老朽化した鳥取刑務所に比べればはるかに新しく、清潔そうな建物だった。面会者用の待合室も敷地外のあばら屋などではなく、建物の中に付設されていた。そこにたどりつくまでに手荷物検査や金属探知機といった煩わしい手続きもない。ただ、私以外に収容者との面会を希望する者はいないらしく、殺風景な待合室はひっそりと静まり返っていた。

今度は迷いなく面会申請書に「知人」と書き入れた。果たして美由紀は面会に応じるだろうか。そう思いながら三十分ほど待たされた時、待合室内のスピーカーが突然鳴り響き、事務的な声で告げられた。

「申し込み番号×番の方、面会室に入ってください」

どうやら面会が叶うようだった。スピーカーの声の指示通りに狭苦しい面会室へと入り、アクリル板の「こちら側」のパイプ椅子に腰掛けると、ほどなくして「あちら側」の鉄扉がゆっくりと開いた。時計の針は午後三時半ちょうどを指していた。

3

女性刑務官に曳かれてアクリル板の向こうに現れた美由紀を見た瞬間、私はかなり当惑した。鳥取で面会した時とは別人に思えるほど表情が明るく、顔に笑みすら浮かべていたからである。服装も以前よりはずっと華やかで、赤色のタートルネックシャツに黄色の花柄模様をあしらったスカートを身にまとっていた。でっぷりと肥えているのは変わりないし、華美といえるほどの装いではなかったが、パイプ椅子に座る身のこなしも心なしか軽やかに感じられる。当惑したまま私は、ふたたびの非礼を詫びた。

——ご無沙汰してます。また急に面会にうかがってしまって申し訳ありません。

「いえ。ご本、ありがとうございました」

――二冊差し入れたんですが、一冊は不許可だったんですね。

「ええ。『国策捜査』は大丈夫だったんですけど、『絞首刑』のほうが入らなくて……。四十ページくらい削除する、破るっていうので、それじゃやめてくれって言いました」

――ひどい話ですね……。ところで、いきなりで失礼ですが、鳥取で面会した時とは少し雰囲気が違うように思います。何か明るくなられたような。

「怖かった。怖かったんです」

――怖かった？

「あの時は、(記者の取材が）いっぱいくるから……。本当に、どう言っていいのか、すごい書き方をされたので……。それに、あんな判決とはぜんぜん思わなかったし」

遠慮会釈なく押し寄せてくるマスコミ取材におののき、判決の内容も想定外のものだった――そう振り返りながら、アクリル板越しの美由紀は、やはり笑みを浮かべていた。何もかもが初めての経験、しかもマスコミ取材の襲来におののくのは分からなくもない。だが、当惑の気持ちも拭えないまま、私は別の質問を継いでいった。

――鳥取での一審公判の話ですが、判決を言い渡された時、「ありがとうございました」って言って頭を下げてましたね。ちょっとびっくりしました。いったいどうしてですか?

「一生懸命にやってくださったじゃないですか、みなさん」

――一生懸命っていっても、検察の主張を丸呑みして、しかも死刑判決でした。

「それは許せないですよ。けど、裁判員の人は苦しかったと思う。だから、言ってしまいました。これは掛け値なく、思わず言っちゃいました」

――一審の公判であなたは結局、それ以外に二回しか口を開きませんでしたね。

「私は、していません。二件の強盗殺人については、してませんって」

――そうです。それはいまも変わりませんか。

「ええ(笑)。してないですから」

――話せる時がきたら、話してくれるとおっしゃっていましたね。

「ええ。どんなこと、聞きたいですか?」

そう言って美由紀は、またゆっくりと微笑んだ。以前とは別人のように滑らかな口ぶり。やはり、それなりに気持ちの整理がつき、さまざまなことを率直に話そうという気持ちになったのだろうか。ぽってりと膨らんだ頰と唇を緩ませた笑顔は、ふくよかで邪心のない笑みのようにも見えたし、こちらの腹づもりを品定めする不敵な笑みにも見えた。

──鳥取での一審公判では当初、「真犯人」は安西さんだと名指ししましたね。あれは、あなたの主張だったんですか。

「うーん……（笑）。それは、まだお話しできません」

──やっぱり「真犯人」は安西さんなんでしょうか。

「いやぁ……（笑）、それを言っちゃったらもう、全部言っちゃったことになっちゃいますからねぇ（笑）」

──でも、あなたと弁護団は一審でそう主張したわけですよね。

「それはもう、私の口からはぁ……（笑）。弁護士さんじゃないと、言えないです（笑）」

──いったい何が真実なんでしょうか。

「私がしていないことが真実です。それを主張したいんですけど……」

──あの、もうちょっと具体的にうかがってもいいですか。

「なんですか（笑）」

──二件の強盗殺人ですが、あなたがやったのか他の誰かがやったのか、いまも私は判断を留保しています。一審の公判で検察側が十分な立証をしたとも考えていない。ただ、あなたと深く付き合った方が何人も亡くなっているのは事実です。読売新聞の記者だった新藤武さんとか、鳥取県警の刑事だった堀田正さんとか……。

「亡くなってるって、内容は警察から発表はされていないんですか？」

――死因については明らかにされている部分もあります。たとえば新藤さんは自殺じゃないかと。

「えっ⁉」

――自殺じゃないかと。

「じゃないか、ですか？　警察が『自殺じゃないか』って言ってるんですか？」

――いえ、警察は自殺と結論づけたようです。ただ、それだって警察が言っているだけのことにすぎません。あなたにかけられている嫌疑と同様、私はそれを鵜呑みにはできないし、していません。

「ああ、はい」

――あるいは、堀田さんです。これも自殺とされていますが、最初は警察も発表せずに隠していて、謎が多いと思っています。

「隠すでしょうね。警察が悪いんだから」

――警察が悪い？　どういうことですか。

「それはね、いつか発表したいと思います。だって、警察が悪いんですから。警察が何もしてなかった。許せないから」

──警察が許せない？

「許せませんね」

──それはどういう意味ですか。

「それも、いつか言います。もうちょっと、話せる気持ちにならないと。（堀田にも）家族がいるし、奥さんもいらっしゃるし」

──いずれにせよ、新藤さんも堀田さんも、自殺するような理由があったんですか？

「そうですね。で、それがすべて私（のせい）と言われたら、それは違うので……。まして、不審死だといわれましたよね」

──ええ。僕も含め、メディアは不審死だと報じました。警備員だった伊藤竜一さんもそうです。

「あれ（伊藤の死）は仕方ない。あれは、私は何も関係ないので」

アクリル板の向こう側で何度も笑みを浮かべていた美由紀は、次第に真剣な表情で私の質問に答えはじめていた。だが、二、三十分ほどしか許されない面会時間は存外に短い。手元の時計を見ると、すでに十分以上が経過してしまっていた。新藤や堀田、伊藤らの死についてもっと突っ込みたかったが、私は少し質問の矛先を変えた。

――もう一つ、おカネのことですが、あなたと付き合った人たちは、誰もがあなたに相当な額のおカネを取られたそうですね。

「ちょっ、ちょっと、そこまでなってるんですか？　警察が発表しているんですか？」

――いえ、何度も言いますが、警察の発表などとは関係ありません。亡くなった方々や、あなたと交際した男の人たちの周辺を取材していると、そういう話はいくつも出てきます。

「ちょっと……（苦笑）」

――そんなことはないと？

「それはありません。弁護士さんに聞きますね」

――えっ？

「言っていいかどうか、弁護士さんに聞いてみますね。青木さんのことは、信用していますけど」

――信用しているといっても、私だって、あなたのことを決して良くは書いていませんよ。

「（記事を）見てないので」

——要するに、どこまで話せるかどうか、いまも気持ちや方針が決まっていないんですね。

「ちょっとまだ……。これだぁっていう人に決まったら、青木さんとかに決まったら、言おうと思います」

——そうですか……。私は、真実を知りたいと思っているだけなんですが。

「私も知りたいです。私も正直に話したいです。これ、ほかの記者には言ってないですよ（笑）」

——…………。

「ただ、どの方が味方なのか。中立な立場、公平な立場で書いてくださる記者と、うわーっと書く記者と、いらっしゃるじゃないですか。青木さんだけだったらいいけれど、ほかの人にはメチャクチャ書かれるし。よく区別しないと」

4

どうやら美由紀は、いまだにすべてを話す心境には至っていないようだった。弁護士と相談するというのなら、無理強いするわけにもいかない。ふたたび話題を変えようと思った矢先、美由紀のほうからまったく別のことを口にしはじめた。美由紀なりのプライドとライバル心のようなものが滲み出してくるような話題だった。

「あの……、埼玉のほうって、もうはじまってます?」

――埼玉って、首都圏連続不審死事件の、木嶋佳苗の控訴審のことですか?

「ええ」

――いや、まだです。

「いろいろ比べられて、私、困ってしまって……。比べられても、違いますし」

――確かにまったく違うと私も思っていますが。

「でも、比べられる。もうイヤだって、思っちゃう。埼玉と比べてほしくない(笑)。っていうか、私、分かんないんですけど、どうして比べられるのかなぁって」

――まあ、たまたま同じ時期に起きて、同じ連続不審死と言われて、あなたと木嶋さんは年齢も同じくらいですからね。

「体型も、ですか?」

――(笑)。そう思う人もいるでしょう。

「でも私、痩せたんですけど」

――ええ。逮捕される前の写真などに比べたら、ずいぶん痩せたように感じていました。失礼ですけれど、どれくらい痩せたんですか?

「びっくりしますよ。どれくらいだと思いますか（笑）」

――男の私には、女の人の体重ってなかなか分からないんですよ（笑）。

「何回りとか、あるじゃないですか」

――何回りって？

「ひと回り小さくなった、とか言うじゃないですか」

――いやぁ、どうでしょう……。

「半分になったとか」

そう言って美由紀はさらに顔をほころばせ、はははと声をあげて笑った。その様子をアクリル板越しに見て私は、くらくらと目眩《めまい》がしてきそうな気分になっていた。

ひょっとすると美由紀は、どこかが壊れてしまっているのではないか。少なくとも、自分が置かれている状況を理解しているようには思えなかった。逮捕前よりずいぶんと痩せたのは、長期の勾留と心労による部分もあるのだろうが、それを半ば自慢げに語って笑い、肝心の事件絡みの話になるといまも意味不明な言い訳を繰り返す。

しかし、本来はそんな余裕などないはずだった。現下日本の刑事裁判において、一審の有罪判決を二審以降で覆したり修正したりさせるのは、限りなく不可能に近い。もはや手遅れになりかけているというのに、この期に及んでも美由紀はのらりくらりとした態度に終始し、アクリル板の向こう側の顔をまじまじと眺めても、ふくよかとも不敵とも取れる笑みを浮かべている。

そんな美由紀に質問したいことは山のようにあったが、背後にいる女性刑務官が面会内容を記録するノートを閉じ、手元の時計をちらちらと睨みはじめていた。面会時間はそろそろ終わりだと無言の圧力をかけているようだった。

――もう時間みたいですね。明日の昼頃まで松江にいられるんですが、朝方にもう一度、面会にうかがってもいいですか。

笑顔の美由紀は、さも当然といった表情で即答した。

「ええ。また来て下さい」

5

その日の夜、松江市内の格安ビジネスホテルで一夜を過ごした私は、翌四月十日の午前九時前にふたたび松江刑務所の門をくぐった。面会受付時間は午前八時半からだったが、この日も面会希望者は他にいないらしく、私ひとりだけの待合室は静寂に包まれていた。

それでも三十分ほど待たされ、狭苦しい面会室で美由紀と向き合ったのは午前九時半を回っていた。昨日と同じように明るい表情と服装の美由紀が姿を見せ、アクリル板の「あちら側」のパイプ椅子に軀を委ねると、私はすぐに質問をはじめた。

――おはようございます。よく寝られましたか？

「いえ、寝られませんでした。あんまり、寝られないんです。それより、青木さんに謝らなくちゃいけないことがあって」

――謝る？　何をですか？

「昨日、おカネの話をしましたよね。あの、公判に出ていたおカネ（の話）については、（もらったのは）事実です。あれはね。（その他にいろいろと）報道されている金額は違うという意味で言っちゃったんです」

――そうですか。でも、それ以外にもおカネにまつわる話は、私もさまざまな人から聞きました。たとえば新藤さんは相当な額のおカネをあなたに渡していて、最後はあちこち金策に走り回って、お父さんからも一千万円ぐらい借りていたとか。

「それは私（が原因）じゃないですね」

――つまり、公判に出ていたようなおカネのやりとりはあったけれど……。

「あれは事実ですからね」

――しかし、あなたと交際していた松島忠信さんも何百万円か取られたとおっしゃってましたよ。

「ああ、それは、指輪とか買ってもらった分なんかも入れたらね」

――そのほかにも、似たような証言はありました。別の人の話ですが、合計で一千万円近く取られたとおっしゃってました。しかも、実家までからカネを取られたと。

「会ってみたいですね」

――会ってみたい？

「ええ。会いたいですね、そのご本人に」

――そんなことはないと？

「っていうか、ちゃんと事実を伝えて欲しい。私がここに入っているからって、ウソをつかないで欲しい」

――ただ、あなたと交際した人たちに話をうかがうと、あなたは常におカネ、おカネで、そのためにウソばかりつくんだと。失礼ですが、そんな話ばかりを聞きました。

「えぇ～っ！」

そう言って美由紀は大げさに驚いた表情を浮かべて仰《の》け反《ぞ》り、首を横に振りながら大きな溜息をひとつついた。

「はあぁ～っ……」

――そんなことはないと？

「ないです」

――では、公判廷で出てきた話ですが、あなたは安西さんに「妊娠した」とウソをついたということでしたね。

「(苦笑)。あのー、これって二審にも関わってくると思います。弁護士さんと話をして、きちんと青木さんに話します。青木さんも公平な立場で書いてくださるって昨日もおっしゃってたし、私も無罪は欲しいと思いますし……。だって、無罪ですから」

――では、差し支えない範囲で聞かせて下さい。妊娠したとウソをついた理由についてては、公判で検察側の主張と対立しましたね。あなたの弁護団は、安西さんと別れたいからウソをついたと。

「それはあってます」

――そして、出産予定日を過ぎてからクスリで小さくして堕ろしたと。

「ああ、ありましたね(笑)」

――あれは警察と検察がつくったストーリーなんでしょうか？

「分かりません」

――分からないっていうのは？

「分かりません。分かりませんっていうか、言えません（苦笑）。それを言ってしまったら、もう終わりですからね。私は、こうやって面会を重ねていただいて、誰に本当のことをお話しするかっていうのを決めたいと思います。あの、昨日、記事を見ていないって言ったんですけど、全部見ていますから」

——私が書いた記事のことですか？

「ええ。正直に言いますが、同じ拘禁者の方々から、全部（情報が）入っています。手紙が何百通と来ていて、青木さんのこともね。（過去に）青木さんと面会したっていう拘禁者の方からです」

——私と面会をした拘禁者？

「知ってますか？　青木さんと面会した人、いらっしゃいますよね」

——ここ（松江刑務所）にですか？

「ここじゃないですが、青木さんが関わっている方、いらっしゃいますよね。（名前を）言ったら分かると思います」

——私もこれまで取材でいろいろな事件の被告と面会してきましたから、あちこちの拘置所や刑務所に知人はいます。

「全部聞いてます。青木さんは中立で、厳しいかもしれないけど、きちんとしたことを書いてくれると。ごめんなさい、昨日、ちょっと（記事を見ていないと）ごまかしてしまって」

——構いませんよ。

「拘禁者の方の名前を言う訳にいかないので。でも、全部見ています」

——分かりました。それより、もう少しだけ、ウソの話なんですが。

「こだわってますね（笑）」

——ええ。人間、誰でも多少のウソとかごまかしはあると思います。僕もそうですが……。

「（笑）」

——法廷で、アケミっていう妹の話がでましたよね。

「はい」

——あなたとつきあっていた別の方も、まったく同じような話をしていました。あなたには妹なんていないのに、アケミという妹が何度も何度も電話をかけてきたと。

「そんなことを言う人のことが信じられません。私は事実として、青木さんが公平な立場で見てくれた時は、話させてもらいたいです」

——じゃあ、安西さんの時に出てきたアケミっていう妹の話は何なんでしょう。

「それも、ゆっくり話させてもらっていいですか。どこまで公判に使うのか分からなくて、いま検討中なんで。前回に(鳥取刑務所で)青木さんとお会いしましたよね。で、公判を見てくださいって言ったのは青木さんだけなんです。そういうオーラっていうか、そういうふうに見えたので。キライだったら私、会いませんから」

——……。話は戻りますが、二件の強盗殺人については一審で明確に否認しましたよね。

「やってないですからね」

——一方で、詐欺や住居侵入窃盗は認めた。

「それは認めました。私、自分がしたことは認めたいと思ったので」

——じゃあ、なんでそんなことをしてしまったんですか。

「私も知りたいです」

——どういうことですか?

「あの……、主張がまた変わってきちゃったらいけないので、また(あらためて)弁解させてもらってもいいですか」

——いずれにせよ、自分がやったことについては認めたと。

「もちろんです。どんな刑でも受けなければいけないと思いました。悪いことですからね」

――ビッグのママの家への窃盗も。

「認めました」

――なぜママの家に？

「片っ方だけの言い分だけを聞いてもいけないでしょう。もう一人（共犯が）いるんで。あやふやなことを言いたくないし、私だけがしたんじゃないですから。言えないですね」

――あなただけがしたんじゃないといっても、共犯の安西さんはすでに有罪判決を受けて服役して、いまは仮釈放になって社会に戻っています。「一事不再理」といって、詐欺や窃盗に関しては、もう刑事責任を問われることはありません。それでいいんですか。

「うーん（苦笑）。それを言っちゃうと……、いけないと思います。弁護士さんと相談します。青木さんのことは信用しているので」

――繰り返しになりますが、あなたが二件の強盗殺人の犯人かどうかは、いまも分からないと私は思っています。

「はい」

——それでも警察や検察の言う通り、仮にあなたが犯人だとするなら、安西さんがまったく無関係とは思えません。しかし逆に、あなたの弁護団が主張した通り、もし安西さんが「真犯人」だとしても、今度はあなたがまったく無関係とも思えなくなる。

「それは、当たり前の考えです」

——当たり前ですか？

「だから、そこを私が今後お話ししていくので、そこで判断してくださいっていうことなんです。私も、どこまでが関係していてどこまでがしてないっていうのを、私の口からは……。弁護士さんの考えもあるし。でも、(一審の) 判決は分かんない (苦笑)。私の主張は、してないからしてないって、それは変わってないです。二審でも変わらない。分かっていただけますか？」

分からない。はっきり言って、まったく分からなかった。事件の真相も、美由紀が言っていることも、美由紀の心の奥に潜んでいるはずの本当の感情も。

しかし、明確に分かったこともあった。

この期に及んでも美由紀は、まだウソを吐き出し続けている。しかも、すぐに分かるような薄っぺらい大ウソを、平然と。

私は、次々に大ウソを繰り出して男たちを大混乱に陥らせた美由紀の本性の一端を、ついに直接垣間見たと感じていた。だが、眼の前にいる美由紀だけを声高に難じるような気分にはなれなかった。警察だって、検察だって、安西だって、全員が明らかにウソをついている。肝心の裁判も、そのウソにうすうす気づきながら、正面から疑義を突きつけることなく、丸呑みしてしまった。

誰もが事実から眼を背けたままウソを積み重ね、偽りだらけの塔を築き上げて欺瞞と保身の殻に閉じこもっている。それでも刑事司法の手続きは粛々と進行し、美由紀のみに冷酷な死の刑罰が突きつけられ、結論が覆ることは今後もおそらくない。

なのに当の美由紀はアクリル板の「あちら側」に座り、のらりくらりとウソを吐きながら妖しげな笑みを浮かべている。松江刑務所の面会室で私は、呆然としながらその丸い顔を見つめていた。冬の鳥取の冷たい海風が、狭苦しい面会室にも流れ込んできているような気がした。

第14章 男のウソと女のウソ

1

松江刑務所の拘置区で美由紀と面会してからちょうど八ヵ月後の二〇一三年十二月十日、広島高裁松江支部。法廷中央の証言席に太った軀を委ねた美由紀が、ついに自らの口で語りはじめていた。傍聴席では、社名入りの腕章を巻いた新聞や地元テレビの記者たちが、ちらちらと美由紀の丸い背に目をやりながら懸命にメモを取っていた。その片隅に、私も座っていた。

美由紀は一審・鳥取地裁での黙秘から一転、控訴審では証言に応じる道を選び取った。その理由はなにか。ひょっとすると私のアドバイスもなんらかの影響を与えたのだろうか。そんなことをつらつら想いながら、美由紀の背に視線を凝らし、私も耳をそばだてた。

美由紀に影響を与えたかもしれない私のアドバイス。それについては後に記すこととして、まずは弁護人の質問に答える形で発せられた美由紀の証言を紹介していこうと思う。二件の強盗殺人に関して美由紀が自身の言葉で語るのはまったくはじめてのことだったからである。

最初は一件目とされる強盗殺人――トラック運転手だった坂口昭夫（当時四十七歳）が鳥取県中部・北栄町の日本海沿岸で溺死し、数日後に全裸の遺体となって見つかった事件に関する証言である。

――あなたは坂口さんと男女の関係でしたか。

「はい。坂口さんのアパートに遊びに行って、ご飯をつくったり洗濯をしたりもしていました」

――坂口さんは男性として魅力的でしたか。

「それは容姿のことですか？　それとも性格のことですか？」

――まあ、性格です。

「人柄は非常によくて、お寿司なんかを食べる時でも、私の好きなものを譲ってくれるような優しいところがありました」

――つまり男性として魅力があったと。

「はい。私が五人の子どもを育てていると伝えたら、一緒にアパートに住もうと言われました」

――坂口さんは、あなたとの交際に真剣だと？

「私はそう思っていました」

――それに対して、あなたはどう考えていましたか。

「私は当時、安西さんと一緒にいたし、どうしていいか分かりませんでした」

一審とはまったく異なり、美由紀は雄弁だった。おどおどした様子は微塵もなく、弁護人の問いかけによどみなく答え、質問に曖昧な点があれば遠慮なく聞き返す。

その肥満体を包む服装も少し変化していた。自らが証言することへの覚悟の表れなのか、法廷の視線が集中することを見込んだ美由紀なりの演出なのか、一審でまとっていた地味で厚ぼったいロングスカートやセーターの類とは異なり、多少は身なりが整っている。真っ白なシャツに灰色のカーディガン、そして黒いスーツ風の膝丈スカート。髪はしっかりと束ね、後頭部のあたりでピン留めされている。

そんな美由紀が「一緒にいた」と言う「安西さん」とは、もちろん逮捕直前まで一緒に暮らしていた男——安西義孝のことである。

——あなたは安西さんとの関係を坂口さんには言えなかったんですか。

「言えませんでした」

——うしろめたさは？

「すごくありました」

——あなたは坂口さんから生活費の援助を受けていましたね。

「はい」

——あなたが頼んだんですか。

「いいえ。坂口さんは五人の子どものことを知っていて、生活も苦しいだろうからと」

——いくらぐらい援助されたんですか。

「合計すると二百万円くらいです」

——あなたは、もらったという認識ですか。

「はい」

——坂口さんからの援助については、安西さんも知っていたんですか。

「もちろん知っています」

――お金も安西さんと一緒に使ったんですね。

「はい」

――その後、坂口さんから「返せ」と言われたことは?

「ええ。(坂口は)お姉さんと暮らしていたけど、出て行かなければならなくなって、アパート代も必要だからって。でも、『返して』ではなく『助けてくれんか』と言われたんです」

2

このあたりまでの事実関係は、検察側の主張とさほど矛盾はない。すなわち美由紀は、男女の関係になった坂口からカネを受け取っていた。だが、安西と美由紀の関係を知った坂口は、憤ってカネの返済を求めるようになっていた。

ただし、坂口が返済を求めた相手については検察側と美由紀の主張が真っ向から食い違う。検察は、坂口がカネの返済を求めたのはあくまでも美由紀であり、困り果てた末に美由紀が坂口を殺害するに至ったと断じたのだが、美由紀によれば、安西と美由紀の関係を知った坂口の憤りは、美由紀ではなく安西のほうに向けられていた、というのである。

そして事件当日に関する美由紀の証言は次のようなものだった。

――事件のあった四月四日の早朝、（鳥取市内の）コンビニエンスストアで坂口さんと待ち合わせましたね。

「はい。（コンビニまでは）安西さんの車に乗せてもらって行きました」

――そこでおにぎりやお茶などを買いましたね。なぜですか。

「朝早くて、坂口さんが食事もしていなかったので」

――それから坂口さんのダイハツ・ミラに乗って移動を？

「はい」

――運転は誰が？

「坂口さんです。私は助手席に座って、ホテル・エアポート（国道九号線沿いにあるラブホテル）に入ろうと言われました。そこは安西さんと初めてそういうことになったところだったし、イヤなので、『なんでぇっ』って言いました」

――結局は入らなかったんですね。

「はい。それで西（の方向）に移動して……」

――午前八時から八時十五分ごろにかけて安西さんと携帯電話で連絡しましたね。

「こっち（西の方向）に向かっているから来て、と伝えました。子どもの体調も悪かったので、家に帰ろうと思っていました」

——坂口さんは?

「車の中で『(関係を)続けよう』と言われたので、私が『うーん』と言っていたら、坂口さんが怒りはじめました。安西さんについて『あれがお前の男だろ』って言って。いつもはすごく優しいのに、急に怒りっぽくなりました」

——それであなたはどうしたんですか。

「怖いので、『頭を冷やして』って言いました。で、途中で車から降ろしてもらいました。(鳥取県中部の北栄町にある)ローソンの付近だったと思います」

鳥取県を東西に貫く国道九号線。その道沿いにポツンとあるコンビニエンスストア=ローソン鳥取大栄店は、坂口が殺害されたとみられる日本海沿岸の砂浜から数百メートルほどしか離れていない。国道と砂浜の間には防砂林があり、砂地での栽培に適したラッキョウや長芋畑なども広がっていることは、すでに記した。

続けて美由紀の証言である。

——あなたを降ろした後、坂口さんはどうしたんですか。

「(ローソンを離れて)ちょっと(国道を)行ってから、(海岸の方向へと)右に折れる道に入って行きました。私はずっと待っていたら、ちょっとしてから坂口さんが帰ってきました」

――それで？

「私が『もうちょっと頭を冷やしてきて』と言ったら、坂口さんは『分かった』と言って、またちょっと行った同じところで右に折れて行ったのが見えました」

――その後、坂口さんを見たことは？

「ありません」

――それが坂口さんを見た最後ということですか？

「はい」

――それからどうしたんですか。

「安西さんに『ローソンにいる』と伝えて、合流しました」

――安西さんは（自家用車だった）カローラフィールダーで来たんですか。

「はい」

――合流してどうしたんですか。

「（安西に）『後ろに乗れ』と言われたので後ろに乗って、安西さんが運転して、右に曲がって（坂口が向かったのと）同じ道を行って、畑のちょっと先の空き地で車を停めました」

――そこから海は見えましたか。

「見えません。初めて行った場所です。(坂口の) ミラも見えませんでした。安西さんは『車に乗っとけ』と言って、ミルクティのペットボトルを二本持って出て行きました。たぶん坂口さんのところです。『オレが一人で行くけぇ、待っとけ』って」

――安西さんが戻ってきたのは?

「二十分ぐらい経っていたと思います」

――どうして二十分ぐらいだと思うんですか?

「(車内で) CDの歌を聴いていたんです。その歌が二～三回流れたので、そのぐらいだと思いました」

――戻って来たときの安西さんは?

「ズボンが濡れていました」

――それでどんなやり取りが?

「私は『なんで濡れてるの?』って聞きましたが、『まあええけ』『まあええけ』って……。でも、いつもとははっきり違っていました。安西さんは、困った時には変な態度を取るのが特徴なんですけど、ズボンをかきむしったり、上下に上げたり下げたり……」

美由紀がそう証言し、弁護人が次の質問に移ろうとした瞬間、裁判長の塚本伊平がこう言って割って入った。

——ちょっと待ってください。もう少し詳しく聞きたいんですが、ズボンが濡れていたというのは、どれくらいの範囲で濡れていたんですか。

美由紀は動揺する様子も慌てる素振りもなく、裁判長の塚本に向かって自信満々の口ぶりで答えた。

「ズボンの太腿のあたりまで濡れてました。太腿の付け根くらいまでです。上（着）のほうは、（水が）飛び跳ねたようになってベトッとしていました」

再び弁護人が質問を継ぐ。

——その後、どこに行きましたか。

「何を思ったのか、安西さんがホテルに……」

——なぜホテルに？

「私には分かりません。なんだか分からないけど、ホテルで『お前は待っとけ』と言われて、私だけ待たされました」

——安西さんはどこに行ったんですか。

「言いませんでした」

――午後十二時十九分から四十三分ごろにかけて、あなたは何回か安西さんと携帯電話で通話していますね。

「はい。『どこに行っとるの?』、『なんで一人で出てるの?』って聞いたんですけど、『ちょっと待っとけ』って言われてガチャンと切られました」

――その後の安西さんは?

「ホテルの部屋にあがらないまま料金を精算しました。私は『なんなんだ』と思いました」

――それから安西さんの車、カローラフィールダーで移動を?

「はい。後部座席を見てびっくりしました。坂口さんが着ていた服があったんです。スウェットの上下で、濡れていて、ベチャッてなって丸まっていました。あと、坂口さんの車(ミラ)にあったスコップも……。本当にびっくりしました」

――安西さんに説明を求めましたか?

「私が『何があったの?』、『どうしたん?』って何度聞いても説明してくれませんでした。短い言葉で『まあええ』って。でも彼(安西)のことを信じていたし、『大丈夫』って言うので信じました」

――その後、安西さんの様子は?

「話にならないくらい落ち着きがありませんでした。（ホテルを出てから）けもの道みたいなところで、坂口さんの服とスコップのどちらかを捨ててました。残りは、飼っていた犬が死んで犬小屋を焼いた時に焼いてました」

3

美由紀は巧みに断定を避けたが、言わんとするところは単純明快だった。自分は坂口を殺害などしていない、安西こそが犯人なんだ――と。それは、一審の公判で美由紀の弁護団が当初訴えた「安西真犯人説」を「具体的証言」で裏づけようとするものであった。

確かに美由紀の証言内容自体はそれなりにつじつまが合い、それなりに具体的かつ詳細で、迫真性にも富んでいた。これは二件目とされる強盗殺人容疑に関しても同様である。地元で小さな電器店を経営していた丸山五郎（当時五十七歳）が鳥取市内の摩尼川で溺死させられたという事件について検察側は、美由紀と安西が丸山から家電製品をだまし取って転売し、代金の支払いを迫られて困り果てた美由紀が単独で殺害した、と断じている。

これに反駁する美由紀の証言を順次紹介していこう。

──では、摩尼川事件についても聞いていきます。あなたと丸山さんの間に男女の関係は？

「いっさいありません」

──丸山さんはどういう方でしたか。

「それは容姿ですか？　それとも性格？」

──性格です。

「すごく優しくて、私の子どもたちも『丸山のおじちゃん』と呼んで慕っていました。（美由紀の家にあった）電化製品も九十九パーセントぐらい丸山さんに譲ってもらったものでした」

──あなたと安西さんは平成二十一（二〇〇九）年五月ごろ、安西さんと一緒に取り込み詐欺みたいな行為を繰り返していましたね。

「はい。安西さんは詐欺をする相手を見つけてきていましたが、『もう詐欺するところがない。丸山に（詐欺を）してくれ』と言われました」

──それを聞いてあなたはどう思いましたか。

「すごくイヤでした。丸山さんだけは（詐欺を）したくなかった。でも、『（詐欺を）するところがないから頼む』と言われて」

――断りきれなかった？

「はい……。生活も苦しかったので、（詐欺を）してしまいました……」

そう言いながら美由紀は涙声になり、一瞬絶句して証言がとぎれた。それが真の悔悟からくる涙なのか、それとも演技なのかはともかく、手に持っていたタオル地のハンカチで目元を拭うような仕草を何度も見せた。

私は、このあたりからある確信を抱きながら美由紀の丸い背中を眺めていたのだが、そのことも最後にまとめて記すこととして、二件目の事件に関する美由紀の証言を紹介してしまおう。丸山が死亡した当日――二〇〇九年十月六日についての証言は次のようなものだった。

――事件当日、丸山さんと会いましたか。

「はい。前日に約束して」

――会って何をする予定だったんですか。

「朝ご飯を食べようと」

――当日はどこで食べたんですか。

「（美由紀の）家の近くの喫茶店です」

――そこで丸山さんとはどんな話を？

「私が半袖と半ズボン姿だったから、（丸山に）『バカか』『季節が分からんのか』と言われました。『風邪引くぞ』って心配されて……」

——ほかには？

「丸山さんに『安西は取り込み詐欺のようなことをしとると聞いたけど、ホントか』と聞かれたので、『それは違うと思う』と答えました」

——それで？

「丸山さんが『安西と話がしたい』と言うので、安西さんを呼ぶことにしました」

——呼び出す場所は？

「丸山さんの指定した場所を安西さんに伝えました」

その指定場所とは、鳥取市の北部に位置する日本海に面した岩戸港だった。鳥取砂丘にもほど近い岩戸港は、漁港として防波堤なども整備され、釣り客にも人気のスポットだが、当日はほとんど人の気配がなかったらしい。美由紀の証言によれば、喫茶店を出た美由紀は丸山の自家用車である日産マーチに乗せてもらい、岩戸港まで一緒に行ったという。

4

――岩戸港には、安西さんが先に着いていたんですか。

「いえ、私たちが先に着いていて、（丸山と）マーチの中で話をしていました」

――安西さんが到着するまでの時間は？

「十分から二十分ぐらいです」

――安西さんはどうやって来たんですか。

「（カローラ）フィールダーに乗って一人で来ました」

――それから？

「丸山さんが『一対一で話すけん』と言うので、私は（マーチの）助手席を安西さんに譲って、一人でフィールダーに乗りました。その時に私は『きちんと話しなさい。丸山さんは話の分からん人じゃない』と安西さんを説得しました。安西さんは怒った感じでしたけど」

――当日の安西さんの服装を覚えてますか。

「胸にハートマークのついた長袖のTシャツです。ズボンは長いチノパンで、靴は『P』と書かれたスリッパ型で、前から見ると靴に見えるものでした。靴下はスポーツタイプでくるぶしまでのものです」

——マーチに乗った二人の様子は？

「変化がありました。（運転席の）丸山さんと（助手席の）安西さんの席が入れ替わりました。そしてバックして方向転換して、（美由紀の乗るカローラフィールダーのほうに）近づいてきて、（安西が）『ついてこい』って。私は『なんで？　イヤだし』と言ったけど、『（カローラフィールダーを運転して）ついてこい』と言われました。岩戸港を出発する前、安西さんは『丸山さんが気分悪そうだ』と言っていました」

すでに幾度か記したとおり、検察はこの事件について、丸山が睡眠導入剤を呑まされて朦朧とした状態に陥り、摩尼川で溺死させられたと一審で立証を試みていた。従って「丸山が気分悪そうだ」という証言に関しては、検察側と美由紀の主張に矛盾はない。ただ、ここからまた両者の訴えは完全に異なったものになっていく。

——岩戸港を出てからどこに？

「鳥取砂丘の土産物屋のあたりを通って交差点を曲がって、砂丘にある『こどもの国』の入り口のバス停前に停車しました」

——それで？

「（マーチとカローラフィールダーの）窓越しに話をして、私が『どこいくだ？』って聞いたら、安西さんが『まあいいけん、ついてこい』と言いました。丸山さんは（マーチの）助手席で窓に頭をもたれ気味にしているのが見えました。私は『なんなんだ』と思いながらついていきました」

――その後のルートは？

「（事件現場の摩尼川に近い）民家があるところの近くの駐車場に停まりました。安西さんは『ここで待っとれ』と言って、丸山さんを乗せたまま（安西の運転する）マーチは行ってしまいました」

――あなたはフィールダーの中で待っている間、何をしていたんですか。

「安西さんに電話しました。どこに行ってるか分からんし、気持ち悪いですから。でも、『どこに行っとるの』って言っても『ちょっと待っとけ』と言われて通話は終わりました。この男はなんなんだと思いました。『待っとけ』ばっかり言うし、丸山さんのことも気になりましたから」

――それから何が？

「安西さんが小走りで走ってきました」

――安西さんと再び落ち合うまでどれくらいの時間が？

「十分か十五分か……、よく分かりません」

——小走りで、ということは、マーチには乗っていなかった?

「はい」

——それから?

「安西さんが(カローラフィールダーの)助手席に乗ってきました。安西さんは顔面蒼白でしたが、『何があったの?』と聞いても、答えになっていない答えしか言わなくて」

——ほかに気づいたところは?

「安西さんの膝から下が濡れているのに気づきました」

——ほかには?

「左足のくるぶしのあたりに引っ掻いたような切り傷がついていました。それに……」

5

美由紀の証言はまだまだ続くのだが、このあたりでもう十分だろうと思う。二件の殺人はすべて安西による単独犯であり、自分は一切関わっていない——そういう主張である。証言自体はこれもそれなりの迫真性と具体性に満ち満ちてはいるものの、これを果たしてどう受け止めるべきか。真実から発せられた無実の叫びか、それともウソに塗《まみ》れた虚飾の代物か。

結論を書いてしまえば、私は、重要部分は基本的にすべてウソだと思っている。

確かに安西の証言も矛盾だらけだった。一審公判で検察側の最重要証人として法廷に立ち、二件の強盗殺人はすべて美由紀の単独犯行だとする検察側立証活動を支える証言を行った安西は、美由紀が口にした奇天烈な大ウソをすべて信じ込み、一片の疑いすら持たなかったと強弁しつづけた。時には傍聴席から失笑が浴びせられるほどであり、安西の証言にも間違いなくウソが含まれていると私は受け止めた。

しかし、美由紀の証言が真実とも思えない。もしこれが真実だとするなら、美由紀は一緒に暮らしていた安西にひたすら従順につきしたがい、安西のあまりに不審な行動の数々――それは普通に考えれば坂口と丸山を殺害したと断ずるに十分なほど異常な行動だったのに、問いつめたり追及したりすることもほとんどないまま服従していた、ということになってしまう。

これまで数多くの取材証言で明らかにしてきたように、美由紀は「超」がつくほどのウソツキだった。交際した男たちに病的なほど奇天烈な大ウソを次々と吐きかけ、大混乱に陥れていくのが美由紀お得意の振る舞いだった。妊娠したなどと告げて覚悟を迫り、五人の子どもまで利用しつつ、時に脅迫し、時に懐柔し、カネをせびり取っていくのも常套手段だった。

一方で美由紀には礼儀正しく可愛らしい一面があり、熱烈なラブレターを何通も送り続けるまめまめしさもあった。深く交際した男の幾人かは私の取材に「一緒にいると癒された」「居心地のいい空間をつくってくれた」「女手一つで五人もの子どもを育てる健気な姿に心打たれた」などと明かし、いまも美由紀への想いを断ち切れない様子の男もいた。

控訴審の法廷でも、その片鱗は垣間見えた。弁護人に続いて検察官からの反対尋問も行われたのだが、美由紀は口を尖らせてしばしば検察官に食ってかかった。

「もう一度言ってください」「早口で何を言っているか分かりません」「それはどういう意味ですか。質問の趣旨が分かりません」

美由紀の〝口撃〟を浴び、老練の検察官もタジタジになって苦笑いでやり過ごすような場面がしばしば見られた。私の目には、その検察官の姿が美由紀によって混乱させられた男たちと二重写しのようにすら感じられた。

そんな美由紀が安西にただつきしたがい、食ってかかることも問いつめることもないまま服従していたというのは、どう考えても信じがたい。

では、真実はどこにあるのか。捜査権など持たぬ一介の取材者には断じようがないし、だから本来は軽々なことを記すのは避けるべきなのだろうが、あえて推論を書くとするなら、美由紀が「主犯」なら安西は「従犯」か、あるいはその逆か、そのあたりが真相ではなかったか。ところが捜査で脆弱な状況証拠しか摑み出せなかった警察と検察は、美由紀の犯行だと立証するために安西を説得して最重要の証人に仕立て上げた――。それが仮に行きすぎた妄想だとしても、二件の犯行とはまったく無関係だったという安西の証言を完全肯定することもまた、私にはできない。

美由紀自身、松江刑務所の拘置区で面会した際、私の質問にこう応じていたことが思い出される。

――あなたが二件の強盗殺人の犯人かどうかは、いまも分からないと私は思っています。

「はい」

――それでも警察や検察の言う通り、仮にあなたが犯人だとするなら、安西さんがまったく無関係とは思えません。しかし逆に、あなたの弁護団が主張した通り、もし安西さんが「真犯人」だとしても、今度はあなたがまったく無関係とも思えなくなる。

「それは、当たり前の考えです」

――当たり前ですか？

「だから、そこを私が今後お話ししていくので、そこで判断してくださいっていうことなんです。私も、どこまでが関係していてどこまでがしてないっていうのを、私の口からは……。弁護士さんの考えもあるし。分かっていただけますか？」

実を言うとこの面会のしばらく後、東京に戻った私の仕事場に美由紀から幾通かの手紙が送られてきた。そこには〈私はどうしたらいいんでしょうか〉〈助けてください〉といった文言が綴られていた。いろいろ考えた末、私は次のような内容の手紙を獄中の美由紀に返信していた。

〈頂戴した手紙に上田さんが書かれていた「私はどうしたらいいんでしょうか」というお尋ね、胸に突き刺さりました。弁護人でもない私が軽々しく言える話ではありませんが、やはり真実をきちんとお話しになるのが最も適切な道なのではないかと考えます。

もちろん、黙秘するのは被疑者、被告人に与えられた重要な権利です。上田さんが一審で黙秘権を行使したことに一部では批判もあったようですが、これは完全に筋違いな批判です。証拠に基づいて起訴事実を立証するのはあくまでも検察の役目であり、上田さんにそのような責任はまったくないのですから、検察が何を言おうとも黙秘を貫くのも一つの方法ではあると思います。

ただ、現在の日本の刑事裁判は、検察の立証活動が十分だと思われないようなケースであっても、裁判所がそのまま認めてしまうケースが数多く見られます。このようなことも軽々に申し上げるべきではないのかもしれませんが、一審の判決を控訴審以降で覆すのが極めて難しいのもまた、現在の刑事裁判の現実です。上田さんが法廷で自らの主張を述べられる機会もほとんど残されていません。

ならば、控訴審の公判では、ご自身の知る真実をすべてきちんと明らかにし、事件の真相がいったいなんだったのかを広く訴え、真正面から闘っていく方がよいのではないでしょうか。

以上はあくまでも私見にすぎませんし、決して無理は申しませんが、もし私にすべてを話してくださるというなら、手紙などでお伝えいただければ可能な限り協力いたします〉

しかし、それを最後に美由紀からの手紙はぷっつり途絶えた。そして広島高裁松江支部の法廷に立った美由紀は、証言には踏み切ったものの、一審で弁護団が訴えた内容をなぞるもの──安西こそが「真犯人」であり、自分はまったく関与していない、という主張を繰り返した。

結局のところ美由紀は、真実を明かして真正面から闘おうという態度を選びとらなかったのだと私は思った。逆に、美由紀にとっては最後となった男――すべてを美由紀のせいにして逃げ切ろうとしている安西への復讐と、切羽つまった自身の責任逃れのために虚偽を貫いたのだろうと受け止めた。

6

それから二週間後の十二月二十四日、クリスマスイブにあたるこの日も、広島高裁松江支部では控訴審の第二回公判が行われ、弁護人に安西のことを問われた美由紀は次のように証言した。

――安西さんのことを、いまどう思っていますか。

「安西さんはどう思っているか知りませんが、私は安西さんと生活していた時は幸せでした。楽しかったです。いまは、安西さんには正直に言ってもらいたかったと思います」

――恨んだり、憎んだりしたことは？

「一切ありません」

――ウソをいって安西さんを陥れるような考えはありませんね。

「ありません。辛いです……」

そういった瞬間、美由紀はまた明らかな涙声になって嗚咽《おえつ》し、目元をタオル地のハンカチで押さえて絶句した。

そして公判の最後、美由紀は弁護人に「何か言っておきたいことがありますか」と尋ねられ、「私の話を聞いていただいてありがとうございました。しっかり判断してください」と言うと裁判官、弁護人、傍聴席、そして検察官にまで頭を下げ、法廷を後にした。

その後ろ姿を見ながら私はこんなことも思った。命を落とした二人の被害者と遺族には気の毒だが、山陰の法廷を舞台にした二度の公判は、二人の男と女が鞘当てを演じる陳腐なメロドラマのようなものにすぎなかったのではないか、と。それはつまり、死刑という究極の刑罰がかかった重要公判にもかかわらず、警察も検察も裁判所も、誰もが事件の真相に迫れなかったことを意味している。

それでも控訴審は二〇一四年一月に結審する。一審判決が見直される可能性は、おそらくない。

終章　美由紀と佳苗――二つの連続不審死事件

なぜこんなことになってしまったのか、二〇一四年三月十二日の午後一時半に私は、通い慣れた鳥取や松江の法廷からはるか遠く離れた東京高裁の一〇二号法廷にいた。傍聴席の狭い椅子に身体を押し込み、眼前にいる女を眺めるのは、なんだか奇妙な心境だった。

木嶋佳苗、三十九歳。鳥取連続不審死事件とほぼ同時期に発覚した首都圏連続不審死事件をめぐり、三件の殺人罪や詐欺罪などに問われた女性被告である。

本書の冒頭で記した通り、佳苗の公判は、佳苗自身の奇天烈な言動などもあいまって、それを面白おかしく伝える新聞やテレビ、雑誌等の報道が異様に沸騰する中で進行してきた。さいたま地裁での一審公判は裁判員裁判でおこなわれ、二〇一二年四月十三日に言い渡された判決は死刑。佳苗側はこれを不服として即日控訴し、二審公判は翌二〇一三年の十月十七日から東京高裁ではじまっていた。

私が傍聴席に座っていたのは、半年近くかかった二審の結論が言い渡される判決公判だった。メディアの注目度は相変わらず高いらしく、大半が新聞社やテレビ局、出版社に動員されたとみられる傍聴希望者は四百人近くに達し、報道用に割り振られた記者席はもちろん、約七十席配置された一般傍聴席も記者らしき男女で埋めつくされていた。

鳥取や松江とは比すべきもない巨大法廷に姿を見せた佳苗は、弁護人の前に配された被告人席に座り、所在なげに正面を見つめていた。手元には、資料らしきものが綴じられたファイルとペン。身にまとっているのは上下赤色でチェック柄の、まるでパジャマのような服。予定時刻ちょうどに開廷を宣した裁判長の八木正一は、一段高い法壇から被告人席の佳苗を促して正面の証言席に立たせ、「それでは主文を読み上げます」と言って佳苗のほうをちらりと見た。

「主文。本件控訴を棄却する」

瞬間、傍聴席の記者たちが幾人も立ち上がり、次々に法廷の外へと飛び出していった。「木嶋被告の控訴棄却」、「二審も死刑」——そんな速報を本社のデスクへと伝えるために。

一方、傍聴席の最前列に陣取った法廷画家たちは脇目も振らず、眼前の佳苗と手元の画用紙を交互に見ながら筆をせわしなく動かし、残った記者たちも佳苗の背中に食い入るような視線を注ぎ込んでいた。冷酷な判決を突きつけられた女の反応を確認するために。

裁判長の八木は、そんな傍聴席の喧噪などお構いなしに、長々とした判決理由の読み上げをはじめた。

それを聞きながら、本来は予定になかった取材のため傍聴席に座っていた私は、だんだんと居心地の悪い気分になっていた。判決理由の読み上げに耳を傾けても、細かな人名や地名がすっと頭に入ってこない。当然だろう。首都圏連続不審死と呼ばれた事件を現場で取材したことが一度もないし、今後も取材するつもりはまったくない。いや、そもそもこの事件に興味をそそられたこと自体がないのである。そうした事件の公判を傍聴するのは、もちろんはじめての経験だった。

それでも一度ぐらいは傍聴してみようかと考えたのは、佳苗の側から突然に、それも相当に変わった形で〝ラブコール〟を送られたからだった。このころ佳苗は支援者を通じて〈木嶋佳苗の拘置所日記〉と題したブログを突如開設し、その初回に次のような一文を掲載したのである。少し長くなるが、一部を略しつつ引用する。

《私は常々、嫉妬心が欠けている人間だと思ってきた。誰のことも、羨ましいと思うことなく生きてきた。

その私が、ある女性に嫉妬した。上田美由紀さんという人に。２０１３年11月27日、39歳になった私の元に1冊の本が届いた。「誘蛾灯　鳥取連続不審死事件」。

著者の名前を見て驚いた。青木理。私の事件を取材してくれていたら…と思い続けたジャーナリストの名前だった。彼は、私より上田さんを選んだのか。ショックだった。

ある本で彼が大学教授と弁護士と共に、少年事件と死刑についての座談会に参加した記録を読んだ。青木さんは、94年に起きた少年事件の被告人と4年間交流を続け、元少年の彼のことを、かけがえのない友人だと思っている、と話していた。私は青木さんの、日本の刑事司法やメディアの在り方に対する意見に深く共感した。フリーランスの若いジャーナリストに、これ程の見識と情熱がある人がいるとは。私は、ただただ敬服した。刑事事件について、私は青木さんの発言以上に感銘を受けた事はない》（原文のまま、以下同）

《第10章「上田美由紀との対話」を読んだ。やはり青木さんは、彼女に直接会っていた。初回は一審の最中に、彼女が勾留されている鳥取刑務所で面会したという。この時点で、私は彼女に猛烈に嫉妬していたのだが、ページを繰る手はもう止まらない。

2人の会話を読み進めるうちに、私の目から涙がこぼれた。私は上田さんを馬鹿だと思った。1審の死刑判決から4ヵ月以上、彼女は何を考えて生きてきたのだろう。彼女は、青木さんが何を訊いても、ぬらりくらりとはぐらかし続けた。答える気がないのなら、面会を拒否すれば良いではないか。嫌疑をかけられ、地裁で罪を認定され、極刑に処された人間に判断を留保し、被告人の話に耳を傾けようとしてくれる有能なジャーナリストが、どれ程ありがたい存在なのか、彼女はわかっていない。私は彼女を大馬鹿だと思った。腹立たしくもあった。彼女は、自分が青木さんに選ばれた僥倖をわかっていないのだ》

《私は、彼女の事件についてはわからない。しかし、私と彼女は裁判員裁判で死刑判決を受けた女性被告人という共通点がある。この立場の女性は、現時点で日本に2人しかいない。私と彼女だけ。私は、今どう生きているか、という点において彼女と同列にされたくない。1審判決を覆すことは、ほぼ不可能な現状で、この期に及んで嘘をつく女性と私は違う。彼女と比較されるのは大いに結構。もとより望む所です》

しかも佳苗は、

《本とは関係ないけれど、私は個人的に青木さんの髪が好き》《長身痩軀のあのルックスで取材に来られたら、ドキドキしちゃうだろうなぁ》

などとも書き連ね、

《このブログは、「誘蛾灯」に触発されて開設しました》

と結んでいた。

ブログの存在を最初に摑んでスクープしたのは『週刊文春』（二〇一四年三月六日号）だった。ネット時代に十分予想されたこととはいえ、死刑判決を受けて公判が進行中の被告がブログを開設して心情などを吐露するのは異例のことであったし、盛り上がった佳苗の裁判の〝サイドストーリー〟としては格好のネタと目されたのだろう。以後、同誌を含むいくつものメディアから数えきれないほどの取材やインタビュー申し込みを受けた私は、普段は取材者として同じことをしている手前、断ることもできないままに応じ、ひたすら「困惑している」とコメントした。我ながらつまらないコメントだったなとは思うけれど、そうとしか反応のしようがなかった。

本書の序章で記したように私は、佳苗の事件をめぐる世間の狂騒とメディア報道の薄っぺらさに辟易し、一種のアンチテーゼの想いも込めて鳥取連続不審死事件の取材に飛んだ。当初は中編のルポを一本執筆するだけのつもりだったが、現地で取材するうちに事件の周辺に現代日本のさまざまな問題点がべったり張りついていることに気づかされ、次第にのめり込んでいったことも、これまでに書いてきた。

なのに、いまになって佳苗から「私の事件を取材してくれていたら」「私より上田さんを選んだのか」などと言いよられても、ただただ「困惑」するしかない。

とはいうものの、佳苗の控訴審が行われている東京高裁は、鳥取や松江などと比べれば、私の仕事場から遠くない場所にある。ブログがさまざまなメディアで一斉に取り上げられたため、傍聴する気があるなら席を確保すると提案してきたメディアも複数あった。確かに困惑もしたけれど、直截にいってしまえば、卑俗な野次馬根性もそれなりに持ち合わせている取材者の一人として、だったら一度ぐらい傍聴してみてもいいかという打算もむくりと首をもたげてくる。

結局のところ、私だって同じ穴の狢《むじな》なのである。事件法廷の傍聴席を確保するために大量のアルバイトを動員し、薄っぺらな報道を繰り広げるメディアを揶揄しながらも、私のために席を確保してくれるというメディアがあればいそいそと誘いに乗り、佳苗が裁かれる法廷の傍聴席に座ったのだから。

しかし、まったく取材したことのない事件の公判を傍聴することで感じた居心地の悪さは、すぐに強い後悔へと変わった。重要な公判を報じるメディア報道のくだらなさにあらためて嫌気がさし、心底から毒づきたくなってしまったからである。

分かってはいたことだが、佳苗の公判へのメディアの注目度は確かに高かった。私が取材しつづけた山陰の法廷は傍聴席がわずか三十席ほどしかなかったが、佳苗の控訴審の判決公判が行われた東京高裁の法廷は傍聴席が合計で九十八もあり、おびただしい数の記者たちが前のめりになり、法廷画家たちとともに佳苗を見つめ、メモ帳にペンを走らせていた。

ところが、当日のテレビニュースを眺めても、翌朝の新聞各紙を読んでみても、溜息をつきたくなる記事ばかりだった。間接証拠のみで死刑を言い渡すことへの懐疑も、死刑という刑罰そのものへの疑念も、まったくといっていいほど指摘されていない。

かわりに伝えられるのは、愚にもつかない〝情報〟の大洪水だった。たとえば判決直後の夕方に放送された某民放テレビ局のニュース番組は「木嶋被告の公判を一審段階から一貫して取材してきた記者」が登場し、しかつめらしい顔で東京高裁前から次のような「リポート」を延々と喋りつづける始末だった。

「木嶋被告は、一審は毎回違う服装で公判にのぞみました。胸元があいた服や色鮮やかな服が多かったんです。しかし、今日はチェック柄のパジャマのような服を着て、これは一審との大きな違いだと思います」「一審判決から二年ほど経ちますが、被告の外見や髪型は特にかわっていないと思います」

あぁ、これがニュースか。佳苗には気の毒だが、ブログにつづられた軽口の文章を読む限り、被告側の言動や振る舞いもこうした報道をあおる効果を果たしている。佳苗は長期にわたって『女性自身』（光文社）の記者と面会を重ね、三百通もの手紙のやり取りをつづけつつ「自伝的小説」の出版を準備していると伝えられ、のちにそれは別の出版社から出版されたのだが、その記者が判決公判直後に佳苗に面会したところ、赤いパジャマのような服装で出廷した理由について次のように語ったという。

「最高裁の法廷には、私は出廷することはできないので、公の場に出るのはこれが最後。この機会に（応援してくれた）みなさんに『おやすみなさい』という意味を込めたのです。ブルーのファイルに、黄色いハンカチを持って、赤のパジャマ。信号みたいでかわいいでしょう？」（『女性自身』二〇一四年四月一日号より）

佳苗の本心から発せられたものなのか、何か計算でもあって言ったことなのか、それとも注目を浴びることが自己目的化してしまっているのか、真意は分からない。知りたいとも思わない。ただ、佳苗のこうした言動や振る舞いがメディア報道の狂騒をスパイラル的に拡大再生産している。その状況はあまりにバカバカしく、とてもじゃないがつきあいきれない。そんなふうに思っていた時、もうひとつの不審死事件の被告——上田美由紀にも動きがあった。

東京高裁で佳苗に控訴棄却の判決が言い渡された翌日の三月十三日、都内にある私の仕事場に一通の速達が届いた。封書の裏面に記された差出人の名は上田美由紀。没交渉となってかなり経った美由紀からの手紙を開けて見ると、白い便箋にこんな文章が綴られていた。

《前略　御無沙汰しております。
週刊文春と木嶋さんのブログ拝見しました。青木さんへご迷惑をおかけしたみたいで大変申し訳ありませんでした。
私自身、彼女のブログの内容にびっくりしております。その中で青木さんへ何らかの迷惑をおかけしたのに、本当に申し訳なく思い、手紙を今回書きました……》(原文のまま、以下略)

ごく短い文章だったが、手紙の中には私と面会したいという趣旨のことが書かれていた。しかも、その部分を強調するように赤色のボールペンで下線まで引かれている。私は、またも困惑した。

何度面会を重ねてものらりくらりとした言い訳に終始し、控訴審では真実を明かして真正面から闘うべきではないかと伝えてもそれに応えず、なのに佳苗のブログに刺激されたかのように速達で送りつけられてきた手紙。どうすべきか迷ったが、佳苗の控訴審判決が言い渡されてから約一週間後の三月二十日には、美由紀の控訴審の判決公判も広島高裁松江支部で開かれる予定になっていて、その取材のために松江に入ろうかと考えていたところだったから、もう一度だけ面会してみようと心が傾いた。見込みは薄いが、今度こそ美由紀がすべてを明かしてくれる気持ちになったのではないか、という淡い期待のようなものも抱きながら。

そして判決公判の前日にあたる三月十九日の午後、面会受付時刻の終了近くになって松江刑務所にたどり着いた私は、刑務所前の警備員に面会申し込み票を慌ただしく提出し、ソファーやパイプ椅子が並ぶ殺風景な待合室で待たされ、午後四時近くになって面会室に入った。相変わらず狭苦しい室内で久しぶりに向かい合った美由紀は、一見したところ以前とさほど変わらない様子に見えた。

透明なアクリル板の向こう側のパイプ椅子に小柄な肥満体を乗せ、身にまとっているのは灰色のスウェットパンツとトレーナー。どこまでも地味な装いで、一週間前に東京の法廷で見た佳苗とはやはり対照的だった。ひとつだけ、灰色のトレーナーの胸元に「NOBLE WOMAN」(=高貴な女)というロゴがあしらわれていたのは少し可笑しかったが、佳苗ならばともかく、美由紀には深い含意などないだろう。

お久しぶりですね。明日は控訴審の判決だというのに、面会で時間を取らせてしまって申し訳ありません——そう私から声をかけると、美由紀はアクリル板の向こう側でいかにも恐縮しているような素振りになり、やや聞き取りにくい小さな声で、おずおずと口を開いた。

「あの……、あの、木嶋さんの件ではご迷惑をおかけしました。もう、びっくりしちゃって……」

——いえ、あれは別にあなたのせいじゃありませんから。

「あの人（佳苗）のところにも『誘蛾灯』が届いているとは思わなかった」

——どうやら彼女と面会している週刊誌の記者が差し入れたらしいですね。

「そうですか……。あの、申し訳ありませんでした、本当に。もう、泣きそうです。すみません」

そう言って美由紀はうつむき、目のあたりを拭うような仕草をした。私は、そんなことよりも美由紀が何を話すために面会を求めてきたのかを聞きたかったのだが、美由紀は佳苗のブログにこだわり続けた。

——本当にもう、あれは上田さんのせいじゃありませんから気にしないでください。

「どう言っていいか分からないんですが……、『誘蛾灯』を読んで、はじめて分かったことがいっぱいあって」

——はじめて分かったこと？　あの本では上田さんのことをかなり辛辣に書いた部分もありました。申し訳ありません。

「いいえ。私、青木さんに言いたかったんです。でも、どう説明したらいいか分からない。ごめんなさい。でも、話を聞いてほしかった。木嶋さんは、自分のほうを取材してほしかったっていうけれど、私と青木さんの関係も知らないのに、どうしてあんなことを書くのかって……」

——木嶋さんの件は、彼女が勝手に思い込んでるだけの話ですから。

「青木さんが可哀想だし、申し訳ないし……」

——何度も言いますが、別にあなたのせいじゃありません。本当に気にしないでください。それより、あなたの事件の話をうかがいたい。二審の法廷であなたの証言を傍聴しました。あれは本当にすべて事実ですか。

「ウソではないです。でも、つけ加えなくてはならないところがたくさんあります」

——つけ加えることがたくさん？

「ところどころをはしょって話しているので」

——つまり、二審の証言も全体像の一部にすぎないと？

「一部じゃなくて、大部分は言ってるんだけど、枝葉をつけないといけないんです。だから、そこを青木さんに言って……」

——いずれにせよ、すべては安西さんが一人でやったということですか。

「そういうことじゃなくて……」

——でも、あなたの証言はそういうふうに聞こえました。

「（事件の）前後のことを言っただけです。彼（安西）がおかしかったっていうことを言っただけで……」

——以前の面会でもお話ししましたが、私は検察の立証にも一審判決にも疑問を感じています。もしあなたの犯行なら、安西さんがまったく無関係というのは不自然です。でも、あなたの言う通りだとしたって、当時のあなたがまったく無関係というのも変でしょう。

「よく分かります。そのことを説明したくて……。それを青木さんに言ったら分かってくれるんじゃないかって。とにかく事実を伝えてほしくて」

——失礼ですが、私が取材した方々は、口を揃えてあなたのことを「カネの亡者で大ウソツキだ」と言いました。これもウソですか。

「全部がウソじゃないです。おカネの話とか、合っているところもあります。でも、違うところもあります」

――それに安西さんは、詐欺罪などの刑期を終えて出所し、もう社会に復帰してるんですよ。

「はぁ……。あれだけ（の刑期）で出られるなんて……」

――もし安西さんが真犯人なのだという主張を裏づけるような事実があるなら、詳しく教えてもらえませんか。取材してみますから。

「私は事実は知らないけれど、その前後（＝事件前後の安西の行動）は分かるじゃないですか。だけど、記事にされたら逃げちゃうし」

――逃げちゃう？　誰がですか。安西さん？

「誰も彼もです」

――誰も彼もって、どういうことですか。

「…………」

正直言って、私は少しいらつきはじめていた。要するに美由紀は、安西こそが「真犯人」であって自分はまったく無関係だという従来の主張を繰り返しているにすぎず、この期に及んでも具体的な話を語ろうとしない。しかも刑事勾留施設の面会時間は短い。松江刑務所の場合は三十分ほどだが、その時間もそろそろ尽きかけている。美由紀の背後にいる女性刑務官は、私たちの会話をメモしながら手元の時計をチラチラと眺めはじめている。

私は思い切って詰問した。

——はっきり言いますが、私はあなたと安西さんが共犯なんじゃないかと疑っています。どちらが主犯でどちらが従犯なのかは別ですが。

「それは違います。青木さんには正直に言います。事実と違いますから」

——やはりすべては安西さんが一人でやったことだと。だったら一審からそう訴えればよかったじゃないですか。黙秘権は重要な権利ですが、一審では安西さんが検察側証人として目の前に出てきていたんですから、あなたが口を開いて真正面から戦えば、安西さんの証言の矛盾を突くことができたかもしれない。

「だから、青木さんの力を借りようと思っているんです。ダメですか?」

——ダメじゃありません。私は本当のことを知りたいだけです。そして可能なら伝えたい。ただ、僕は弁護士でもなんでもないので、あなたを助けられるわけじゃない。

「でも、本当のことは伝えてくれると思う。青木さんは伝えてくれる。青木さんの力を借りないと」

――………。

「私が助けてっていうのは、本当のことを書いてほしいっていうことです」

――分かりました。分かりましたが、本当のことっていったいなんですか。本当のことを伝えるためには、あなたが本当のことを言ってくれるのが大前提です。警察や検察の言い分を鵜呑みにしないのと同様、あなたの言うことも鵜呑みにはできません。僕自身が確信を持てなければ伝えられないし、裏づけの取材だって必要です。少なくとも、いままであなたが言ったことを私は信じられない」

「分かっています。私は、青木さんに知ってほしいんです。伝えてほしいんです……。

美由紀がそう言ってまた嗚咽しかけたように見えた瞬間、女性刑務官の手元の時計が鳴り、狭い面会室内に「ピピピピピピ」という電子音が響いた。面会時間が終了したことを告げる合図だった。

――もう時間のようですし、何度もここ（松江刑務所）に通うのも難しいですから、もし本当のことを伝えたいと考えているなら手紙をください。どんなに長くても構いませんから。

私のそんな言葉を聞きながら美由紀は立ち上がり、「本当に申し訳ありませんでした。悪く思わないでください。ありがとうございました」と言って何度も頭を下げ、女性刑務官に曳かれて鉄扉の向こう側に姿を消した。それを見送りながら、私はまたしばらく呆然としていた。

真実はもちろん、分からない。情けないことだが、足かけ五年も取材したのに、私はいまだに事件の真相にたどりつけていない。

ただ、美由紀の主張には頷けない。かつて一緒に暮らした最後の恋人＝安西の裏切りに対する精一杯の当てつけのような主張を、信じられるはずもない。私に面会を求めてきたのも、取材者としての私を誇大妄想的に評価した佳苗のブログに触発され、とにかくつなぎとめておいたほうが得策だといった打算や焦燥に駆られたにすぎないように思われた。

そして結局、なんの成果もないまま面会を終えた。だとすれば私は、たまたま同時期に発覚した類似事件で刑事被告人となった二人の女――上田美由紀と木嶋佳苗に振り回され、東京と山陰を行き来させられた道化だったのではないか。見かけ上の共通点はいくつもあったけれど、厳密にはまったく別の事件だった二つの事件と二人の女を、最後の最後に余計な形で一つの線上につなぎ合わせる役回りを担ってしまった愚かな取材者にすぎなかったのではないか。そんな気分にすら陥り、悄然として夕刻の松江刑務所をあとにした。

翌三月二十日の午前十時半、広島高裁松江支部の三一号法廷。東京高裁よりはるかに狭い法廷の傍聴席に身を委ねた私は、昨日面会したばかりの美由紀を眼前に眺めていた。

佳苗と同様、美由紀も弁護人の前の被告人席に座り、所在なげに正面を見つめていた。手元にはタオル地のハンカチ。身にまとっているのは白色のシャツに黒色の地味なロングスカート。予定時刻ちょうどに開廷を宣した裁判長の塚本伊平は、美由紀を促して正面の証言席に立たせ、「それでは主文を読み上げます」と言って美由紀のほうをちらりと見た。

「主文。本件控訴を棄却する」

ここでも傍聴席の記者たちがバラバラと立ち上がり、慌ただしく法廷の外へと飛び出していった。

美由紀と佳苗。山陰と東京。法廷の大きさやメディアの狂騒こそ異なるが、冷静になって考えてみれば、二つの法廷はまったく相似形の風景だった。判決の中身も、あらかじめ予想されたセレモニーの域を出るものではなかった。

もし本当のことを明かす気になったら、どんなに長くなってもいいから手紙を書いてくれ——そう言い残して別れたものの、あれから一年以上経ったいまも、美由紀からの手紙は私の手元に届いていない。おそらくは永遠に届かないだろう。佳苗のメディア扇動的な振る舞いに触発されて反応してはみたものの、自分の主張を鵜呑みにしてくれない私に、美由紀は愛想をつかしたのかもしれない。いや、「超」のつくウソツキであり、幾人もの男を騙して奈落の底に突き落としてきた女は、こう書いてしまえば身も蓋もないが、真実を打ち明けて人と信頼を契り結ぶという行為そのものができないのだという気がいまはしている。

佳苗もまた、幾人もの男を騙してきたと伝えられている。最後になって二人の女に翻弄された私は、彼女たちに騙され、混乱し、堕ちていった男たちの一人にすぎなかったのかもしれない。ぼんやりとそんなことも感じながら、ずるずると長引いてしまった取材に終止符を打とうと思った。

文庫版のためのあとがき

本文庫は、二〇一三年十一月に講談社から上梓した単行本『誘蛾灯　鳥取連続不審死事件』に大幅な加筆、修正をほどこして完成したものである。お読みいただければ分かると思うが、序章から第13章までは単行本として刊行された原稿が土台となっており、以後の章は単行本の刊行後にあったさまざまな動きをまとめ、講談社発行のノンフィクション誌『G2』などに寄せた原稿がもとになっている。したがって本文庫が『誘蛾灯』と題したノンフィクション作品の最終完成版ということになる。

この間、取材が断続的かつ長期にわたったため、実に数多くの編集者の助けを受けた。矢吹俊吉、渡瀬昌彦、吉田仁、柿島一暢、藤田康雄、片寄太一郎、今西武史、今橋みちるの各氏の存在がなければ、本書がこうしてできあがることはなかった。記してお礼を申し上げたい。

なお、単行本も同様だったが、本書に登場する人名や店名といった固有名詞は、被告人や公的地位にある人々（たとえば裁判長や県知事など）を除けば、大半を仮名にしたことをお断りしておく。また敬称、呼称は一切省略した。

二〇一五年十二月

青木　理

主な参考文献

本書では、文中で引用元を記したものを含め、以下の書籍を取材・執筆の際の参考にした(刊行年順)。

『鳥取県史　近代第五巻・資料篇』(一九六七年、鳥取県)
『鳥取県史　近代第一巻・総説篇』(一九六九年、鳥取県)
『鳥取県史　近代第二巻・政治篇』(一九六九年、鳥取県)
『小泉八雲集』小泉八雲、上田和夫・訳(一九七五年、新潮文庫)
『えほん風土記31　とっとりけん《鳥取》』えほん風土記鳥取県刊行会・編(一九八〇年、岩崎書店)
『街道をゆく27　因幡・伯耆のみち、檮原街道』司馬遼太郎(一九九〇年、朝日文庫)
『どうする!わが「鳥取県」!!　ズバリ!近・現代を通してふるさとの今を徹底検証する!白熱対談』鈴木実　他・著(一九九四年、牧野出版)
『県史31　鳥取県の歴史』内藤正中、真田廣幸、日置粂左ヱ門(一九九七年、山川出版社)
『大きな夢―さばくを緑に―』黒田清・文、依光隆・絵(一九九七年、女子パウロ会)
『新編　日本の面影』ラフカディオ・ハーン、池田雅之・訳(二〇〇〇年、角川ソフィア文

庫）
『鳥取県砂丘らっきょう沿革史』鳥取県砂丘らっきょう沿革史編集委員会・編（二〇〇一年、全国農業協同組合連合会鳥取県本部）
『〈改革〉の技術　鳥取県知事・片山善博の挑戦』田中成之（二〇〇四年、岩波書店）
『遥かな町へ』谷口ジロー（二〇〇四年、小学館）
『街道の日本史37　鳥取・米子と隠岐　但馬・因幡・伯耆』錦織勤、池内敏・編（二〇〇五年、吉川弘文館）
『ふるさと鳥取を読む』濱田英一（二〇〇七年）
『鳥取県統計年鑑　平成一九・二〇年版』鳥取県企画部統計課・編（二〇〇九年、鳥取県企画部統計課）
『鳥取力を高めよう――人を大切にするまちに――』竹内功（二〇一〇年）
『鳥取市人物誌　きらめく120人』鳥取市人物誌『きらめく120人』作成委員会・編（二〇一〇年、鳥取市）
『日本を診る』片山善博（二〇一〇年、岩波書店）
『鳥取県まるごと読本』鳥取県、今井印刷・企画編集（二〇一一年、今井印刷）
『山縣有朋の挫折　誰がための地方自治改革』松元崇（二〇一一年、日本経済新聞出版社）

『鳥取県統計年鑑　平成二四年刊』鳥取県企画部統計課・編（二〇一三年、鳥取県企画部統計課）

その他、文中で引用元を記したものを含め、以下の新聞記事、通信社の配信記事、雑誌記事を取材・執筆の際の参考にした（順不同）。

朝日新聞、毎日新聞、読売新聞、産経新聞、山陰中央新報、日本海新聞

共同通信、時事通信

週刊現代、ＦＲＩＤＡＹ、週刊文春、週刊新潮、週刊ポスト、週刊朝日、ＡＥＲＡ、サンデー毎日、週刊女性、女性自身、女性セブン、アサヒ芸能

本書は、二〇一三年十一月に小社より刊行された『誘蛾灯　鳥取連続不審死事件』を文庫化にあたり、加筆・修正したものです。

青木 理―1966年、長野県生まれ。ジャーナリスト、ノンフィクションライター。慶應義塾大学卒業後、共同通信社に入社。警視庁公安担当、ソウル特派員などを務めた後、2006年に退社、フリーに。2000年に発表した『日本の公安警察』（講談社現代新書）は公安警察の内実を赤裸々に描き、ベストセラーとなった。主な著書に『絞首刑』（講談社文庫）、『トラオ　徳田虎雄 不随の病院王』（小学館文庫）、『増補版 国策捜査 暴走する特捜検察と餌食にされた人たち』（角川文庫）、『青木理の抵抗の視線』『ルポ　国家権力』（ともにトランスビュー）、『抵抗の拠点から 朝日新聞「慰安婦報道」の核心』（講談社）など。テレビ、ラジオのコメンテーターとしても活動している。

講談社+α文庫 誘蛾灯《ゆうがとう》
――二つの連続不審死事件
青木《あおき》 理《おさむ》

2016年1月20日第1刷発行

発行者――――鈴木 哲
発行所――――株式会社 講談社
東京都文京区音羽2-12-21 〒112-8001
電話 編集(03)5395-3522
販売(03)5395-4415
業務(03)5395-3615
デザイン――――鈴木成一デザイン室
カバー印刷――――凸版印刷株式会社
印刷――――豊国印刷株式会社
製本――――株式会社国宝社
本文データ制作――講談社デジタル製作部

落丁本･乱丁本は購入書店名を明記のうえ、小社業務あてにお送りください。
送料は小社負担にてお取り替えします。
なお、この本の内容についてのお問い合わせは
第一事業局企画部「+α文庫」あてにお願いいたします。
Printed in Japan ISBN978-4-06-281639-7
定価はカバーに表示してあります。

講談社+α文庫 Ⓖビジネス・ノンフィクション

書名	著者	内容	価格	番号
絶頂の一族 プリンス・安倍晋三と六人の「ファミリー」	松田賢弥	「昭和の妖怪」の幻影を追う岸・安倍一族の謎に迫る！　安倍晋三はかくして生まれた！	740円	G 119-3
*影の権力者 内閣官房長官菅義偉	松田賢弥	次期総理大臣候補とさえ目される謎の政治家の実像に迫る書き下ろしノンフィクション！	820円	G 119-4
鈴木敏文 商売の原点	緒方知行 編	創業から三十余年、一五〇〇回に及ぶ会議で語り続けた「商売の奥義」を明らかにする！	590円	G 123-1
*図解「人脈力」の作り方 資金ゼロから大金持ちになる！	内田雅章	人脈力があれば六本木ヒルズも夢じゃない！　社長五〇〇人と「即アポ」とれる秘密に迫る!!	780円	G 126-1
私の仕事術	松本　大	お金よりも大切なことはやりたい仕事と信用だ。アナタの可能性を高める「ビジネス新常識」	648円	G 131-1
情と理 上 カミソリ後藤田回顧録	後藤田正晴　御厨　貴 監修	〝政界のご意見番〟が自ら明かした激動の戦後秘史！　上巻は軍隊時代から田中派参加まで	950円	G 137-1
情と理 下 カミソリ後藤田回顧録	後藤田正晴　御厨　貴 監修	〝政界のご意見番〟が自ら明かした激動の戦後秘史！　下巻は田中派の栄枯盛衰とその後	950円	G 137-2
成功者の告白 5年間の起業ノウハウを3時間で学べる物語《ストーリー》	神田昌典	カリスマコンサルタントのエッセンスを凝縮 R25編集長絶賛のベストセラー待望の文庫化	840円	G 141-1
あなたの前にある宝の探し方 現状を一瞬で変える47のヒント	神田昌典	カリスマ経営コンサルタントが全国から寄せられた切実な悩みに本音で答える人生指南書	800円	G 141-3
虚像に囚われた政治家 小沢一郎の真実	平野貞夫	次の10年を決める男の実像は梟雄《きょうゆう》か英雄か？　側近中の側近が初めて語る「豪腕」の真実!!	838円	G 143-2

*印は書き下ろし・オリジナル作品

表示価格はすべて本体価格（税別）です。本体価格は変更することがあります

講談社+α文庫 Ⓖビジネス・ノンフィクション

書名	著者	内容	価格	番号
誰も戦争を教えられない	古市憲寿	社会学者が丹念なフィールドワークとともに考察した「戦争」と「記憶」の現場をたどる旅	850円	G 256-1
絶望の国の幸福な若者たち	古市憲寿	「なんとなく幸せ」な若者たちの実像とは？ メディアを席巻し続ける若き論客の代表作！	780円	G 256-2
今起きていることの本当の意味がわかる 戦後日本史	福井紳一	歴史を見ることは現在を見ることだ！ 伝説の駿台予備学校講義「戦後日本史」を再現！	920円	G 257-1
しんがり 山一證券 最後の12人	清武英利	'97年、山一證券の破綻時に最後まで闘った社員たちの物語。講談社ノンフィクション賞受賞作	900円	G 258-1
日本をダメにしたB層の研究	適菜収	いつから日本はこんなにダメになったのか？ ——「騙され続けるB層」の解体新書	630円	G 259-1
Steve Jobs スティーブ・ジョブズ I	ウォルター・アイザックソン 井口耕二 訳	あの公式伝記が文庫版に。第1巻は幼少期、アップル創設と追放、ピクサーでの日々を描く	850円	G 260-1
Steve Jobs スティーブ・ジョブズ II	ウォルター・アイザックソン 井口耕二 訳	アップルの復活、iPhoneやiPadの誕生、最期の日々を描いた終章も新たに収録	850円	G 260-2
ソトニ 警視庁公安部外事二課 シリーズ1 背乗《はいの》り	竹内明	狡猾な中国工作員と迎え撃つ公安捜査チームの死闘。国際諜報戦の全貌を描くミステリ	800円	G 261-1
モチベーション3.0 持続する「やる気！《ドライブ！》」をいかに引き出すか	ダニエル・ピンク 大前研一 訳	人生を高める新発想は、自発的な動機づけ！ 組織を、人を動かす新感覚ビジネス理論	820円	G 263-1
ネットと愛国	安田浩一	現代が生んだレイシスト集団の実態に迫る。反ヘイト運動が隆盛する契機となった名作	900円	G 264-1

表示価格はすべて本体価格（税別）です。本体価格は変更することがあります

＊印は書き下ろし・オリジナル作品

講談社+α文庫 Ⓖビジネス・ノンフィクション

モンスター 尼崎連続殺人事件の真実　一橋文哉
自殺した主犯・角田美代子が遺したノートに綴られた衝撃の真実が明かす「事件の全貌」　720円 G 265-1

アメリカは日本経済の復活を知っている　浜田宏一
ノーベル賞に最も近い経済学の巨人が辿り着いた真理！ 20万部のベストセラーが文庫に　720円 G 267-1

警視庁捜査二課　萩生田勝
権力のあるところ利権あり——。その利権に群がるカネを追った男の「勇気の捜査人生」！　700円 G 268-1

角栄の「遺言」「田中軍団」最後の秘書 朝賀昭　中澤雄大
「お庭番の仕事は墓場まで持っていくべし」と信じてきた男が初めて、その禁を破る　880円 G 269-1

やくざと芸能界　なべおさみ
「こりゃあすごい本だ！」——ビートたけし驚嘆！ 戦後日本「表裏の主役たち」の真説！　680円 G 270-1

*世界一わかりやすい「インバスケット思考」　鳥原隆志
累計50万部突破の人気シリーズ初の文庫オリジナル。あなたの究極の判断力が試される！　630円 G 271-1

誘蛾灯 二つの連続不審死事件　青木理
上田美由紀、35歳。彼女の周りで6人の男が死んだ。木嶋佳苗事件に並ぶ怪事件の真相！　880円 G 272-1

宿澤広朗 運を支配した男　加藤仁
天才ラガーにして三井住友銀行専務取締役。日本代表の復活は彼の情熱と戦略が成し遂げた！　720円 G 273-1

巨悪を許すな！ 国税記者の事件簿　田中周紀
東京地検特捜部・新人検事の参考書！ 伝説の国税担当記者が描く実録マルサの世界！　880円 G 274-1

南シナ海が〝中国海〟になる日 中国海洋覇権の野望　ロバート・D・カプラン 奥山真司 訳
米中衝突は不可避となった！ 中国による新帝国主義の危険な覇権ゲームが始まる　920円 G 275-1

*印は書き下ろし・オリジナル作品

表示価格はすべて本体価格(税別)です。本体価格は変更することがあります

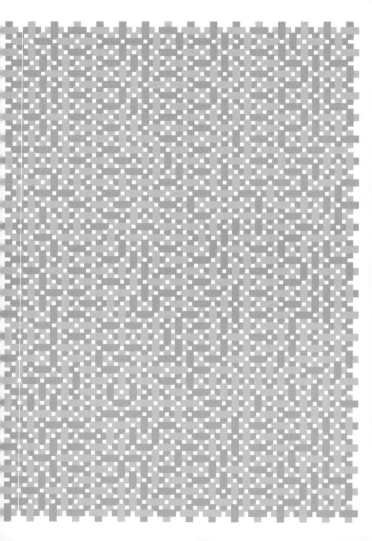